Hubertus Mynarek
Papst Franziskus

Hubertus Mynarek

Papst Franziskus

Die kritische Biografie

Tectum

Hubertus Mynarek

Papst Franziskus. Die kritische Biografie
© Tectum Verlag Marburg, 2015
ISBN: 978-3-8288-3583-2

Umschlagabbildungen: Gestaltung auf Grundlage der Fotografie von Presidência da Republica/Roberto Stuckert Filho, Papst Franziskus bei einem Treffen mit Brasiliens Präsidentin Dilma Rousseff, 20. März 2013; https://commons.wikimedia.org/wiki/File:Francisco_20-03-2013.jpg sowie Schaf, Öl auf Leinwand von Johann Baptist Hofner; https://commons.wikimedia.org/wiki/File:Johann_Baptist_Hofner_Schaf.jpg
Portrait des Autors: Fotografie©evelinFrerk

Druck und Bindung: Finidr, Český Těšín

Alle Rechte vorbehalten

Besuchen Sie uns im Internet
www.tectum-verlag.de

Bibliografische Informationen der Deutschen Nationalbibliothek
Die Deutsche Nationalbibliothek verzeichnet diese Publikation in der Deutschen Nationalbibliografie; detaillierte bibliografische Angaben sind im Internet über http://dnb.ddb.de abrufbar.

INHALTSVERZEICHNIS

Vorwort   9

Teil I
Vom Chemielaboranten zum Papst der Weltkirche
Die Bilderbuchkarriere des Jorge Mario Bergoglio   15

1. Zur Herkunft des Papstes   15
2. Der junge Jorge Mario Bergoglio als Arbeiter   16
3. Die Großmutter brachte ihm den katholischen Glauben bei   18
4. Die Liebesgeschichte mit Amalia Damonte   18
5. Die Berufung zum katholischen Priester   22
6. Eintritt in den Eliteorden der Kirche
   – Geist und Ungeist der Jesuiten –
   Bergoglios feiner Instinkt der Machtausübung   27
7. Ausbildung Bergoglios zum »wahren Jesuiten« (Gesamtüberblick)   55
8. Die jesuitische Zwangsanstalt des Noviziats   57
9. Aufstieg und Karrierebruch im Leben des Jesuiten Bergoglio   80
10. Die seltsame Freundschaft von Luxus und Armut oder Der reiche Erzbischof und der arme Jesuit   84
11. Die unglaubliche Sensation: Ein Jesuit wird Papst   97

Teil II
Was glaubt der Papst? Die Theologie von Franziskus I.   101

1. Gott – Christus – Teufel
   Die Christologie und Satanologie des Papstes   102
2. Glaube an eine Überirdische
   Die Mariologie des Papstes   133
3. Wert des Menschen – Wertlosigkeit des Tieres
   Die theologische Anthropozentrik und Pädagogik
   des Papstes   150
4. Wie der Papst die Kirche sieht
   Seine Ekklesiologie   166

Teil III
Was tut der Papst? Was versäumt er?   193

1. Die Armentheologie des Papstes Franziskus   193
2. Wo Papst Franziskus versagt –
   Eine Liste seiner Versäumnisse bei der
   praktischen Umsetzung seiner Armutstheologie   200

   a) beim kirchlichen Arbeitsrecht   200
   b) bei der Kirchensteuer   200
   c) bei der Frage des freiwilligen Verzichts
      auf unberechtigte Kompensationszahlungen   201
   d) bei der Notwendigkeit der Beendigung
      staatskirchlicher Verhältnisse   203
   e) beim Besuch der Armen in Rio de Janeiro   208
   f) bei der effektiven Hilfe für die Flüchtlinge   213
   g) bei der Verwendung leerstehender Kirchen   214
   h) in seiner Haltung zu den Besitzanteilen der Kirche
      an der Stadt Rom   215
   i) in Bezug auf die vatikanischen Museen   215
   j) in der Frage seines Privatvermögens   215
   k) beim Reichtum des Vatikans   217
   l) beim Protz und Prunk der Bischöfe   220

m) im Verhältnis der Kirche zur Mafia 229

Fazit: Existentielle Schizophrenie des Papstes beim Versuch
der Verwirklichung einer armen Kirche 234

3. **Der Herr der Sprüche**
   Irritierendes, Ketzerisches, Sensationelles
   in einigen Aussagen des Papstes 237

   a) „Gott ist nicht katholisch" 238

   b) Die Kirche ist eine „keusche Hure" 242

   c) „Leben Sie und lassen Sie leben!" 242

   d) „Seien Sie großzügig zu sich und zu anderen!" 243

   Kritik: Wen der Papst nicht leben lässt, zu wem er keineswegs
   großzügig ist: 243

    Zu katholischen Eheleuten, die sich scheiden ließen 243

    Zu den Frauen, die Priesterinnen werden wollen 245

    Zu den Babys, denen in der Taufe der Exorzismus
    der Teufelsaustreibung zugemutet wird 246

    Zu den noch nicht Geborenen im Mutterleib,
    die im Todesfall nicht in den Himmel kommen 247

    Zu den von Priestern sexuell missbrauchten Kindern
    und Jugendlichen 251

   e) Erweist der Papst mit seinem Zehn-Punkte-Glücksprogramm
   die Überflüssigkeit des Christentums? 263

   f) Des Papstes Empfehlung eines „würdevollen Schlagens"
   der Kinder durch die Eltern 266

   g) „Wer meine Mutter beleidigt, den erwartet ein Faustschlag" 272

   h) „Jede Religion hat eine Würde, über die man sich nicht lustig
   machen darf" 276

   i) „Gute Katholiken müssen nicht wie Karnickel sein" 277

   j) „Wenn jemand homosexuell ist und Gott sucht – wer bin ich,
   über ihn zu richten?" 283

k) Mahnung des Papstes an die 20 neu ernannten Kardinäle, „maßvoll" zu feiern – eine Kritik an der Institution des Kardinalats? 285

l) „Ich bin ein großer Sünder" 292

m) „Der wie ein Spray in der Luft liegende Pantheismus ist nichts" 302

Anmerkungen 313

Buchveröffentlichungen des Autors 331

Vorwort

Mehr als zwei Jahre sind vergangen, seitdem Jorge Mario Bergoglio den Papstthron bestieg. Seine Fan-Gemeinde ist gewaltig, und sie ist im Großen und Ganzen auch nicht geschrumpft. Andererseits mehren sich die Stimmen derer, die an dem nicht mehr ganz neuen Papst etwas auszusetzen haben. Und diese Stimmen kommen von allen Seiten, aus allen möglichen politischen, weltanschaulichen und konfessionellen Lagern. Interessanterweise stammt immer heftigere Kritik sogar aus des Papstes eigenem Klerus, dessen oberster Dienstherr er doch ist.

Es gibt katholische Priester, sogar einige Bischöfe, Kardinäle und hohe Kurienbeamte, denen der neue Papst zu wenig konservativ und traditionsbewusst, zu reformfreudig oder sogar zu revolutionär ist. Es gibt andere Vertreter desselben Standes, die im Gegensatz dazu behaupten, dass Papst Franziskus noch keinen einzigen Reformvorschlag wirklich in die Tat umgesetzt habe. Gerade dieser Kritik schließen sich viele Laien aus der katholischen Volksbewegung »Wir sind Kirche« an.

Man wundert sich, an welch kleinlichen Dingen sich die konservativen Kritiker reiben. Ein Priester schreibt: „Es gehört sich nicht, dass der Papst sich im weißen Talar zeigt und darunter eine alte abgetragene Hose trägt. Er möchte wohl besser sein als Jesus selbst ... aus einer Laune heraus will er diesen oder jeden Ornat nicht tragen, auch keinen Ring ... Gottseidank, dass er nicht auf die Idee gekommen ist, in einer Einzimmerwohnung in einem Vorort von Rom zu wohnen". Der Papst habe „manchen Häftlingen die Füße gewaschen und geküsst. Christus hat seinen Jüngern Füße gewaschen, aber nie geküsst". Ein anderer konservativer Priester meint, der neue Papst repräsentiere die Kirche nicht würdig genug. „Er trägt weiter jene Schuhe, als wäre er noch ein argentinischer Bischof. Er will sich nicht mehr Papst, sondern Bischof von Rom nennen. Das ist für mich zu wenig".

Aber in konservativen Köpfen können sich selbst solche Kleinigkeiten zu gewaltigen Aversionen gegen den neuen Papst aufschaukeln. Sogar die Rechtmäßigkeit der Wahl des neuen Papstes wird von manchen konservativen Katholiken angezweifelt. Einer schreibt, dass gegenwärtig zwar noch niemand ausdrücklich daran denke, es säße jetzt auf dem Thron Petri ein falscher Papst. Aber man wisse schließlich, „dass solche Ereignisse stattgefunden haben" und man müsse „darauf vorbereitet sein, dass sich das wiederholen wird. Sind wir gerade jetzt Zeugen dieser Entwicklung?" Ein anderer Konservativer hängt weiterhin an seinem Idol Benedikt XVI. und stellt die Vermutung an, dass, wenn der Ratzinger-Papst „zum Abdanken gezwungen worden sein sollte", Franziskus dann „kein rechtmäßiger Papst wäre".

Der Vorsitzende der polnischen Bischofskonferenz, Erzbischof Stanislaw Gadecki, behauptet sogar, den Eindruck gewonnen zu haben, „dass die Mehrheit der Bischöfe gesund denkt" und deshalb gegen Papst Franziskus sei. Der für seine markanten Sprüche bekannte Anführer der polnischen Solidaritätsbewegung, Lech Walesa, steigert sich zu der hypothetischen Prophezeiung, dass es sich in ein paar Monaten erweisen könnte, „dass der Heilige Geist sich geirrt hat", geirrt, als er die Mehrheit der Kardinäle inspirierte, Bergoglio zum Papst zu machen.

Im Gegensatz dazu hoffen progressivere Kreise in und außerhalb der katholischen Kirche immer noch, dass Papst Franziskus ein richtiger Reformer, sogar ein echter Revolutionär werden könnte. Bestärkt werden sie durch die besonders im angelsächsischen Raum gut ankommende Papst-Biografie von Paul Vallely, dem früheren Korrespondenten von *The Times* und jetzigen Redakteur von *The Independent*. Der Untertitel dieser Biografie lautet „Vom Reaktionär zum Revolutionär", und ihr Autor gibt sich alle erdenkliche Mühe, die Ansätze zu sammeln, die darauf hinweisen, dass der Papst tatsächlich auf dem Weg zu einem religiösen Revolutionär ist.

Also, die Debatten um den Papst, um seine revolutionäre oder konservative Einstellung verstummen nicht. Dabei wird in all diesen Diskussionen übersehen, dass etwas stattgefunden hat, was man in gewisser Weise tatsächlich als wirkliche Revolution bezeichnen kann. Sie besteht darin, dass zum ersten Mal in der ganzen zweitausendjährigen Geschichte der Kirche die eigenartige, einzigartige und an sich unmögliche Konstellation einer »Personalunion von Papst und Jesuit« Wirklichkeit geworden ist.

Niemals ist ein Jesuit Papst geworden! Es galt als ungeschriebenes, aber heiliges, unantastbares und geradezu selbstverständliches Gesetz, dass er dies auch nie werden sollte und werden durfte. Die höchste Verpflichtung, die sich dieser Orden auferlegt hatte und die ihn über alle anderen Orden der

Kirche erhob, war das Gelübde des Dienens, und zwar nicht eines gewöhnlichen und allgemeinen Dienens, sondern des speziellen, absoluten Dienstes gegenüber dem Papst. Jesuiten sollen dienen, nicht herrschen, lautete die Devise. Und sie sollen uneingeschränkt und grenzenlos, auch ohne jegliche moralische Bedenken, dem Papst zu totaler Verfügung stehen.

Angesichts dieser radikalen Verpflichtung zum Dienst am Papst fiel es keinem Jesuiten in der fast 600 Jahre währenden Entwicklungsgeschichte dieses Ordens ein, Papst zu werden oder auch nur werden zu wollen. Das wäre einem Sakrileg, einem unverzeihlichen Tabubruch gleichgekommen.

Und da kommt nun ein Jesuit aus dem fernen Argentinien, der dieses Sakrileg, diesen unerhörten Tabubruch begeht, der diese ganze heilige Ordnung, diese Hierarchie abgestuften und streng auseinandergehaltenen Dienens und Herrschens umstürzt, also im wahrsten Sinne des Wortes re-volviert, re-volutioniert. Der Diener wird zum Herrscher, der Usurpator schwingt sich auf den Papstthron!

Um ein etwas gewagtes Bild aus der Politik zu verwenden: Dieser Umsturz in der vatikanischen Karriereordnung ist an sich etwa so unmöglich, wie wenn sich Heinrich Himmler, Chef der Elitetruppe der SS, die speziell zum unbedingten Schutz des „Führers" konzipiert war, selber zum Reichskanzler gemacht hätte.

Die Welt, die Medien haben noch nicht begriffen, noch nicht gebührend erfasst, was diese revolutionäre Personalunion von Papst und Jesuit zutiefst bedeutet und welche Folgen sie haben wird. Das vorliegende Buch stellt sich der Aufgabe, Relevanz, Sinn und Konsequenz dieser sensationellen Neuerung in Verständnis und Struktur des Papsttums unter möglichst allen Gesichtspunkten zu beleuchten. Außerdem soll auch die Persönlichkeitsstruktur dieses Papstes ein Thema des vorliegenden Buches sein: seine zwei Naturen, seine originäre Natur und die ihm von seinem Orden in jahrzehntelanger Anstrengung oktroyierte und andressierte Natur. Das Wechselspiel dieser zwei Charaktere, ihre Ambivalenzen und Antagonismen haben auch Auswirkungen auf die bisweilen seltsam anmutenden Auftritte, Verhaltensweisen und Handlungen des Papstes. Dieser Gesamtkomplex seines Agierens und Reagierens als Papst wird uns im vorliegenden Buch ebenfalls beschäftigen.

Teil I
Vom Chemielaboranten zum Papst der Weltkirche

Die Bilderbuchkarriere des Jorge Mario Bergoglio

Natürlich würde er sich gegen das Wort *Karriere* in dieser Überschrift verwahren. Alle Medien berichten doch von seiner Demut und Bescheidenheit, und man ist auch geneigt, ihm zu glauben, wenn er behauptet, seinen steilen Aufstieg bis zur Besteigung des Papstthrons nicht beabsichtigt zu haben. Andererseits kenne ich auch keinen Papst in der neueren Kirchengeschichte, der seinen Wunsch, nicht Papst werden zu wollen, vorher nicht geäußert hätte und es dann doch wurde, und zwar ohne wirklichen Druck und Zwang seiner Kardinalskollegen. Wer es wirklich nicht will, den zwingt niemand, es zu werden.

1. Zur Herkunft des Papstes

Aber tatsächlich scheint im Leben des Knaben Jorge Mario zunächst nichts auf diese Karriere hinzudeuten. Er kommt am 17. Dezember 1936 als Sohn eines aus Italien eingewanderten José Mario Francisco Bergoglio und dessen Ehefrau Maria Sivori zur Welt. Auch sie hatte ihre Wurzeln in Italien: Mutter Piemonteserin; Vater Argentinier, dessen Eltern aus Genua kamen.

Die Familie ist – entgegen manchen Medienberichten – auch nicht eigentlich aus Gründen der Armut nach Argentinien ausgewandert. Man hatte Hab und Gut in Italien verkauft, weil Argentinien damals – es ist das Jahr 1929 – mit noch größeren Aufstiegsmöglichkeiten, „unerschöpflichen Arbeitsquellen", „besseren Löhnen" und „großer sozialer Durchlässigkeit" lockte. Außerdem waren die Brüder des Großvaters väterlicherseits schon seit 1922 in Argentinien und besaßen dort eine Pflasterfirma in der Stadt Paraná mit einem „Bergoglio-Palast", der nach den Worten des späteren Papstes „vier Stockwerke hatte und als erstes Haus in der Stadt einen Aufzug besaß". In jeder Etage dieses Palastes habe ein Bruder gewohnt.[1]

2. Der junge Jorge Mario Bergoglio als Arbeiter

Der Vater Jorge Marios war als Buchhalter tätig. „Wir schwammen", so Franziskus in seiner Rückschau, „nicht im Überfluss, hatten auch kein Auto…, aber es fehlte uns an nichts". Trotzdem hatte sein gestrenger Vater mit seiner rigorosen Arbeitsmoral kein Verständnis für die notwendige Freizeit seines 13-jährigen Sohnes. „Also da du jetzt in die Sekundarstufe kommst, ist es an der Zeit, dass du auch zu arbeiten anfängst. Für die Ferien werde ich dir eine Arbeit besorgen."[2]

Der Sohn fügte sich nolens volens. Im Rahmen der Familienstruktur der Bergoglios mit dem Vater als unangezweifelter erster Autoritätsperson wäre jeglicher Widerstand gegen dessen Pläne ohnehin zwecklos gewesen. Also verdingte sich Jorge im Putzdienst einer Strumpfhosenfabrik, in der sein Vater als Buchhalter fungierte. Zwei Jahre lang tätigte er Reinigungsarbeiten, dann stieg er auf. Er durfte nunmehr wenigstens einige Verwaltungsaufgaben übernehmen. Ein Jahr später bekam er eine Stelle als Chemielaborant.

Es war eine Schufterei, die man dem jungen Burschen da zumutete: Täglich von sieben Uhr bis dreizehn Uhr Arbeit, dann eine knappe Stunde Mittagspause und danach bis 20 Uhr in der Schule, einer Berufsschule, die auf Nahrungsmittelchemie spezialisiert war. 1956 erhält er nach Beendigung seiner Schulzeit das Diplom als Chemietechniker.

Wie gesagt, Rebellion wegen dieser schweren Arbeitsjahre in seiner Jugend war beim späteren Papst nie ein Thema. Dafür umso mehr das Dreigestirn Arbeit, Gehorsam, Disziplin, das ja auch in den Regeln des Jesuitenordens eine so große Rolle spielt, weshalb Jorge Mario sich diesem auch recht früh zuwandte.

Rückblickend sagt er: „Ich danke meinem Vater, dass er mich arbeiten geschickt hat. Die Arbeit war eines der Dinge, die mir am meisten gut getan haben, und besonders im Labor habe ich das Gute und das Schlechte jeder menschlichen Tätigkeit kennengelernt. ... Die Einwandererfamilien duldeten keine faulen Kinder, sie brachten sie ans Arbeiten... Meine Vorgesetzte war eine außergewöhnliche Frau, eine Sympathisantin der Kommunisten; sie wurde später unter der Militärdiktatur getötet". Sie und das kommunistische Blättchen *Propositos* „halfen mir in meiner politischen Meinungsbildung. Aber Kommunist bin ich nie gewesen". Und diese Frau habe ihn auch „definitiv gelehrt, was eine ernsthafte Arbeit ausmacht. Ich verdanke dieser großen Frau wirklich viel".[3]

3. Die Großmutter brachte ihm den katholischen Glauben bei

Auch der katholische Glaube spielte im Leben des Jorge Mario von Anfang an eine große Rolle. Seine Großmutter Rosa brachte ihm diesen bei. Sie habe ihn „Beten gelehrt", ihm „Heiligengeschichten erzählt" und ihm damit „eine Ressource für das ganze Leben geliefert".[4] In der Tat ist bis auf den heutigen Tag eine etwas kindliche Naivität in der Glaubenslehre und Predigt dieses Mannes nicht zu übersehen.

Warum war es die Großmutter, die ihm sein erstes Glaubensgerüst so nachhaltig verpasste? Nun, er war „mitten in die Familie seiner Großeltern hineinversetzt" worden, wurde am meisten von deren Gepflogenheiten „geprägt", weil er schon mit dreizehn Monaten von seiner Mutter, die wieder schwanger war, der Großmutter Rosa zur Erziehung übergeben worden war. „Die Großeltern wohnten in der Nähe, und um meiner Mutter zu helfen, kam meine Oma morgens, um mich abzuholen. Sie nahm mich mit zu sich und brachte mich abends wieder zurück".[5]

4. Die Liebesgeschichte mit Amalia Damonte

Auch die Liebesgeschichte seiner frühen Jahre, mit der der Papst in den Gesprächen mit Journalisten ein wenig kokettiert, wirft ein gewisses Licht auf seine Autoritätshörigkeit, seine unreflektierte Gehorsamsbereitschaft. Er liebte das Mädchen Amalia Damonte aus der Nachbarschaft, das ebenso wie er das Kind von Einwanderern aus dem Piemont war.

Es habe, sagt die heute noch Lebende, eine „große Vertrautheit" zwischen ihnen gegeben, ihr habe gefallen, dass „er immer zum Scherzen aufgelegt, aber dabei galant war". Bald verbrachten sie „jeden Nachmittag zusammen". Einmal habe er zu ihr gesagt: „Wenn du mich nicht heiratest, werde ich Priester!"[6]

Das mag ganz ernst gemeint gewesen sein, vielleicht war's aber auch nur so dahergesagt. Sie interpretiert es im Gespräch mit den Journalisten jedenfalls nicht weiter. Aber man sieht an dieser Stelle, wie Weltgeschichte von einem einzigen Satz abhängen kann. Hätte Jorge Mario Bergoglio seine Amalia geheiratet, gäbe es heute keinen Papst Franziskus. Aber letzten Endes lag die Entscheidung darüber auch gar nicht in den Händen von Amalia und Jorge Mario, sondern in denen der Autorität ihrer Eltern, der sie sich widerstandslos und ohne zu zögern unterwarfen. „Unsere Familien waren mit unserer Freundschaft nicht einverstanden", sagt Amalia rückblickend, vor allem ihre Familie sei dagegen gewesen. „Meinem Vater fiel auf, dass da etwas war zwischen Jorge und mir. Damit war er nicht zufrieden, weil er fand, dass wir noch zu klein waren. Er hat ihm verboten, mir den Hof zu machen und Jorge hörte sofort auf". Wie gesagt: Widerstand gegen den Vater? Absolut zwecklos innerhalb der Vorstellungswelt der beiden jungen Menschen! „Absolut nicht. Wir sind mit traditionellen Werten aufgewachsen. Italiani onesti e laburatori, ehrliche und arbeitsame Italiener... Wenn der Babbo", der Vater, „etwas sagte, dann war das so und basta".[7]

Die Sache zwischen Amalia und Jorge wäre – hypothetisch gesprochen – nochmals anders gelaufen, wenn sie sich dem Heiratsverbot ihrer Eltern widersetzt hätten und die Kirche genau zu diesem Zeitpunkt das in jeder Epoche von mehr oder weniger Priestern bekämpfte Zölibatsgesetz aufgehoben hätte. Dann hätten die beiden doch heiraten können und Jorge Mario trotzdem amtierender Priester werden oder bleiben können. Vielleicht wäre er sogar als erster verheirateter Priester Papst geworden. Die Journalisten Francesca Ambrogetti und Sergio Rubin tangieren diesen Gedanken ein wenig und fragen ihn, wie er heute über den Zölibat des Klerus denkt. Seine Antwort: „Zum gegenwärtigen Augenblick halte ich es weiterhin mit einer Aussage von Benedikt XVI.: dass der Zölibat bleiben wird. Und ich bin auch persönlich überzeugt davon".[8]

Priester, die für die Aufrechterhaltung des kirchlichen Zölibatsgesetzes sind, helfen sich bei Kritik gegen dieses Gesetz oft mit flapsig-schnoddrigen Bemerkungen, ohne sich ernsthaft um echte Argumente zu bemühen. Zu meinem Erstaunen begibt sich auch der Papst auf dieses Niveau. Er habe einmal einen Priester sagen gehört, dass „die Abschaffung des Zölibats ihm nicht nur erlauben würde, eine Frau zu haben, sondern dass er sich damit auch eine Schwiegermutter einhandeln würde...".[9]

Wie gesagt, verächtliche Bemerkungen über die Ehe sind nicht auf den niederen Klerus beschränkt, auch hohe kirchliche Würdenträger begeben sich immer wieder mal durchaus auf diese Ebene. Bei einem Treffen des seinerzeitigen Erzbischofs von Wien, Kardinal König, mit Unternehmern stellte ihm einer von ihnen die Frage, ob denn das Zölibatsgesetz für Priester nicht einmal abgeschafft werde. Ohne sich auf eine erschöpfende Argumentation für das von ihm befürwortete Gesetz einzulassen, erklärte der Kardinal ganz salopp: „Ach, wissen Sie, ich will Ihnen da lieber mit der Schilderung einer wahren Begebenheit antworten. Ich denke da z.B. an den anglikanischen Bischof von Chichester, den der

Papst zum II. Vatikanischen Konzil als einen Vertreter der Ökumene mit Gaststatus eingeladen hatte. Nun stellen Sie sich das mal vor: Dieser Bischof war eine überaus ansehnliche Erscheinung: hochgewachsen, schlank, sportlich, eine faszinierende Persönlichkeit. Neben ihm seine Frau: klein, dick, unansehnlich. Was meinen Sie wohl, was dieser Bischof antworten würde, wenn er nochmals entscheiden könnte, ob er diese Frau heiraten möchte?"

Betretenes Schweigen im Saal selbst bei jenen, die vorher noch den Worten des Kardinals andächtig-ehrfürchtig zugehört hatten.[10]

Übrigens: Amalia Damonte hat ihrem Jorge Mario nicht allzu lange nachgetrauert. Sie wurde Buchhalterin, heiratete, und nach dem Tod ihres ersten Gatten heiratete sie ein zweites Mal. „Der neue Papst brauchte übrigens nicht zu befürchten, dass seine alte Flamme auf einmal bei seiner Amtseinführung auf dem Petersplatz auftauchen könnte: ‚Ich war in meinem Leben noch nie in Italien, da werde ich jetzt in meinem Alter auch nicht mehr hinfahren' ".[11]

So glimpflich kommen Kirchenfürsten wegen ihrer Geliebten nicht immer davon und um einen Skandal herum. Einer der letzten drehte sich um Henry Koudry, Erzbischof von Chicago. Der fühlte sich auch der Kurie und dem Papst Johannes Paul II. gegenüber in seiner Machtfülle und wegen seiner Finanzspenden an den Vatikan derart stark, dass er seine Geliebte zu seiner feierlichen Kardinalserhebung ostentativ und provokativ mit nach Rom brachte, womit er den Papst und seinen ganzen päpstlichen Hof düpierte, ja schockierte. Denn für diesen gilt das ungeschriebene, aber stets gültige kirchliche Gesetz: „Si non caste, caute" (wenn schon nicht keusch, dann wenigstens vorsichtig).[12]

Aber ein solches „Gesetz" hat Jorge Mario Bergoglio nach seinem Erlebnis der Berufung zum katholischen Priestertum allem Anschein nach niemals für sich in Anspruch nehmen müssen. Er bezeichnet das „Doppelleben" eines Pfarrers, der in einer Beziehung mit einer Frau lebt, als „Betrug". Ethisch sei ein Verhalten nur dann, wenn „Prinzipien und das faktische Verhalten nicht auseinanderklaffen."[13]

5. Die Berufung zum katholischen Priester

Auf welche Weise wird jemand Priester? Muss am Beginn des Weges zum Priestertum ein besonderes Ereignis, ein Berufungserlebnis stehen? Dann hätte insbesondere die katholische Kirche noch viel weniger Priesteramtskandidaten, als sie sie gegenwärtig hat.

Nein, es genügt an sich die Bekundung des eigenen Willens, ein Leben im Dienst Gottes, Christi und der Kirche führen zu wollen, um ins Priesterseminar aufgenommen zu werden.[14] Erwähnte ein Kandidat evtl. ein besonderes Berufungserlebnis, dann bekäme er bei so manchem Regens, Subregens oder Spiritual eines Priesterseminars vielleicht sogar Schwierigkeiten, weil diese Kirchenfunktionäre mit Erlebnis oft sofort Mystik assoziieren. Man weiß ja schließlich, wie viele Mystiker zugleich Ketzer waren, weil sie auf der Basis ihrer inneren Erfahrungen die Autorität der Kirche in Glaubens- und Moralfragen nicht mehr so ganz ernstnahmen.

Jorge Mario Bergoglio hatte zwar tatsächlich ein Berufungserlebnis, aber dieses war so kirchenkonform, dass es bei den Oberen nicht die geringsten Zweifel an seiner Rechtgläubigkeit auslösen konnte. Es war der 21. September 1953. Jorge Mario Bergoglio war ein Jugendlicher im Alter von 17 Jahren, der sich gar nicht wesentlich von seinen Altersgenossen unterschied. Mit einigen von ihnen wollte er an diesem Tag den jedes Jahr begangenen „Tag des Studenten" feiern. Aber, anders als seine Kameraden, schob er noch, bevor er sie traf, den Besuch einer Kirche dazwischen. Er war ja praktizierender Katholik, aber bis dahin wie so viele ein Gewohnheitskatholik: Man geht zur Kirche, man glaubt, was der Priester von der Kanzel spricht, man empfängt die Sakramente, nimmt teil an Prozessionen, weil das eben auch die anderen in der näheren Umgebung so tun. Tiefere Gedanken darüber macht man sich nicht.

Aber an diesem Tag, bei diesem Besuch seiner Pfarrkirche war alles anders. Wie oft war er in dieser Kirche schon zur Beichte gegangen, hatte seine Sünden oder das, was er dafür hielt, vor dem Beichtvater heruntergeleiert, ohne dass er dabei besondere Gefühlsregungen verspürt hätte. Aber am heutigen Tag fühlte er sich magisch zu einem Beichtstuhl hingezogen, in dem ein Priester saß, den er gar nicht kannte, der ihm aber besonders vergeistigt erschien, spiritueller als die Beichtväter, die er kannte und bei denen er bisher seinen Sündenbekenntnisse abgelegt hatte.

Diese jetzige Beichte wurde sein Berufungserlebnis! Sie rüttelte ihn auf, zeigte ihm seinen katholischen Glauben in einem neuen Licht, machte ihm bewusst, dass er zum Priester berufen war. Mehr als ein halbes Jahrhundert danach beschreibt es der inzwischen zum Erzbischof von Buenos Aires, Kardinal und Primas der argentinischen Kirche aufgestiegene Jorge Mario folgendermaßen: „In dieser Beichte ist mir etwas Seltsames passiert. Ich weiß nicht, was es war, aber es hat mein Leben verändert. Ich würde sagen: Es hat mich getroffen, als ich offen und ungeschützt war. Es war die Überraschung, das maßlose Erstaunen über eine wirkliche Begegnung. Ich merkte, dass ich erwartet wurde. Das ist die religiöse Erfahrung: Das Erstaunen darüber, jemandem zu begegnen, der dich erwartet. Von diesem Zeitpunkt an ist es Gott, der einen mit einer Ausschließlichkeit umwirbt, wie es sie nur in der ersten Liebe gibt. Man sucht Ihn, aber Er sucht dich zuerst. Man möchte Ihn finden, aber Er findet uns zuerst".[15]

Von da an lebte der junge Mann anders. Aus war es mit den „weltlichen" Vergnügungen. „...die Gruppe von Freunden, mit denen ich ausging zum Tanzen", musste nun ohne ihn auskommen. Das Fest zum „Tag des Studenten" besuchte er auch nicht mehr. „Von jenem Moment an wurde Gott für mich derjenige, der uns zuvorkommt".[16]

Dennoch trat Jorge Mario nach seinem Berufungserlebnis nicht gleich ins Priesterseminar ein. Es dauerte sogar noch drei bis vier Jahre, ehe er diesen Schritt vollzog. In dieser Zwischenzeit absolvierte er das Gymnasium und ging weiterhin seiner Tätigkeit als Chemielaborant nach. Aber auch eine schwere Krankheit, die er durchmachte, ließ ihn in dieser Zeit noch reifer werden und baute weitere Fassaden und Oberflächenschichten seiner Psyche ab. Eine schwere Lungenentzündung stieß ihn fast bis an die Pforten des Todes. Die obere Hälfte der rechten Lunge amputierte man ihm, drei Zysten hatten die Ärzte darin gefunden, und der Zustand des von hohem Fieber Geschüttelten wollte sich nicht bessern. Jorge Mario war verzweifelt.

Seine Mutter und andere besorgte Besucher vermochten ihn nicht zu trösten. Erst eine Nonne, Schwester Dolores, die ihn zur Erstkommunion vorbereitet hatte und ihn besuchte, schaffte das kleine „Wunder": „Sie sagte mir etwas, das sich mir tief eingeprägt hat und mir großen Frieden gab: ‚Jetzt folgst du Jesus nach' ".[17]

So wurde der bis heute an einer Lungeninsuffizienz leidende Jorge Mario durch die Krankheit zu seiner sehr individuell geprägten Erkenntnis des tieferen Sinnes jeglichen Leids geführt. Es ist bezeichnend für seine Sicht desselben, aber auch überhaupt für seinen Blick auf das Ganze des Lebens und alle seine Details, dass er nach seinem Berufungserlebnis alles nur noch »christozentrisch« werten konnte. „Das Leid stellt keine Tugend in sich dar, aber die Art und Weise, wie man es annimmt, kann durchaus tugendhaft sein. Unsere Berufung ist die Fülle und das Glück. Und auf der Suche danach stellt das Leid eine Grenze dar. Deswegen versteht man den Sinn des Leidens erst ganz durch das Leiden Gottes in Christus".[18]

Auf die Problematik dieses letzten Satzes soll erst im Kapitel „Was glaubt der Papst?" näher eingegangen werden. Hier sei aber ohne Kommentar zunächst nur das radikal Christozentrische seiner Sicht aller Dinge und Begebenheiten hervorgehoben. Ohne Christus gibt es für ihn überhaupt keinen Sinn. Er fragt sich, „was geschehen würde, wenn Gott nicht in Jesus Christus Mensch geworden wäre, das heißt wenn Gott nicht gekommen wäre, um dem Leben einen Sinn zu geben": Daher bestehe der Schlüssel zu Sinn und Glück des Menschen allein „darin, das Kreuz als Keim der Auferstehung zu verstehen. Jeglicher Versuch, das Leiden zu erleichtern, wird nur Teilergebnisse zur Folge haben, wenn er nicht in der Transzendenz sein Fundament hat. Es ist ein Geschenk, das Leid zu verstehen und es ganz anzunehmen."[19]

Dem „verweltlichten" Menschen von heute wird diese christologische Engführung des Leidens nicht sonderlich behagen. Für Jorge Mario Bergoglio aber war sie ein Grund mehr, seine Berufung zum Priester als gottgewirkt zu glauben. Er sah jetzt, in der Zeit zwischen seinem Beichtstuhlerlebnis und seinem ja erst ein paar Jahre später erfolgten Eintritt ins Priesterseminar, noch klarer, dass „die geistliche Berufung ein Ruf Gottes an ein Herz ist, das auf Ihn wartet, bewusst oder unbewusst. Mich hat immer eine Lesung aus dem Stundenbuch beeindruckt, in der die Rede davon ist, dass Jesus Matthäus in einer Haltung anschaute, die in der Übersetzung ungefähr als ‚durch Erbarmen auserwählend' umschrieben werden könnte. Das war genau die Weise, wie ich mich während dieser Beichte von Gott angeschaut fühlte… ‚Durch Erbarmen auserwählend', das war mein Wahlspruch zu meiner Bischofsweihe, und es ist einer der Schlüssel zu meiner religiösen Erfahrung: Der Dienst der Barmherzigkeit und die Erwählung von Menschen aufgrund eines Angebots. Eines Angebots, das salopp so zusammengefasst werden könnte: ‚Schau mal, du bist geliebt als du selbst, du bist erwählt, und das Einzige, was von dir verlangt wird, ist, dass du dich lieben lässt'. Das ist das Angebot, das ich erhalten habe".[20]

Genau wie der Ratzinger-Papst in seiner ersten Enzyklika „Deus caritas est" immer wieder betont hatte, dass Liebe nicht möglich sei, wenn uns Gott nicht schon vorher geliebt hätte, erklärt auch der später zum Papst gewordene Jorge Mario: „Darin besteht also die Liebe, dass uns Gott zuerst geliebt hat. Jede religiöse Erfahrung, die nicht diese Portion Verwunderung, die Erfahrung der Überraschung, des Überwältigenden in der Liebe, in der Barmherzigkeit in sich birgt, ist kalt, sie bindet uns nicht ganz ein. Es wäre eine distanzierte Erfahrung, die uns nicht auf die transzendente Ebene führt". Allerdings, „heutzutage ist es schwierig, diese Transzendenz zu leben…"[21]

6. Eintritt in den Eliteorden der Kirche
– Geist und Ungeist der Jesuiten –
Bergoglios feiner Instinkt der Machtausübung

Irgendwie schicksalhaft – ein Papstfan würde sagen: von der Vorsehung vorherbestimmt und gewollt – war auch Jorge Mario Bergoglios Eintritt in den Jesuitenorden. Trat er doch 1956 als Zwanzigjähriger nicht gleich in ihn ein, sondern zunächst in das Priesterseminar der Erzdiözese Buenos Aires. Da er darin immerhin etwa zwei Jahre verbrachte, musste er sich dabei ja etwas gedacht, d. h. vorgehabt haben, Welt- und nicht Ordenspriester zu werden. Aber dann, zwei Jahre später, stand sein Entschluss fest: Ich werde kein Diözesanpriester, sondern Ordensmann, ich trete der Societas Jesu, der Gesellschaft Jesu bei!

Folgendermaßen beschreibt er selbst seine Motivation, den Jesuiten beizutreten: „Nachdem ich zuerst im erzbischöflichen Priesterseminar von Buenos Aires war, bin ich - angezogen von der fortschrittlichen Kraft der Gesellschaft Jesu für die Kirche – dort eingetreten. Wir würden in militärischer Sprache sagen: weil diese Kraft sich im Gehorsam und in der Disziplin entfaltete. Dazu kommt, dass dieser Orden auf die Mission hin orientiert ist. Mit der Zeit kam in mir nämlich der Wunsch auf, nach Japan in die Mission zu gehen, wo die Jesuiten seit alters her ein wichtiges Apostolat ausüben."[22]

Ein wenig anders formuliert der Papstbiograf Stefan von Kempis Bergoglios Motiv, zu den Jesuiten überzuwechseln: „…ich trat bei den Jesuiten ein, weil sie eine avantgardistische Kraft der Kirche waren, weil man in der Gesellschaft Jesu eine militärische Sprache benutzte, weil ein Klima des Gehorsams und der Disziplin herrschte".[23]

»Gehorsam und Disziplin« in diesen eben zitierten beiden Aussagen des Papstes – sie beweisen, wie wir das in weiteren Passagen dieses Buches noch häufiger sehen werden, dass Güte, Liebe und Menschenfreundlichkeit dieses Menschen nicht so spontan sind, wie sie von großen Teilen der Medien stets dargestellt werden, sondern vielmehr den Prinzipien der Disziplin und des Gehorsams gegenüber der Kirche untergeordnet bleiben, den Rahmen dieser Prinzipien nie überschreiten. Bergoglio, diese ganz und gar in das Eigentum der Kirche und des Jesuitenordens übergegangene Individualität eines Menschen, verfolgt in seiner ansonsten wohl ehrlich gemeinten Liebe zu den Menschen aber immer auch das strategische Ziel, sie durch die Zeichen seiner Liebe für die Kirche zu gewinnen bzw. zurückzugewinnen. Schließlich hat er – anders als europäische Kirchenfürsten – vor Augen, dass der katholischen Kirche Südamerikas die Gläubigen massenweise davon- und zu den evangelischen Pfingstkirchen überlaufen. Und diese überhäufen die Überläufer, die meist arm sind, mit Wohltaten aller Art.

Wie äußert sich doch diesbezüglich sogar ein dezidiert katholisches Blatt, das dazu noch im katholischsten Verlag Deutschlands erscheint? „Mit seinen in der Öffentlichkeit als authentisch und erfrischend bewerteten Auftritten hat er die Menschen und die Medien für sich eingenommen. Im Medien- und Informationszeitalter eine nicht zu unterschätzende Machtbasis ... Franziskus hat sehr wohl einen feinen Instinkt der Machtausübung. Er kennt die Regeln der Diplomatie, aber auch wie man sie als ‚Waffen' für den eigenen Bedarf manchmal überraschend anders anwenden kann".[24]

Genau das! Einen „feinen Instinkt der Machtausübung" und den Besitz der „Waffen der Diplomatie" hat auch der Jesuitenorden in seiner gesamten Geschichte bewiesen, und deswegen sind auch dieser Orden und der Bergoglio-Papst ein Herz und eine Seele. Da haben sich zwei getroffen, die adäquat zueinander passen und die absolut die gleichen Ziele verfolgen. Nicht ohne gewichtigen Grund lautet auch der Haupttitel des Buches, das seine aufschlussreichen Gespräche über sein Leben und seinen Weg mit den Journalisten Ambrogetti und Rubin enthält, in der argentinischen Erstausgabe *El Jesuita*. Durch und durch, bis in die tiefsten Tiefen und letzten Winkel seines Seins fühlt sich Jorge Mario Bergoglio als Jesuit und treuester Sohn seines Ordensgründers Ignatius von Loyola. Nochmals O-Ton Bergoglio: „An der Gesellschaft Jesu haben mich drei Dinge berührt: Der Sendungscharakter, die Gemeinschaft, die Disziplin" (so Papst Franziskus im Interview mit Antonio Spadaro am 19. August 2013).

Strengste Disziplin und unbedingter Gehorsam waren bereits für den Ordensgründer Ignatius von Loyola (1491–1556) die wichtigsten Mittel und absolut notwendigen Voraussetzungen für die Erreichung seines höchsten und einzigen Zieles: die Missionierung und Bekehrung der gesamten Menschheit, ihre Unterordnung unter den Gottmenschen Jesus Christus und dessen Stellvertreter auf Erden, den Papst. Schier unglaublich, was Ignatius und die von ihm gegründete Gesellschaft Jesu an Anstrengungen, Opfern, Engagement und Strapazen, an Unsummen moralischer, aber auch unmoralischer Handlungsweisen, Methoden, Taktiken und Strategien für die Erreichung dieses Zieles aufgebracht haben. „Noch war keine solche Gesellschaft in der Weltgeschichte anzutreffen gewesen. Mit größerer Sicherheit des Erfolgs hatte selbst der alte römische Senat nicht Pläne zur Welteroberung entworfen. Mit größerem Verstand war an die Ausführung einer größeren Idee noch nicht gedacht worden. Ewig wird diese

Gesellschaft ein Muster aller Gesellschaften sein, die eine organische Sehnsucht nach unendlicher Verbreitung und ewiger Dauer fühlen", schrieb der Romantiker Novalis in seiner idealisierenden Schwärmerei.[25]

Die Mitglieder des Jesuitenordens taten buchstäblich alles, um der Missionsdevise des Apostels Paulus, allen alles zu werden, zu entsprechen. Sie traten als Lehrer und Diplomaten am chinesischen Kaiserhof auf, drangen bis zum japanischen Kaiser vor, wurden hinduistische Brahmanen und Yogis, chinesische Mandarine, studierten den Talmud und die verwickelten jüdisch-orthodoxen Speziallehren derart gründlich, dass Rabbiner sie einluden, in ihren Synagogen vor der ganzen Gemeinde die heiligen Bücher zu erklären, selbst Moslems sahen in einem sich ganz an sie anpassenden, vor ihnen in ihrem Geist predigenden Jesuitenpater einen neuen Propheten bzw. den wieder auf die Erde gekommenen Johannes den Täufer. Den von den spanischen Conquistadoren gejagten, verfolgten, misshandelten, gemordeten Indianern Südamerikas errichteten sie einen Gottesstaat, in dem diese geschundenen armen „Wilden" endlich Ruhe vor ihren Peinigern hatten.

Wie kein anderer Orden der römisch-katholischen Kirche sind die Jesuiten aus der Stille der Klöster bzw. ihrer geistlichen Häuser in die Welt hinausgegangen, immer mit der übergeordneten Hauptabsicht, Menschen für Gott, Christus, Papst und Kirche zu gewinnen. Als Soldaten und Offiziere der „Kompanie Jesu" zum Zweck seiner Weltherrschaft verschafften sie sich Zugang „in die Kabinette der Herrscher und Minister, in die Parlamente und Universitäten, in die Audienzsäle asiatischer Despoten, an die Lagerfeuer der Rothäute, auf die Sternwarten, in die physikalischen und psychologischen Institute, auf die Szene des Theaters, auf die Gelehrtenkongresse und politischen Rednertribünen; sie suchten alles, was Menschen denken und empfinden können, dem Glauben unterzuordnen, und so haben sie für die Bestätigung ihrer Religiosität die ganze große lärmende Welt mit ihrer Fülle von Interessen und Zielen in Anspruch genommen. Sie haben gefordert, als Weltleute mit den Weltleuten, als Gelehrte mit den Gelehrten, als Künstler mit den Künstlern, als Politiker mit den Politikern zu gelten und in allen diesen Wirkungskreisen als ebenbürtig angesehen zu werden".[26]

In der Anwendung der Mittel für diesen allem anderen übergeordneten Zweck der Weltherrschaft von Christus und Kirche waren sie nicht zimperlich. Cum grano salis lässt sich sagen, dass ihnen kein Mittel zu teuer, keins zu gemein war, wenn es galt, dieses höchste Ziel zu realisieren. Ein vorrangiges, besonders wirksames Mittel war die *Beichte*. Sie verschafften sich das Image, die intelligentesten Ordenspriester und intimsten Seelenkenner zu sein. Ergo sahen die Vornehmsten, Reichsten und Mächtigsten in Kirche und Gesellschaft es als eine Ehre an, einen Jesuiten als Beichtvater zu haben. Kaiser und Könige, Fürsten und Adlige der höheren Stufen, Politiker, Unternehmer, Heerführer, oft auch deren Frauen und Konkubinen knieten vor ihnen und bekannten rückhaltlos ihre Missetaten und sündigen Phantasien. Und mit all ihrer Schläue nutzten die Beichtväter die in den „heiligen" Bußsakramenten gewonnenen Informationen für ihre Zwecke, ja sogar für die Lenkung ganzer Staaten und Kontinente in ihrem Sinn. Auch Bischöfe, Erzbischöfe, Kardinäle, selbst der Papst holten sich oft Jesuiten als Beichtväter. Dementsprechend wuchs deren Einfluss in Bistümern und am päpstlichen Hof, in der gesamten Kirche.

Die Päpste glaubten, sich ihnen restlos anvertrauen zu können, weil ja die Jesuiten alle anderen Orden und Kongregationen damit übertrumpft hatten, dass sie als einzige zu den drei üblichen Mönchsgelübden der Armut, Keuschheit und des nicht spezifizierten Gehorsams gegenüber allen Oberen noch das spezielle Gelübde der absoluten Unterwerfung unter den Papst, was dieser auch immer beschließe, hinzufügten. Das musste selbst den Päpsten in besonderem Maße imponiert haben, denn sie überhäuften sie mit zahlreichen Beweisen ihrer Gunst.

Kein Biograf bzw. Kritiker von Papst Franziskus kann genau wissen, in welchem Umfang dieser die *negative Seite* des Jesuitenordens kannte, als er ihm beitrat. Diese Seite kann im vorliegenden Buch aber nicht ganz ausgeblendet werden, weil sie zum ambivalenten Charakter dieser Gesellschaft konstitutiv und strukturell gehört und weil der Bergoglio-Papst eben weitgehend ein Geschöpf dieses Ordens ist. Ignoranz, Unkenntnis wesentlicher Tatbestände ist stets ein schwaches Argument für die Überzeugung, sich für etwas nicht verantwortlich fühlen zu müssen.

Bergoglio hat viel über das Leben des Ordensgründers Ignatius von Loyola gelesen. Sollte ihm da total entgangen sein, dass Ignatius seinen Jüngern rät, den Charakter der Herrschenden, Mächtigen, Einflussreichen genau zu studieren, sich der auf diese Weise gefundenen Interessenrichtung ihres Wesens geschmeidig anzupassen, sie durch Schmeicheleien sogar noch zu stärken, dabei aber auch stets „die Heiterkeit des Antlitzes und die größte Freundlichkeit der Rede" einzuhalten? Zumindest in letzterem ist ja der – mit einigen Ausnahmen, die wir noch sehen werden – stets liebenswürdig daherkommende Papst Franziskus ein echter Befolger der Weisungen seines Ordensgründers.

Sollte Bergoglio auch von jener doppelzüngigen Strategie seines Meisters nie etwas erfahren haben, die darin bestand, bei wichtiger Korrespondenz in jedem Einzelfall jeweils zwei Briefe zu schreiben, einen »Hauptbrief« mit erbaulich-unverfänglichem, jederzeit publizierbarem Inhalt, und einen »Nebenbrief« mit absolut geheim zu haltenden Bestimmungen, Hinweisen, Anweisungen, Herabsetzungen usw.?

Loyola hatte auch keinerlei Skrupel, faktisch sein Knie vor Baal, dem mythischen Gottsymbol des Reichtums und der Macht, zu beugen, wenn es nach seinem Dafürhalten der Kirche von Nutzen sein konnte. „… der Gebrauch menschlicher Mittel und die Verwertung irdischer Protektion für gute und gottgefällige Zwecke" sei aber, so Ignatius schönfärberisch, in Wirklichkeit gar kein Baalsdienst. „Im Gegenteil, wer es verwirkt, sich solcher Mittel zu bedienen und auch dieses von Gott verliehene Talent zu verwerfen, etwa weil er dies für einen ‚üblen Sauerteig' und eine schlimme Mischung irdischer Mittel mit der Gnade hält, der hat offenbar nicht gut gelernt, alles auf das eine große Ziel, auf die Verherrlichung Gottes hinzulenken".[27]

Viele Prinzipien, Devisen, Leitsätze gehen vielleicht gar nicht bis auf den Ordensstifter zurück, aber sie werden dem „Weisheitsrepertoire" der Jesuiten zugeschrieben. Es ist fast unmöglich, dass Jorge Mario Bergoglio von ihnen nie etwas gehört haben sollte, z.B. von der in den jesuitischen Lehrbüchern der Moral doch empfohlenen *restrictio mentalis*, also der Taktik der halben, eingeschränkten Wahrheit: man lügt nicht eigentlich, man sagt nur nicht die ganze Wahrheit. Oder: Man steckt moralische Bedenken weg, wenn die Aussicht auf ein glückliches Ende einer Affäre besteht, weil der Sieger sich meistens nicht mehr zu rechtfertigen brauche. Sein Erfolg zähle bei den Menschen mehr als alles andere.

Der Jesuitenpater G. Sanchez stellt in seiner Moraltheologie (*„opus morum"*, Lib. I, cap.9 n.13, S. 26) die Regel auf: „So oft Worte ihrer Bedeutung nach zweideutig sind oder verschiedene Sinne zulassen, ist es keine Lüge, selbige in dem Sinne zu gebrauchen, den der Sprechende mit ihnen verbinden will; obschon die Zuhörenden und der, dem man schwört, selbige in einem anderen Sinne nehmen – ja, ob auch der Sprechende von keiner gerechten Sache geleitet werde". Über die verschiedenen Arten erlaubter Lügen sagt dieser Jesuit: „Ja, es ist dies von großem Nutzen, um vieles verdecken zu können, was verdeckt werden muss, aber ohne Lüge nicht verdeckt werden könnte, wenn nicht diese Art und Weise gestattet wäre ... Man hat aber gerechte Ursache, sich solcher Zweideutigkeiten zu bedienen, so oft dies notwendig und nützlich ist, um das Heil des Körpers, die Ehre und das Vermögen zu schützen: oder zur Übung irgend einer anderen Tugend" (ebd. S. 15).

Sogar die Tötung unter gewissen Umständen erlaubt dieser jesuitische Moraltheologe: „Es ist erlaubt, denjenigen zu töten, von dem man gewiss weiß, dass er sofort einem nach dem Leben stellt, so dass eine Frau z.B., wenn sie weiß, dass sie in der Nacht von ihrem Manne getötet wird, und nicht entfliehen kann, jenem zuvorkommen darf". Dieses blutige Handwerk kann allerdings auch ein anderer für einen erledigen, „wenn dies die christliche Liebe anrät" (der Moraltheologe Busenbaum S.J., Meditationes Theologicae, mor. L.III. Tract. IV.D.V.).

Zahlreiche prägnante und markante Leitsätze für seine Ordensbrüder hat auch der berühmt-berüchtigte Jesuitenpater Balthasar Gracian, Rektor des Kollegs der Gesellschaft in Tarragona, in seinem „Handorakel" angeführt. Man solle die Daumenschraube eines jeden zu finden wissen; nichts kategorisch abschlagen, damit die Abhängigkeit des Bittstellers erhalten bleibe; niemandem Gelegenheit geben, einem ganz auf den Grund zu kommen; nicht nach festen Grundsätzen leben, sondern opportunistisch, nach den Umständen; die menschlichen Mittel anwenden, wie wenn es keine göttlichen, und die göttlichen, wie wenn es keine menschlichen gäbe; das eigene zu erreichende Ziel so darstellen, als ob es sich um einen Freundschaftsdienst für einen Fremden handle, um das Bestmögliche für sich selbst herauszuschlagen."[28]

Diese und ähnliche Ratschläge des Ignatius von Loyola, der Generäle des Ordens im Verlauf seiner Geschichte seit dem 16. Jahrhundert und der unzähligen Exerzitien- und Novizenmeister der Jesuiten brachten ihnen eine Unmenge von mehr oder weniger gerechten, mehr oder weniger ungerechten Vorwürfen ein. Am häufigsten warf man ihnen Heuchelei, Scheinheiligkeit, Kriecherei vor den Mächtigen dieser Erde und Intriganz vor. Gleich danach aber ertönte auch immer wieder der Vorwurf der zwielichtigen Moral, der durch die Jesuiten, ihre Lehren und Praktiken, verursachten Sittenverderbnis. Selbst der große Mathematiker und tiefreligiöse Blaise Pascal behauptete, nichts sei „lax und ungerecht genug", als dass es „die Jesuiten nicht mit dem Pinsel ihrer vagen und schrankenlosen Morallehre als fromm, anständig und heilig hinzustellen wüssten". Der große englische Denker und Moralist Thomas Carlyle nannte Loyolas Lehren „das verhängnisvollste Evangelium aller Zeiten", und der prominenteste der liberalen evangelischen Theologen im wilhelminischen Kaiserreich, Adolf von Harnack, unterstellte ihnen als Hauptzweck ihrer gesamten Tätigkeit, „das Schimpflichste als verzeihlich darzustellen und den ruchlosesten Verbrechern einen Weg zu zeigen, auf welchem sie noch immer den Frieden der Kirche erlangen können".[29]

Das Buch *Macht und Geheimnis der Jesuiten,* das wahrscheinlich die meisten Anklagen gegen die Moral und Wirkungsgeschichte der Jesuiten enthält, habe ich per Zufall schon mit dreizehn Jahren in die Hände bekommen. Ich las es wie einen hochinteressanten Roman, aber als frommer katholischer Jüngling sagte ich mir: „Das kann doch nicht stimmen!" Hatte ich doch nur eine geringe Vergleichsmöglichkeit, nämlich die drei oder vier Jesuiten, die Jahr für Jahr in meiner Heimatkirche St. Laurentius in Groß Strehlitz Exerzitien abhielten, beeindruckende Prediger und imponierende Persönlichkeiten waren und viel tieferen Eindruck auf mich machten als die Geistlichen meiner Pfarrkirche. Dieser Eindruck bewirkte also in ganz besonderer Weise, dass ich den Ausführungen des besagten Buches keinen Glauben schenkte.

Ich nehme an, dass auch Jorge Mario Bergoglio vor seinem Eintritt in den Jesuitenorden so manches Negative über diesen gelesen hatte, aber letztendlich als guter Katholik ebenfalls stets zu dem Schluss kam, dass das alles von den Feinden der Kirche erfundenes übles Zeug sein müsse.

Mein eigener naiver Glaube an die Makellosigkeit der Jesuiten wurde zunächst einmal sogar noch gehörig verstärkt. Einer der oben erwähnten Jesuiten hatte nämlich uns Jungen im Alter zwischen 13 und 16 Jahren ins katholische Jugendheim eingeladen. Als wir alle vor ihm versammelt waren, hielt er einen derart flammenden Vortrag über die Keuschheit, dass wir hingerissen waren. Er geizte auch nicht mit anschaulichen Beispielen: „In dem von mir geführten Konvikt sehe ich es immer sofort nach den Ferien beim Fußballspiel: Wenn einer dem Ball nicht mehr so nachsetzt wie vor den Ferien, dann hat er seine Energie durch Selbstbefleckung oder durch Verkehr mit Mädchen eingebüßt." Ich weiß auch noch, wie ich nach seiner Ansprache mit Kameraden zusammenstand und wir alle gelobten, da wir ja keine Energie verlieren wollten: „Nie mehr ein Blick auf ein Mädchen, nie mehr eine sündhafte Berührung unseres eigenen Körpers". Der Jesuitenpater hatte nämlich auch betont, dass bereits ein unkeuscher Gedanke oder Blick das Denk-, Konzentrations- und Erinnerungsvermögen des Jugendlichen beeinträchtige.

Dann aber erlebte ich einen Tiefschlag in meiner Hochachtung der Jesuiten. Es geschah zehn Jahre später – ich war inzwischen Kaplan in derselben Pfarre, der Pfarre meiner Heimatstadt –, da kam eine Dame, etwa 30 Jahre alt, an einem Samstagnachmittag in meinen Beichtstuhl. „Ich möchte", begann sie zögernd, „von einem Fall sprechen, der sich bereits vor zehn Jahren zugetragen hat, mir aber keine Ruhe lässt, weil ich bis heute nicht genau weiß, was ich von ihm halten soll. Ein endgültiges Urteil über ihn wäre für mich von großer Bedeutung, weil dieses Urteil darüber entscheiden könnte, ob ich an den Idealismus der Priester weiter glauben kann oder nicht." Ihren weiteren Ausführungen entnahm ich, dass es sich bei dem von ihr geschilderten Fall um den von mir in meiner Jugend so verehrten Jesuiten handelte. Nach einer Standespredigt für Jungfrauen habe sich dieser in die Pfarrkanzlei begeben, wo auch sie etwas zu erledigen gehabt habe. Er sei sofort auf sie zugegangen, habe sie diskret in ein Nebenzimmer gebeten und dann gesagt: „Wissen Sie, Künstler, Ärzte und Priester sind etwas ganz anderes als die übrigen Menschen. Sie stehen auch über der üblichen Moral, die man von gewöhnlichen Sterblichen verlangt. Der Priester ist obendrein noch Arzt und Künstler in einer Person. Kurzum, verstehen Sie es nicht falsch, wenn ich Sie bitte, sich jetzt zu entkleiden. Sie sind sehr schön, und ich möchte nichts anderes, als Gottes Kunstwerk ohne Hüllen vor mir sehen."

Sie habe sich der Autorität und Überzeugungskraft, mit der er dies gesagt habe, nicht entgegenstellen können und sich deshalb vor ihm ausgezogen. Er habe sie dann aus den verschiedensten Perspektiven eingehend betrachtet, sie aber nicht angerührt, vielmehr nach dieser Betrachtung sich bei ihr bedankt und ihr geheißen, sich wieder anzuziehen. Allerdings habe sie ihm ihren Namen und ihre Adresse geben müssen. Es seien dann einige Wochen vergangen, da habe er plötzlich an die Tür ihres Elternhauses geklopft und ihre Eltern gebeten, sie allein sprechen zu dürfen. Als sie allein in einem Zimmer des Hauses gewesen seien, habe er sie wiederum aufgefordert, sich auszuziehen, habe dann ein weißes, seidenes Taschentuch hervorgezogen und so ziemlich alle Stellen ihres Körpers mit dem Taschentuch berührt. Dabei habe er immer wieder gefragt: „Spüren Sie etwas dabei? Empfinden Sie Lustgefühle?" Aber auch wenn sie heute der Meinung sei, dass er eine bejahende Antwort recht gern gehört hätte, habe sie immer wieder verneint, weil sie damals nur verlegen und wie erstarrt gewesen sei. Er sei dann noch ein paar Male zu ihr nach Hause gekommen, die ganze Zeremonie habe sich stets wiederholt, aber auf die Frage nach ihren Lustgefühlen habe er immer die gleiche Antwort bekommen.

Auch ich wusste nicht so recht, wie ich diesen Vorfall beurteilen sollte. Aber in meinen Augen, den Augen eines gerade aus dem Priesterseminar in die Welt geschickten Jungpriesters, hatte dieser doppelzüngige Jesuit eine Todsünde begangen (bzw. gleich mehrere hintereinander) und meiner idealistischen Sicht auf seine Gesellschaft einen schweren Schlag versetzt.

Später las ich in einem moraltheologischen Traktat eines Jesuiten: „Ist einem Beichtvater, der eine Frau oder einen Mann zu verzeihlichen bösen Handlungen verlockt, das Begehen einer schweren Schuld beizumessen? – Die Hände oder die Brüste einer Frau zu berühren, mit den Fingern zu kneifen oder zu zwacken: das sind in betreff der Keuschheit lässliche Sünden, wenn es zur bloßen Ergötzlichkeit ohne weitere Absicht oder Gefahr der Befleckung vorgenommen wird" (J. Escobar, Theologia morum, Tract. V. Exam II Cap. V. n. 110, S. 608).

Im Sinne dieser moraltheologischen Interpretationen seines Ordensgenossen hatte also der von mir geschilderte Jesuitenpater gar keine schwere Sünde begangen.

Bei Escobar fand ich noch eine Reihe weiterer Beschönigungen unsittlichen Verhaltens im Bereich der Sexualität. Er fragt z.B.: „Wie verhält es sich rücksichtlich des Beischlafes mit der Verlobten eines anderen?" Antwort: Nun, „er überschreitet nicht die gewöhnliche Hurerei, weil sie noch nicht die Frau jenes Mannes ist". Escobar fragt auch: „Ist derjenige, der zum erstenmale Hurerei treibt, verpflichtet, diesen Umstand in der Beichte aufzudecken?" Die Antwort: „Jungfrauen sind hierzu wegen der Defloration verbunden; aber Jünglinge nicht. So meint Suarez. Jedoch halte ich es mit Vasquez für wahrscheinlicher, dass auch eine Jungfrau nicht dazu verpflichtet ist, sei es selbst, dass sie noch unter elterlicher Gewalt stehe, da, wenn die Jungfrau freiwillig einwilligt, ihre Hurerei keine Schändung ist; sie begeht kein Unrecht, weder gegen sich selbst, noch gegen ihre Eltern, da sie die Herrin ihrer Jungfrauschaft ist".

Angesichts der in ihren moraltheologischen Werken gelehrten laxen Verhaltensprinzipien brauchte ich mich später im Leben nicht mehr über jene Jesuiten zu wundern, die diese Prinzipien – oft noch in überbietender Weise – in die Tat umsetzten. Ich denke da z. B. an den in Deutschland in den sechziger Jahren des 20. Jahrhunderts populärsten Jesuiten, einen Volksredner ohnegleichen, der die Massen in den größeren Städten zu wahren Begeisterungsstürmen mitriss. Angesichts des perfekten Kontrollsystems im Jesuitenorden mussten seine Oberen längst Wind davon bekommen haben, dass seine rigorosen Moralpredigten in direktem Gegensatz zu seinen Liebesaffären standen.

Aber viel wichtiger als die Bedenken, die sie deshalb hegen mochten, war für sie wohl doch der Umstand, dass dieser Pater sich immer größerer Popularität erfreute, immer mächtigeren Zulauf hatte. Bald waren die Vortragssäle und Kirchen, in denen er auftrat, zu klein, so dass er auf den Marktplätzen verschiedener Großstädte vor Zehntausenden von Menschen sprach. In den fünfziger und sechziger Jahren des 20. Jahrhunderts gab es nur ganz wenige Redner in der katholischen Welt, die so viele Menschen mit ihren religiösen und moralischen Appellen fesseln konnten. Zugegeben, es waren oft Plattitüden, die er zum besten gab. So wenn er einen Großteil der „Sexprobleme unserer Zeit" darauf reduzierte, dass die Frauen zu enge Pullis, zu tiefe Dekolletés und zu kurze Röcke trügen. „Die Schuld", brüllte er, „dass sie dann vergewaltigt werden, liegt doch eindeutig zum großen Teil bei ihnen selbst". Ganz besonders heftig donnerte er auch gegen die Abtreibung. Er konnte es sich sogar leisten, abtreibende Ärzte so genau zu charakterisieren, dass zumindest ein Teil der Hörer wusste, um wen es sich handelte. Und der hetzerische Aufruf, etwas gegen die betreffenden Ärzte zu unternehmen, fehlte auch meistens nicht.

Doch die Menschen, die auf die öffentlichen Plätze der Großstädte strömten, um ihn zu hören, verziehen ihm, dem religiösen „Idealisten und Reformer", seine Demagogie gern und ohne Probleme. Dieser schlanke, fast hagere, asketisch wirkende Mann, der die Kirche stets um jeden Preis verteidigte („Auf meiner schwarzen Soutane sieht man halt den kleinsten Fleck viel eher als auf Euren bunten Kleidern!"), kam überall an. Übertreibungen, Unverschämtheiten und Frechheiten, mit denen er auch manche seiner Zuhörer beleidigte, schrieb man dem Überschwang seiner feurigen, mystisch entflammten Psyche zu, die im Grunde nur die Ehre Gottes verteidigen wolle. Die Herren der Kirche rieben sich die Hände: Dieser Mann macht den Katholizismus wieder anziehend, aktuell, befreit ihn vom Ruch des Verstaubten, Erstarrten, Verkrusteten. Und das Geld häufte sich in den Opferstöcken und Klingelbeuteln der Kirchen jener Städte, in denen der Jesuit auftrat.

Dieser von den Leuten für ungemein idealistisch, altruistisch und moralisch gehaltene Mann aber hatte auch eine besondere „Leiche im Keller", nämlich eine Frau, die er seelisch und körperlich zugrunde gerichtet hatte. Der Verfasser des vorliegenden Buches stieß auf diesen Fall, weil er von dieser Frau angeschrieben, später auch persönlich kontaktiert wurde. Sie schrieb mir, sie sei auf mein Buch „Herren und Knechte der Kirche" gestoßen und könne aufgrund eigener Erfahrungen „nur sagen, dass es kein Pamphlet ist ... Als Geliebte des Paters ..., der mich feige und gemein im Stich ließ ... kann ich wohl in das Lied in diesem Chor der Anklagen einstimmen." Sie habe, nachdem er sie verlassen habe, zwei Suizidversuche unternommen (tatsächlich war auch in einigen Zeitungen berichtet worden, dass sie die Feuerwehr aus dem Main gerettet hatte). „Ich hatte", schrieb sie des weiteren, „sogar noch vor, mich selbst zu verbrennen zum Protest gegen diese Heuchelei und Unterdrückung" durch einen Priester. Sie sei dann aus der katholischen Kirche ausgetreten, den Schock, einen solchen Idealisten wie diesen Pater als eiskalt ihre Gefühle ausnutzenden und sie dann skrupellos verlassenden Macho erlebt zu haben, werde sie nie überwinden können. Ihre Gesundheit sei völlig zerrüttet, ihr Leben zerstört, sie vegetiere nur noch so vor sich hin. „Ich wollte", teilte sie mir in einem weiteren Schreiben mit, „anfangs alles an den SPIEGEL geben und an Prof. Bense", einen bekannten, kämpferischen Atheisten, „aber drei Viertel meiner ernstzunehmenden Freunde rieten ab ... Ich würde das physisch und seelisch nicht überstehen, sollte der Pater in einem Prozess, bei dem ihm Rom helfen würde, jedenfalls in Form eines jesuitenschlauen Anwalts, alles ableugnen. Gedroht hat der Pater meinen Freunden" (es folgt die Nennung des Namens eines prominenten katholischen Ehepaares) „mit dergleichen Schritten". Ihr selbst habe er mit der Einweisung in eine Nervenklinik gedroht. „Wer weiß schon", schreibt sie in einem weiteren Brief, „wie das System der römischen Kirche Menschen zugrunde richten kann."[30]

Missionare, die die Welt um jeden Preis für Christus und Kirche gewinnen wollen, sind *alle* Jesuiten, auch Pater Bergoglio alias Franziskus I., der sogar als Missionar nach Japan gehen wollte, aber auch der oben geschilderte Pater, der, als er sich von der Frau, die er benutzt hatte, trennte, ihr eiskalt erklärte: „Wegen einer Frau verrate ich doch nicht meine große Mission!" Missionsmäßig (im Sinne: Wir dürfen dem Missionsziel der Bekehrung der Massen in keiner Weise schaden) handelten auch die »Superiores«, die Oberen dieses Paters, als dessen Wildern in den Jagdgründen der Sexualität einer breiteren Öffentlichkeit bekannt zu werden drohte. Von einem Tag auf den anderen zog man ihn aus dem Verkehr. Er trat öffentlich überhaupt nicht mehr in Erscheinung. Hausarrest! Mission und Disziplin – Grundwerte der Gesellschaft Jesu!

Noch immer schätzen manche Intellektuelle aus allen Lagern bis hin zum atheistischen den elitären Charakter der Jesuiten, ihren vermeintlich höchsten Platz in der Rangordnung der Priester und Ordensleute. Aber selbst einem Jorge Mario Bergoglio, der nie die geringste Kritik an seinem Orden geäußert hat, konnte doch eine Affäre wie die des Jesuiten Jean Daniélou nicht unbekannt geblieben sein. Der Mann war einer der Begründer und intelligentesten Vertreter der Nouvelle Théologie, die neuen Wind in die vergilbte und veraltete Welt der scholastisch-thomistischen Theologie bringen sollte. Nach anfänglichem Widerstand der Konservativen im Vatikan gewann diese neue Theologie in den sechziger und siebziger Jahren des vorigen Jahrhunderts immer mehr an Bedeutung und öffentlichem Prestige. Sogar den Kardinalshut empfing Daniélou in Anerkennung seiner Verdienste um den Fortschritt in der Theologie aus der Hand des Papstes.

Dann aber kam der Skandal, der die Verteidiger der Societas Jesu und der Kirche erschütterte, alle anderen, soweit sie etwas davon mitbekamen, schmunzeln, grinsen oder zwischen Ironie und Verachtung lavieren ließ: Der berühmte französische Kardinal Daniélou erlitt am Nachmittag des 20. Mai 1974 einen Herzinfarkt, „gerade als er die Wohnung der Nachtclubstripperin G.S., 24, nach mühsamem Aufstieg in den vierten Stock der Rue Dulong Nr. 56 betreten hatte".[31]

Auch in einem weiteren Fall, der sich in der höchsten Etage der Theologen der Gesellschaft Jesu ereignete, erscheint es mir recht unwahrscheinlich, dass der heutige Papst seinerzeit nichts davon mitbekommen haben sollte. Er, der den Vorbildcharakter dieser Gesellschaft so betont und ihn auch als entscheidenden Grund für seinen Eintritt in diesen Orden ansieht, würde wohl kein Wort zu dieser Affäre sagen, aber zu Ohren gekommen muss sie ihm sein. Offenbar gilt auch für den Bergoglio-Papst: »De suis nihil nisi bene« (Über die Seinen nichts als nur Gutes). Auch als Papst muss er wie jeder Papst vor ihm *Fassadenstreicher*[32] sein. Er kann gar nicht anders, auch er sieht sich gezwungen, den ungeheuren Morast in der Kirche irgendwie und mindestens zum größten Teil zuzudecken. Sonst höbe er sich selbst und sein unfehlbares Papstamt auf.

Nun aber direkt zur *Liebesaffäre* des wohl bekanntesten und führendsten Theologen des 20. Jahrhunderts, des Jesuitenpaters Karl Rahner. Gerade bringt der erzkatholische Herder-Verlag eine Neuauflage der Schriften dieses, wie er ihn nennt, „Jahrhundert-Theologen" heraus. Von seiner Affäre und einigen anderen nicht gar so positiven Charaktereigenschaften des prominenten Theologen sagt der Verlag selbstverständlich kein Wort.

Der lange Zeit in der frauenlosen Atmosphäre und Zucht jesuitischer Hochschulen und Institute aufgewachsene und ausgebildete Rahner begegnet der bekannten Schriftstellerin Luise Rinser zum ersten Mal am 27. Februar 1962 in Innsbruck. Bald entwickelt sich das, was ein Außenstehender kaum anders denn als Tragikomödie bezeichnen kann. Sie ist zu diesem Zeitpunkt 51, er immerhin schon 57 Jahre alt. Aber Liebe kennt bekanntlich kein Alter und Leidenschaft noch viel weniger. Sie macht auch blind, denn die Dame hatte ihre physiologische Blütezeit und Attraktivität längst hinter sich. Aber natürlich imponierte auch der talentierten Romanschreiberin, verheiratet und Mutter zweier Söhne, dass ein so bekannter Theologe seine Aufmerksamkeit ihr schenkte, und gewiss konnte sie ihn auch mit ihren „inneren Werten" und ihrer Beredsamkeit an sich binden. Jedenfalls band sich Rahner wie ein blinder, verliebter Gockel an diese Frau. Tausende von Liebesbriefen und Postkarten schrieb er an sie. Der Jesuitenorden zeigte sich gar nicht amüsiert, als sie nach Rahners Tod Teile ihrer Korrespondenz mit ihm im Rahmen eines Buches veröffentlichte.

Denn an Raffinesse fehlte es dieser Dame auch in anderen Hinsichten nicht. Hatte sie doch schon vor der Sache mit Rahner eine intime Freundschaft mit einer anderen kirchlichen Größe, dem Benediktinerabt vom Kloster Ettal, Dr. Johannes M. Hoeck. Und dieses Verhältnis war sie auch keineswegs bereit aufzugeben, nur weil da Karl Rahner auf ihrer Bildfläche erschienen war. Im Gegenteil, sie spielte mit allen Mitteln weiblicher Liebeskunst die beiden hohen Kirchenmänner gegeneinander aus. Denn auch der Abt benahm sich inzwischen wie ein verliebter Gockel. Rinser über den Abt: „Die Schicksalsfalle schnappte zu. Unhörbar. Er hatte ja keine Erfahrung. Der Pfeil hat ihn hinterrücks getroffen. Er spürte nicht, wie tief er eingedrungen war." Schließlich ist dieser Spitzenmönch von seiner Leidenschaft so besoffen, dass die flotte Luise in ihrem Kalender konstatieren kann: „Er sagte heute: ich werde sein, was du aus mir machst".

Dieser Liebessklave eignete sich natürlich wunderbar zum gegen Rahner einsetzbaren Rivalen. Denn der (er nannte sie „Wuschel", sie ihn „Fisch") drängt sie immer stärker, ihn zu heiraten. Rahners viel zu stürmische Verliebtheit und Zärtlichkeit gehen ihr bereits auf die Nerven. Also „sieht sie sich gezwungen, ihn zu bremsen. Dazu benutzt sie den Abt. Ein Brief vom 3. Januar 1964 leitet die Stimmung ein, welche die künftige Entwicklung kennzeichnen wird. Luise Rinser macht Rahner vor, dass Hoeck sich um sie kümmere und seine Ablehnung nur Selbstschutz sei. Das ständige Erwähnen des Abtes irritiert den Theologen. Luise Rinser weiß genau, mit wem sie es zu tun hat. Der vitale Karl Rahner, groß im Denken, ist mit bald 60 Jahren unerfahren in Sachen weiblicher Erotik. Jetzt will aber die ein Leben lang verdrängte Lust durchbrechen. Luise Rinser macht Karl Rahner eifersüchtig nach allen Regeln weiblicher Kunst. Sie genießt sein zunehmendes Verlangen, fühlt sich überlegen."

Die Leser dieses Berichts dürften zunächst geneigt sein, Sympathie für den armen, liebesunerfahrenen Rahner zu hegen. Vielleicht ist er ja auch tatsächlich völlig absichtslos in diese Affäre mit einer erfahrenen Frau hineingetaumelt. Unsympathisch an diesem wohl bekanntesten jesuitischen Theologen aber ist seine Heuchelei und Doppelzüngigkeit. Denn trotz seiner eigenen vitalen Nöte in Sachen Zölibatsgesetz und Sexualität schreibt Rahner im Auftrag der Deutschen Bischofskonferenz den berühmt-berüchtigten »Zölibatsbrief«, also einen Artikel in Form eines Offenen Schreibens an einen „lieben Mitbruder", dem er hart und unmissverständlich klar macht und theologisch „beweist", dass ein Priester das Zölibatsgebot der Kirche unbedingt einzuhalten habe, dass es auch nicht richtig wäre, es amtskirchlicherseits aufzuheben. Rahner macht dem „lieben" Mitbruder – und gemeint sind damit alle Priester, denn der Aufsatz Rahners wird als Sonderdruck von den Bischöfen an alle deutschen und österreichischen Kleriker verschickt – sogar ein ganz schlechtes Gewissen für den Fall, dass dieser evtl. vorhaben sollte, seiner Zölibatsverpflichtung nicht nachzukommen.

Das also ist typisch jesuitisch bei Rahner: Offiziell vehement und idealistisch das Zölibatsgesetz der Kirche für Priester und Mönche verteidigen und inoffiziell „die nach außen hin streng geheimgehaltene Freundschaft mit der Schriftstellerin Luise Rinser" zu hegen und zu pflegen, wie ihm das sogar sein „Freund" Hans Küng vorwarf. Küng als systemimmanenter Theologe, an sich Kirche und Kirchenleute nie besonders scharf angreifend, kritisiert dennoch bei Rahner einen weiteren Aspekt seines Umgangs mit dem Zölibatsgesetz für Priester: „So hätte ich", betont Küng, „sicher nie wie etwa Karl Rahner am Priestertag am Vorabend des Katholikentages vor tausend Priestern über priesterliche Existenz reden und dabei das gemeinsame Priestertum aller Christen bewusst ausschließen und die Zölibatsfrage als peripher abtun können; auch das ist Rahner". Dabei habe, so Küng, „Luise Rinser in Rahners letzten Jahrzehnten eine zentrale Rolle gespielt": Aber seinen tausend Mitbrüdern verordnet er erbarmungslos die Einhaltung des Zölibats und sieht deren Konflikte damit als „peripher" an!

Aber wer weiß denn schon, welcher Anteil bei diesen Dingen auf die jesuitische Schläue und Spitzfindigkeit Rahners, welcher auf eine eventuelle Erpressung dieses Theologen durch die Kirchenleitung zurückzuführen ist. Schließlich war ihm der berüchtigte »Zölibatsbrief« vom damaligen Vorsitzenden der Deutschen Bischofskonferenz, Kardinal Döpfner, „nahegelegt" worden, und der hat ihm wohl auch mit großer Wahrscheinlichkeit klargemacht, dass die Aufdeckung der Affäre Rinser/Rahner vor einer breiteren Öffentlichkeit des letzteren Ruf als eines vorbildlichen Priesters, Jesuiten und weltweit geachteten Theologen schwer beschädigen würde.

Eine richtige Wut scheint ja Rahner selbst auf die oberste Kirchenleitung, ohne die kein deutscher Bischof etwas anzuordnen wagen würde, gehabt zu haben. Denn angesichts eines misslungenen Attentatsversuchs auf Papst Paul VI. war er keineswegs traurig, vielmehr flüsterte er Küng „mit maliziösem Lächeln" zu, „er wäre nicht gerade zu Tode betrübt gewesen, wenn das Attentat gelungen wäre".

Auch in der Unfehlbarkeitsdebatte verteidigte Rahner kategorisch den päpstlichen Standpunkt, während er im privaten Kreis zynisch dazu sagte, dass selbst „Jesus nichts davon verstanden hätte".

Persönlich habe ich Rahners Lavieren zwischen allen Stühlen im Priesterseminar zu Bamberg erlebt. Wir saßen am Mittagstisch mit dem Regens und dem Spiritual des Seminars zusammen, als ich ihm die Frage stellte, was er denn von Romano Guardini halte. Ach was, sagte Rahner verächtlich, der sei doch nur ein populärer Schriftsteller, kein großer Theologe. Einige Zeit später glaubte ich meinen Ohren nicht trauen zu dürfen, denn in einer Radiosendung zu Ehren Guardinis lobte Rahner denselben als einen der größten Theologen des 20. Jahrhunderts, der sehr viel für den Fortschritt der Theologie getan habe.

Aber die Tragikomödie um Rahner und Rinser ist noch nicht ganz zu Ende. Dieser bis ins hohe Alter vitalen Dame waren die großen Zwei, der Abt und der Jesuit, noch nicht genug. „Nach dem Benediktiner Johannes M. Hoeck und dem Jesuiten Karl Rahner war der spanische Karmelitermönch" (José Sanchez de Murillo) „der letzte in der Sammlung der erotischen Hochgeschwindigkeits-Lokomotive Luise Rinser", schreibt das christkatholische Magazin *Kirche In*.

Drei hochintelligente, hochangesehene Mönche aus verschiedenen Spitzenorden der Kirche machten sich in grotesker Weise zu Liebessklaven einer alternden Schriftstellerin. Auch zu solchen Wirrungen und Verirrungen führt das Zölibatsgestz der Kirche.

Schlimm an diesen Affären sind nicht so sehr Eros und Sexus, sondern die Heuchelei, die alle drei Mönche begingen, indem sie in unmittelbarem Zusammenhang mit ihren Liebesaffären als „heiligmäßige" Priester die Messe feierten.

„Karl Rahner besucht Luise Rinser mehrmals in Rocca di Papa, zelebriert die Messe in der kleinen Kapelle, die sein Rivale eingeweiht hat... Möglich war das Liebesdreieck, solange es gespielt werden konnte. Übrig blieb die leere Bühne", schreibt *Kirche In* ironisch.[33]

Es wurden Geist und Ungeist der Jesuiten hier möglichst realistisch und wie im allgemeinen nicht üblich beschrieben, um ein Bild von der Atmosphäre zu vermitteln, die in diesem Orden, sorgfältig vor der Außenwelt verhüllt, herrscht. In diese Gesellschaft trat Jorge Mario Bergoglio nun ein. Da er zwei Jahre Zeit gehabt hatte, im Seminar für Weltpriester, also unmittelbar vor diesem Eintritt, über Wesen und Auftrag des Jesuitenordens nachzudenken, kann er nicht unwissend gewesen sein, musste er wissen, worauf er sich da einlässt und dass die oberste Prämisse dieses Ordens, aus der sich alles andere, das er tut, ableiten lässt, lautet: »Right or wrong, my church«.

Unter dem Leitstern dieser Prämisse, und auch sehr früh straff und geradezu militärisch organisiert, marschierten die Jesuiten sogleich in der vordersten Front der Gegenreformation gegen das Reformwerk der Calvins, Luthers und Zwinglis an, waren in dieser Hinsicht die schnellste Eingreiftruppe in der vollen Verfügung der Päpste, die bekanntlich keine Skrupel hegten, wenn es darum ging, dieses „Übel" der neuen „Sekten" an der Wurzel zu packen und möglichst auszurotten.

Kein Orden hat den Befehl des mittelalterlichen Papstes Innozenz III. („Jeder Kleriker muss dem Papst gehorchen, selbst wenn er Böses befiehlt; denn niemand kann über den Papst urteilen") derart in die Tat umgesetzt wie der Jesuitenorden auf Grund seines vierten Gelübdes, des absoluten, uneingeschränkten Gehorsams gegenüber dem Papst. Das begann gleich mit dem Ordensgründer Ignatius von Loyola, der nach der Devise lebte und handelte: „Um zu der Wahrheit in allen Dingen zu gelangen, sollten wir immer bereit sein zu glauben, das, was uns weiß scheint, sei schwarz, wenn die hierarchische Kirche es so definiert"[34]. Als die Generalkongregation der Jesuiten während des Pontifikats Pauls VI. dem Papst ein den modernen Zeiten angepassteres Konzept der Ordensform und -tätigkeit vorlegte und der Papst dieses Konzept kategorisch ablehnte, stellte man dem Obersten der Jesuiten, dem Jesuitengeneral Pedro Arrupe, die Frage, ob dieses Vorgehen des Papstes nicht doch falsch sein könnte. Seine Antwort: „Für uns ist der Papst die Wahrheit".

Der Jesuit Prof. Alighiero Tondi, ein hervorragender Kenner und Funktionär des Vatikans, berühmt geworden durch seinen Ausstieg aus dem Jesuitenorden und seine Flucht vor den Verfolgern in die damalige DDR, schrieb in seinem 1961 im Aufbau-Verlag Berlin herausgegebenen Buch „Die Jesuiten": „Beim Entwurf der Konstitution des Ordens war es das Ziel des Ignatius, dem Vatikan einen klerikalen Organismus zu schaffen, der militärisch aufgebaut und mit einheitlicher Befehlsgewalt, mit blindem, absolutem Gehorsam, mit Wendigkeit in den Bewegungen und starker Schlagkraft ausgestattet ist. Bis zu jener Zeit gab es in der Kirche nichts Derartiges... Deshalb nannte der Gründer diesen Organismus ‚Kompanie Jesu'. Aber nach der Lehre des Katholizismus heißt Jesus dienen: dem Vatikan dienen; der Orden ist also eine Kompanie von Soldaten im Dienste des Vatikans". Von den Regeln des Jesuitenordens sagt Tondi: Diese Regeln, die Art, sie zu interpretieren und zu leben, das alles spiegle „energisch diesen Geist wider, dessen wesentliche Merkmale die Ersetzung der natürlichen Persönlichkeit durch die Persönlichkeit eines Exaltierten, die völlige Einseitigkeit sowohl der Bedürfnisse als auch der Bestrebungen der Menschen, die Unbeugsamkeit und Strenge in der Auffassung und im praktischen Leben und der Fanatismus sind".[35]

Alle Jesuiten werden gedrillt nach der Regel 32 der Konstitutionen des Ordens: „Alle sollen die freie Verfügung über sich selbst und über ihre Angelegenheiten dem Superior in wahrem Gehorsam überlassen, ihm nichts, auch nicht das eigene Gewissen, verborgen halten, ihm nicht widerstreben, nicht widersprechen und keinesfalls ein seiner Ansicht entgegengesetztes Urteil zeigen…".

Noch schlimmer klingt die Regel 36: „Jeder sei überzeugt, dass, wer unter dem Gehorsam lebt, sich von der göttlichen Vorsehung durch die Superioren so führen und leiten lassen muss, als wäre er ein Leichnam, der sich auf jede Weise drehen und wenden lässt; oder der Stab eines Greises, der dem, der ihn in der Hand hält, überall und zu jedem beliebigen Gebrauch dient".

Wer nach solchen Regeln indoktriniert und manipuliert wird, der kommt aus dieser Zwangsjacke kaum mehr heraus. Tondi hat es am eigenen Leib erlebt. Obwohl er der in aller Öffentlichkeit gefeierte Aussteiger aus dem Jesuitenorden war und in der DDR mit allen möglichen Ehrungen überhäuft wurde, kehrte er ihr plötzlich den Rücken und landete wieder reumütig zu Füßen des „Heiligen Vaters".

Glaubt irgendjemand, der noch realistisch denken kann, wirklich, dass der Jesuit Bergoglio alias Papst Franziskus I. nach so vielen Jahren des Studiums und der Dressur durch seine Rektoren und Superioren weniger indoktriniert und jesuitisch geformt ist als der ihm intelligenzmäßig eindeutig überlegene Prof. Tondi?

Überall, in allen Gegenden der Welt, wo auch immer sie wirkte, hatte die Gesellschaft Jesu stets als oberstes Missionsziel nicht nur die Bekehrung der Menschen zur Annahme der christlichen Lehre, sondern auch die Umformung dieser Menschen zu Sklaven Christi, des Papstes als seinem Stellvertreter und zu gefügigen Kindern der Allmutter Kirche. Selbst manchen Päpsten ging der radikale Fanatismus der Jesuiten in der Umerziehung des Menschen, in dem unbedingten Willen, die natürliche Persönlichkeit des Menschen in eine Kunstfigur, eine Kreatur nach den engstirnigen Maßstäben der „Geistlichen Übungen" des Ignatius von Loyola umzuwandeln, zu weit. Papst Clemens XIV. hob sogar mit Breve „Dominus ac redemptor noster" vom 21. Juli 1773 die Societas Jesu ganz auf.

Zwar hatten noch andere Faktoren zu dieser Aufhebung beigetragen: der Hass der absolutistischen Könige Frankreichs auf die Jesuiten; die sich in ihren „Rechten" an den südamerikanischen Eingeborenen von den Jesuiten bedroht fühlenden Staaten Portugal und Spanien; die Kritik der Aufklärung an diesem Orden, der länger und fanatischer als andere Orden und Gruppierungen der Kirche am aristotelisch-ptolemäischen Weltbild festgehalten und dementsprechend Galilei besonders wüst bekämpft hatte, wie ja auch die Gründung des Heiligen Officiums, der zentralen Inquisitionsbehörde des Vatikans, auf den Rat zurückging, den der Ordensgründer dem Papst gegeben hatte. Die Jesuiten mischten sich überall ein, nahmen Einfluss auf Politik, Wirtschaft und Finanzwesen, so dass es Zeiten gab, in denen die Jesuiten die meistgehassten Wesen auf dieser Erde waren. In Ländern wie Portugal, Russland, der Schweiz, Spanien und einigen

Staaten Südamerikas waren sie zeitweise bzw. für immer verboten, auch in Deutschland während des Bismarckschen Kulturkampfes.

Aber auf die Dauer konnte das Papsttum auf seine „SS" nicht verzichten. 1814 erhält der Jesuitenorden durch Pius VII. sein Existenzrecht und alle seine Privilegien zurück. Jetzt konnten sie wieder nach Herzenslust, vor allem auf dem Erziehungs- und Bildungssektor, schalten und walten, wobei auch ihr Janusgesicht immer wieder bis zum heutigen Tag zum Vorschein kommt. Dasselbe von Jesuiten geleitete Gymnasium in Berlin, an dem sexueller Missbrauch an Jugendlichen getrieben worden war, war meines Wissens auch das erste, das durch den Mund seines Direktors, eines Jesuiten, diese Vorfälle unumwunden zu- und bekanntgab.

Der Geist des Jesuitismus weht immer noch in vielen Bildungseinrichtungen. Vor allem ist die päpstliche Universität, die Gregoriana, weiterhin fest in der Hand der Jesuiten, ebenso das berühmte Collegium Germanicum, das jeder deutsche Kleriker, der an der Gregoriana studieren will, durchlaufen muss und das auch Hans Küng, obwohl Schweizer, durchlief, der sich sogar rühmte, „volle sieben Jahre in Rom im elitären Päpstlichen Collegium Germanicum et Hungaricum gelebt und an der Päpstlichen Universitas Gregoriana seine philosophischen und theologischen Studien absolviert" zu haben.[36] So manch Jesuitisches ist ja auch an ihm hängengeblieben, z.B. sein Lavieren in Sachen päpstlicher Unfehlbarkeit und der Frage der Legitimation des Papsttums[37], aber auch seine Angst, aus der Kirche auszutreten. Mir schrieb er im Zusammenhang mit meinem Kirchenaustritt: „Ich teile Ihre Kritik am absolutistisch autoritären römischen System und insbesondere Ihre Kritik am evangeliumswidrigen ... Zölibatsgesetz".[38] Dennoch werde er meinen Schritt, aus der Kirche zu scheiden, nie vollziehen, „weil ich hier … meine geistige Heimat habe".³⁹

Da haben wir wieder die jesuitische Verformung des Charakters! Wie kann einer seine „geistige Heimat" in einer „absolutistisch autoritären" Institution haben, die so viele unsagbare Verbrechen begangen hat, vor allem an Kindern und Jugendlichen durch Tausende von Priestern? Man bedenke, dass in den USA, deren Gesellschaft weit mutiger und offener mit diesem Problem umgeht, als es bei uns geschieht, schon zwölf Bistümer pleite sind und daher keine weiteren Schmerzensgelder an die Opfer von Jesuiten, Benediktinern, Dominikanern, Franziskanern und sog. Weltpriestern zahlen können.

So weit geht die jesuitische Indoktrination bei Küng, dass er sich sogar zu dem Satz versteigt, er könne doch seiner „geistigen Heimat" Kirche „ebensowenig den Rücken zukehren wie im politischen Bereich der Demokratie".⁴⁰

Das ist wohl ohne Übertreibung die schlimmste ideologische Rechtfertigung der Kirche, die es überhaupt gibt. Denn die katholische Kirche ist nun mal ein von oben nach unten regiertes, also nicht vom Volk ausgehendes absolutistisch-diktatorisches Herrschaftssystem und als solches das genaue Gegenteil einer Demokratie. Die beiden in einem Atemzug zu nennen, wie Küng das tut, bedeutet in Bezug auf die Demokratie eine schlimme Entgleisung, ja geradezu eine schwere Beleidigung derselben.

Aber kehren wir nach dieser Einführung in die Gesamtatmosphäre des Jesuitenordens zurück zu Jorge Mario Bergoglio als einem Produkt dieser Atmosphäre, der sich keiner entziehen kann, der ihr ein paar Jahrzehnte lang ausgesetzt war.

7. Ausbildung Bergoglios zum »wahren Jesuiten« (Gesamtüberblick)

Die Formung eines normalen jungen Menschen zu einer neuen Personalität im Sinne der Vorgaben des Ordensgründers und seiner Nachfolger erfordert viel Zeit, eine viel längere Zeit jedenfalls, als sie der gewöhnliche Alumne braucht, um Weltpriester zu werden. Weltpriester – das klingt bombastisch, bedeutet allerdings nur, dass der gewöhnliche Priester nach fünf oder sechs Jahre dauerndem Studium und der Priesterweihe in die „Welt" geschickt wird, um als Vikar oder Kaplan bzw. später als Pastor oder Pfarrer seinen Dienst in der Seelsorge einer Gemeinde zu verrichten.

Diese fünf oder sechs Jahre erschienen den Verantwortlichen des Jesuitenordens aber stets als zu kurz, wenn es darum ging, aus dem noch weitgehend unbearbeiteten Material eines menschlichen Individuums das perfekte Produkt der jesuitischen Erziehungs- und Ausbildungsmethoden zu kreieren. Auch Jorge Mario Bergoglio, der spätere Papst Franziskus, brauchte fünfzehn Jahre seit seinem Eintritt in die Gesellschaft Jesu, ehe er am 22. April 1973 die »feierlichen ewigen Gelübde« ablegen durfte und damit endgültig zum »wahren Jesuiten« im Sinne der Ideale dieses Ordens geworden war. Aber er war, was die Dauer der Ausbildung eines Jesuiten betrifft, keineswegs eine Ausnahme, denn ungefähr ähnlich lange dauert in der Regel die Ausbildungs- und Bewährungszeit bei allen Ordensangehörigen bis zu dem Zeitpunkt, an dem sie als Vollmitglied in diese Gesellschaft aufgenommen werden.

Zuerst, gleich nach dem Eintritt in den Orden, kommt das *Noviziat*, das zwei Jahre dauert. Im Allgemeinen wohnen die Novizen in einem besonderen, von einem Rektor geleiteten Novizenhaus, möglichst abgegrenzt von den anderen Gebäuden und Instituten des Ordens. Nach diesen zwei Jahren sind die Novizen zubereitet, um die ersten Ordensgelübde abzulegen. Danach sind sie nicht mehr Novizen, sondern Scholastiker, die im Laufe von vier oder fünf Jahren Geisteswissenschaften und Philosophie zu studieren und zu absolvieren haben. Es folgen drei bis vier Jahre, in denen sie als Dozenten das erworbene Wissen den nachfolgenden Kursen in Kollegien des Ordens übermitteln dürfen. Damit nicht genug: Erst jetzt dürfen sie an die „heilige" Theologie heran und diese vier Jahre lang studieren. Es folgt dann noch ein weiteres Probejahr, und erst dann sind die Scholastiker zu *Professen* bzw. *Koadjutoren* geworden. Letztere legen nur die einfachen Gelübde ab. Die wahre Elite sind die Professen (die wirklichen *Bekenner*), die auch als einzige nicht nur die drei üblichen Ordensgelübde der Armut, des Gehorsams und der Keuschheit, sondern auch noch das des totalen, unbedingten Gehorsams gegenüber allen Anordnungen des Papstes, welche das auch sein mögen, ablegen. Es gibt noch ein fünftes Gelübde, das der Verpflichtung zum Katechumenat, zur Unterrichtung der Menschen in der christlichen Lehre. Aber darauf muss hier nicht näher eingegangen werden.

Das also ist das allgemeine, in den diversen Häusern der Jesuiten immer auch leicht abgewandelte Schema der Ausbildungsphasen eines Kandidaten dieses Ordens. Bei Jorge Mario Bergoglio sah das konkret so aus: sein Noviziat absolvierte er in Cordoba/Argentinien, die Geisteswissenschaften in Chile, die Philosophie an der Philosophischen Fakultät in San Miguel (Groß-Buenos Aires), 1964/65 dozierte er über Literatur und Psychologie am Kollegium der Unbefleckten Empfängnis von Santa Fe, 1966 über die gleichen Fächer am Kolleg San Salvador in Buenos Aires, 1967- 1970 studiert er

Theologie, schließt dieses Studium mit dem Magisterium oder Lizenziat ab (also dem Wissenschaftsgrad unterhalb des Doktorgrades), am 13. Dezember 1969 wird er von Erzbischof Ramón José Castellano zum Priester geweiht, 1970/71 wird ihm sein einjähriger Aufenthalt in Alcalá de Henares, Spanien, als *Tertiat*, also als drittes und letztes Probejahr der jesuitischen Ausbildung angerechnet. Obwohl immer noch nicht Vollmitglied des Jesuitenordens, fungiert er bereits 1972/73 als Novizenmeister und Berater eines Provinzoberen der Jesuiten. Wie schon erwähnt, legt er dann im April 1973 die feierlichen ewigen Gelübde ab. Die Rosskur jesuitischer Dressur ist beendet![41]

Ich spreche hier von Rosskur, obwohl Bergoglio über all diese Jahre kaum etwas verlauten lässt, vor allem nicht über das Noviziat, das ja die härteste Disziplinierung der Zöglinge beinhaltet. Aber wir haben doch das Exerzitienbuch des Ordensgründers und die „Konstitutionen" der Gesellschaft Jesu, nach denen die Novizenmeister, die Superioren, Rektoren, Konsultoren und Admonitoren bei der Erziehung und Ausbildung ihrer Zöglinge vorzugehen haben, was also auch zweifelsohne auf den Entwicklungsprozess Jorge Mario Bergoglios unter der Regie seiner jesuitischen Vorgesetzten zutrifft.

8. Die jesuitische Zwangsanstalt des Noviziats

Der Novize Jorge Mario musste vor allem anderen lernen und innerlich akzeptieren, dass die allerwichtigste und allererste Tugend nicht etwa die vielgerühmte, von allen Kanzeln gepredigte christliche Liebe, sondern der *Gehorsam* ist. „Zum Fortschritt ist es vor allem ersprießlich", sagt die 31. Regel der Konstitutionen des Ordens, „dass sich alle einem vollkommenen Gehorsam hingeben, indem sie den Oberen, wer immer es sei, als Stellvertreter unseres Herrn Christi ansehen..."

Lernen mussten alle Novizen, also auch Jorge Mario, dass, wie der Ordensgründer lehrte, Gehorsam nicht gleich Gehorsam ist, vielmehr einen Stufenbau darstellt, dessen höchste Stufe mühsam zu erklimmen ist. Ignatius' Exerzitien bringen also dem Novizen bei, dass die unterste, niedrigste Stufe des Gehorsams der „Gehorsam der Tat" ist, der lediglich darin besteht, einen Befehl, einen Auftrag auszuführen. Was sich der den Auftrag Erledigende dabei denkt, spielt dabei noch keine Rolle. Deshalb sei der Gehorsam dieser Stufe „sehr unvollkommen", eine rein äußerliche, oberflächliche Verrichtung. Eine höhere Stufe des Gehorsams besteht in der inneren Aneignung des Willens des Auftraggebers durch den Novizen. Der Wille des Befehlenden ist jetzt auch der Wille des den Befehl Entgegennehmenden.

Aber die Prozedur zunehmender Enteignung der eigenen Individualität des Novizen durch den geistlichen Diktator Ignatius von Loyola und seine Nachfolger geht noch weiter. Es genügt ihm nicht, den Willen des Opfers zu besitzen, er greift auch noch nach dessen Intellekt. Er soll, so Ignatius, nicht nur das Gleiche wollen, sondern auch „das Gleiche denken wie der Obere", soll „sein Urteil dem seines Vorgesetzten unterwerfen, soweit nur der ergebene Wille den Intellekt überhaupt beugen kann".

Das ist *Voluntarismus* pur, *Irrationalismus* pur! Die Vernunft des auf diese Weise Manipulierten wird dem Willen untergeordnet, nicht nur dem eigenen (was nicht in allen Fällen schädlich sein muss, evtl. wenigstens dem eigenen Ego des betreffenden Individuums zugute kommen kann), sondern einem fremden, dem des Vorgesetzten, der nun wollen und befehlen kann, was er will, weil dem Novizen ja kein Urteil über die Intelligenz, den Intellekt des Vorgesetzten zusteht. Blindester Gehorsam also, grenzenloser Kadavergehorsam!

Ignatius hat sich in diesen seinen Vorschriften nicht etwa im Eifer seiner Bemühungen um die totale Disziplinierung seiner Schüler einfach irgendwie verrannt. Nein, er weiß, was er da anstellt, gibt sich ganz klar Rechenschaft darüber. Denn er vergleicht in diesem Zusammenhang die Preisgabe des Willens und Intellekts durch den Zögling mit dem erbarmungslosen Befehl Jahwes an Abraham: „So mag wohl Abraham empfunden haben, als Gott ihm befahl, seinen Sohn Isaak zu opfern". Und auch im Falle des Novizen geschieht ja das Opfer des Verstandes, der Verzicht auf die eigene Einsicht nach Ignatius „zur höheren Ehre Gottes".

Letzte Zweifel, ob wir die Verachtung des untergebenen Subjekts durch Ignatius von Loyola falsch verstanden haben könnten, fallen weg, wenn wir seine folgende Ausführung lesen, die sich sowohl in den von ihm überlieferten Aussagen als auch ähnlich in seinem Exerzitienbuch findet: „Überhaupt darf ich nicht mir gehören wollen, sondern meinem Schöpfer und dessen Stellvertreter. Ich muss mich leiten und bewegen lassen, wie ein Wachsklümpchen sich kneten lässt, muss mich verhalten wie ein Toter ohne Willen noch Einsicht, wie ein kleines Kruzifix, das sich ohne Schwierigkeit von einem Platz zum anderen stellen lässt, wie ein Stab in der Hand eines Greises, auf dass er mich hinstelle, wo er will und wo er mich am besten brauchen kann. So muss ich immer zur Hand sein, damit sich der Orden meiner bediene und mich in der Weise verwende, die er für gut hält".

Offenbar hat der Novize Jorge Mario Bergoglio diese Leitsätze seines obersten Ordensherrn verinnerlicht, offenbar fiel aber auch ihm diese Weggabe des Willens und Intellekts an die Oberen nicht leicht. Im Rückblick auf diese Zeit des Noviziats und der weiteren Jahre unter der Knute der Herren des Ordens gibt er zu, damals zunächst „in hohem Grade selbstgerecht" gewesen zu sein, „was bedeutete, dass ich sündigte ... Meine ganze Haltung war von Hochmut durchdrungen".[42] Wenn einer es als Hochmut ansieht, seinen eigenen Weg zu gehen, dabei auch Fehler zu machen, dies sogar als *Sünde* anerkennt, hat er schon den ersten Schritt zur Übergabe seines Willens und seiner Vernunft an andere getan.

Bergoglio gesteht, dass er trotzdem noch viel Zeit brauchte, „sich in Geduld üben" musste, bevor er zu dieser Übergabe bereit war. „Wenn man jung ist, glaubt man die Welt verändern zu können. Aber dann ... entdeckt man die Logik der Geduld im eigenen Leben ... Sich in Geduld üben heißt, die Zeit anzunehmen ... In der Erfahrung der eigenen Grenze, im Dialog mit der eigenen Begrenztheit bildet sich die Geduld aus". Manchmal führe uns das Leben eben „nicht zum ‚Machen', sondern zum ‚Erleiden', in dem wir unsere Grenzen und die der anderen ertragen, auf uns nehmen". Er, Jorge Mario Bergoglio, habe den Anspruch aufgegeben, „alle Probleme selbst lösen zu wollen", habe „die magische Vorstellung" von der eigenen „Wirksamkeit etwas relativiert". Er wisse, „dass man das Leben nicht ohne Schmerzen gebären kann", und dass wir „in allen Dingen, die etwas wert sind und Wachstum versprechen, Augenblicke des Schmerzes durchleben müssen. Der Schmerz ist etwas, das Wachstum bringt".[43] Gemeint, jedenfalls nicht ausgeschlossen ist damit auch die Selbstkasteiung, die Prügelstrafe an sich selbst, um Buße für seine Sünden, vor allem seinen Ungehorsam zu tun.

Noch ein wenig deutlicher wird Bergoglio in seinem Buch „*Offener Geist und gläubiges Herz*". Es werde, so sagt er da, „vom Fleisch verlangt, dass es sich entäußere, dass es die Läuterung durch die Geringschätzung, die Pilgerschaft, die Verachtung, die Demütigung durchmacht. Es ist die Linie des Gehorsams..." Dem Lohn gehe „der Schweiß des Gehorsams, der Demütigung und Entäußerung voraus". Keine Sendung, keine Mission ohne Gehorsam! Er habe erkannt, dass auch das persönliche Gebet „aufs Engste mit dem Gehorsam gegenüber einer Sendung verbunden ist". Die heutige Generation lasse sich weitgehend „einfach vom Spiel der Launen treiben, vom >Das gefällt mir< oder >Das gefällt mir nicht<. Es gibt kein Gebet, es gibt keinen Gehorsam, es gibt keine Aufopferung des Fleisches ...und deshalb kann diese Generation von Männern und Frauen das >im Fleisch gekommene Wort< nicht erkennen ... Es sind die, die >sich selbst verwirklichen<. Qualifizierte Einzelgänger ... aber niemals für eine ihnen übertragene Sendung engagiert, für die sie bereit wären, sich selbst zu entäußern".[44]

Auch wenn sich Jorge Mario anfangs mit der inneren Aneignung der Vorschriften und Regeln des Ordensgründers schwer zu tun schien: er musste da durch, weil „Die Exerzitien", die „Geistlichen Übungen" des Ignatius von Loyola, und seine „Konstitutionen", an denen dieser praktisch bis zu seinem Lebensende herumkorrigierte, das absolute Fundament der Erziehung und Formung jedes Jesuiten, ja nach tiefster Überzeugung Loyolas auch aller Christen, sogar aller Menschen sind. Daher sind die „Exerzitien" auch für Nicht-Jesuiten als eine vierwöchige Zeit der meditativ-kontemplativen Einkehr in die Tiefenschichten des Wortes Gottes in der Bibel gedacht und geplant, aber noch viel mehr stellen sie eine immer wieder wiederholte Einübung des Novizen, des Jesuiten überhaupt in die Denk- Gesinnungs- und Handlungsstrukturen des Ordensgründers dar, der sich mit seinen „Exerzitien" und „Konstitutionen" als der vielleicht sogar strengste und härteste geistliche Tyrann aller Zeiten erweist. Ihm zur Seite stellen kann man höchstens Escriva de Balaguer, den Gründer des Opus Dei.

Was muss einer tun, um andere klein, minderwertig, ergeben, unterwürfig, willfährig, total gehorsam zu machen? Er muss ihnen ein radikales Sündenbewusstsein einimpfen. Ignatius tut das hundert-, ja tausendfach in seinen beiden Werken. Das Umgestalten des Objekts der Erziehung zum nichtswürdigsten Sünder war für Loyola die allererste, unentbehrlichste Voraussetzung zur Erreichung des Zieles, aus ihm den idealen Sklaven im Dienste des Generals der Jesuiten, des Papstes und der Kirche zu machen.

Daher ist nach Ignatius immer die erste geistliche Übung für alle „die Erwägung und Betrachtung der Sünden", das „Finden dessen, was sie suchen: Zerknirschung, Schmerz, Tränen über ihre Sünden". Sie sollen „in jeder der fünf täglichen Übungen oder Betrachtungen" der Sünde „eine Stunde lang verweilen". An drei Tagen soll der Sünder „jeden Morgen eine Stunde lang die Betrachtung von der ersten, zweiten und dritten Sünde halten, dann an drei weiteren Tagen die Betrachtung von der Aufreihung der Sünden, hierauf handle er an drei weiteren Tagen zur gleichen Stunde von den der Sünde entsprechenden Taten".[45]

Was meint Ignatius mit der ersten, zweiten und dritten Sünde? Der Mann ist skrupulös sorgfältig. Er fängt bei der „Sünde der Engel" an, die sich unter Luzifers Führung gegen Gott erhoben. „Durch den Vergleich der einen Engelssünde mit meinen so vielen Sünden" soll ich „mich umso mehr in Scham senken und verwirren: wenn nämlich jene für eine Sünde in die Hölle kamen, wie oft hätte ich sie verdient für so viele". Die zweite Sünde ist die „Sünde Adams und Evas", wodurch „so großes Verderben in das Menschengeschlecht kam", weil deshalb „solche Mengen sich auf die Hölle zubewegen". Die dritte Sünde ist die „besondere Sünde des *jeweils Einzelnen*, der wegen einer Todsünde in die Hölle kam, und unzähliger anderer, die auf Grund geringerer Sünden, als ich sie beging, verdammt wurden".[46] Wir werden später noch sehen, wie sehr diese Sündentheologie Loyolas auf seinen geistlichen Sohn überging.

Welche Schlüsse und Vorsätze soll der Sünder auf der Basis dieser drei fundamentalen Sünden ziehen bzw. fassen? Ignatius sagt es ihm: Er soll bitten „um einen großen und durchdringenden Schmerz und um Tränen über seine Sünden." Er soll sich „ins Gedächtnis rufen alle Sünden seines Lebens, Jahr um Jahr und Zeit um Zeit überblickend". Er soll des weiteren „die Sünden *wägen*, durch Betrachtung der Abscheulichkeit und Bosheit, die jede begangene Todsünde in sich enthält". Er soll sich „mit Hilfe von Vergleichen *immer geringer* machen" und „seine ganze Zersetzung und Fäulnis dem Leib nach betrachten ... sich ansehen als eine eiternde Wunde und ein Geschwür, aus dem so viele Sünden und Bosheiten entquollen sind und ein so überaus schandbares Gift". Und schließlich soll er ein „Gespräch mit unserer Herrin" halten, damit „sie mir von ihrem Sohn und Herrn die Gnade erlange ... dass ich eine innere Durchdrungenheit von meiner Sünde und einen Abscheu davon in mir spüre" und „mit Abscheu die weltlichen und eitlen Dinge von mir entferne". Am Ende unbedingt „ein Ave Maria" beten![47]

Der akribische Sündensystematiker Ignatius von Loyola weiß natürlich auch, was eine Todsünde ist. Eine solche könne man „auf zweierlei Art" begehen: „erstens so, dass man Zustimmung zu einem schlechten Gedanken gibt, in der Absicht, nachher ... entsprechend zu handeln, oder die Tat auszuführen, falls man könnte. Die zweite Art, eine Todsünde zu tun, ist, wenn jene Sünde in die Tat übergeht, und diese Art ist aus drei Gründen schwerer: erstens wegen des Mehr an Zeit, zweitens wegen des Mehr an Anstrengung, drittens wegen dem größeren Schaden für beide Personen".[48] Man sieht: dieser oft als Wegbereiter eines „modernen" Katholizismus Gepriesene steckte noch tief in den Stiefeln der mittelalterlichen Scholastik.

Aber was werfen wir einem Theologen des 16. Jahrhunderts vor, wenn ein Kleriker des 21. Jahrhunderts, nämlich der Bergoglio-Papst höchstpersönlich, noch immer das Gleiche wie sein Ordensgründer verkündigt: „Die Sünde", so sagt er uns noch heute, „umarmt uns, belagert uns, untergräbt unsere Fundamente und unsere Identität, nämlich unsere Zugehörigkeit zur Kirche. Es ist eine schlaue Belagerungstaktik, denn der, von dem sie stammt, ist sehr schlau. Bei dieser Belagerung geht es um Leben und Tod". Einmal werde „die Bösartigkeit der dem Teufel unterworfenen Welt offenbar ... Hinter einem Akt des Ungehorsams verbirgt sich immer eine Missachtung des Herrn, eine Abgötterei, eine >Sünde der Zauberei<". Der jetzige Papst hat seine Lektion als Novize, als Schüler des Ignatius von Loyola fleißig gelernt und bis heute nicht vergessen. Zitiert er ihn doch im eben wiedergegebenen Text und auch seine Exerzitien: „Der heilige Ignatius fordert uns auf, zu bedenken, wie sie (d. h. die Engel und Heiligen, H.M.) mich am Leben gelassen und in ihm erhalten haben". (Geistliche Übungen 60) Und die minutiöse Gewissensforschung, Punkt für Punkt, Regung um Regung, verlangt der Papst auch genauso wie sein geistiger Urahn:

„In welchen Situationen haben wir die Finsternis dem Licht vorgezogen?".[49]

Wie wenig der Papst von einer autonomen, eigenständigen Identität der menschlichen Persönlichkeit hält, zeigt sich auch daran, dass er diese Identität mit der Zugehörigkeit zur Kirche gleichsetzt (s. das Zitat im vorigen Absatz!) Klar und folgerichtig! Denn auch er hat ja seine eigene Identität schon als Novize bei den Jesuiten an die Kirche übergeben müssen.

Weder dem Ordensgründer noch seinem Jünger im 21. Jahrhundert genügt es, lediglich ein niederdrückendes *Sündenbewusstsein* im Zögling zu erzeugen. Sie impfen ihm obendrein ein schreckliches *Höllenbewusstsein* ein. Ignatius geht da wieder ganz systematisch vor, wickelt das Höllenszenario konsequent, fast mathematisch präzis ab. Man kann es wirklich kaum anders charakterisieren: Der Herr der Jesuiten legt mit seinen ständigen Hinweisen auf Sünden und Sündhaftigkeit des Menschen und mit seinen drastischen Ausmalungen der Hölle eine Psychopathologie vor, die ihresgleichen sucht. Und ebenfalls kann man sich des Gedankens nicht erwehren, dass der Verfasser dieser Pathologie selbst ein Psychopath war.

Der erste Schritt beim sich Einlassen auf die Höllenthematik der Ignatianischen Exerzitien ist die so genannte „Zurichtung". Sie besteht in intensivster Anstrengung der Imaginationskraft, um die „Länge, Weite und Tiefe der Hölle" zu sehen. Der zweite Schritt liegt im Bemühen, die Strafe, die die Verdammten erleiden, im eigenen Inneren zu empfinden, zu fühlen. Danach muss sich noch jeder der fünf Sinne einzeln und allein mit der Hölle befassen:

„Der erste Punkt wird sein: Sehen mit der Schau der Einbildung die großen Flammen, und die Seelen wie in brennenden Leibern".

„Der Zweite: Hören mit den Ohren Weinen, Wehklagen, Geheul, Geschrei, Lästerungen gegen Christus unseren Herren und gegen alle seine Heiligen".

„Der Dritte: Riechen mit dem Geruch Rauch, Schwefel und Fäulnis".

„Der Vierte: Schmecken mit dem Geschmack bittere Dinge wie Tränen und Trübsal und den Wurm des Gewissens".

„Der Fünfte: Tasten mit dem Getast, wie die Feuergluten die Seelen erfassen und entzünden".[50]

Bei diesen Übungen zur Erzeugung des Höllenbewusstseins ist es nach Ignatius wichtig, sich „als einen gefesselten großen Verbrecher zu betrachten: als ginge ich in Ketten einher, um vor dem Angesicht des höchsten Ewigen Richters zu erscheinen". Um dieses Bewusstsein noch zu verstärken, befiehlt Ignatius, „nicht an Dinge denken zu wollen, die Freude und Fröhlichkeit erregen ... denn um Pein, Schmerz und Tränen um unserer Sünden willen zu spüren, ist jeder Gedanke an Wonniges und Frohes hinderlich". Deshalb solle man sich auch „aller Helligkeit berauben, indem ich, solange ich mich im Zimmer aufhalte, Fenster und Türen schließe ... nicht lache und nichts sage, was zum Lachen reizt" und „die Augen zügle".[51]

Auch die Buße für die eigenen Sünden wird vom Ordensgründer katalogisiert. Unterschieden wird die *innere Buße*, die darin besteht, „Schmerz zu tragen über seine Sünden, mit dem festen Vorsatz, dieselben oder andere nicht wieder zu begehen", von der *äußeren*, die die „Züchtigung für die begangenen Sünden" vollzieht und Mäßigung in Nahrung und Schlaf sowie Peinigung des Fleisches vorschreibt: „Züchtigung des Fleisches, indem man ihm spürbar Schmerzen zufügt, durch Tragen von Bußhemden oder Stricken oder eisernen Gürteln über dem Fleisch, durch Geißeln, Sich-Verwunden oder andere Arten von Strengheiten". Nach Ignatius, den man an dieser Stelle kaum anders als einen »Prügelexperten« bezeichnen kann, erscheint es aber „jeweils passender ..., sich mit dünnen Stricken zu geißeln", weil diese vermeintlich nur „äußeren Schmerz bereiten", ohne „innen eine erhebliche Schwäche" zu verursachen.[52] Die Leute werden ja schließlich noch für die Ziele des Ordens gebraucht.

Ein perfektes Sünden- und Höllenbewusstsein ist erreicht, wenn der Spruch Papst Gregors des Großen vom Exerzitanten realisiert werden kann. Er lautet: „Guten Gemütern eignet es, dort Schuld zu erkennen, wo keinerlei Schuld ist".[53] Das aber ist in Wirklichkeit nicht perfekt, nicht vollkommen, sondern irrational, illegal, ja idiotisch!

Bedenkt man obendrein, dass die Phasen der Erringung und Vertiefung des Sünden- und Höllenbewusstseins an feste Zeiten geknüpft sind, dann ist das hermetisch verriegelte Gefängnis geistlichen Terrors Wirklichkeit geworden. Denn die erste Übung soll bereits „um Mitternacht stattfinden, die zweite beim Aufstehen in der Frühe, die dritte vor oder nach der Messe ... die vierte zur Stunde der Vesper, die fünfte eine Stunde vor dem Abendessen". Versäumt hat Ignatius auch nicht, die „richtigen" Körperhaltungen anzuordnen: „Die Betrachtung selbst auf den Knien beginnen oder hingestreckt auf die Erde oder liegend mit dem Blick nach oben".[54]

Vielleicht wird Manche/Mancher jetzt sagen: „Mein Gott, das alles hat ein Mann des 16. Jahrhunderts geäußert. Das alles gilt doch heute nicht mehr, nicht einmal für die heutigen Jesuiten". Natürlich habe ich diesbezüglich nicht alle jetzigen Jesuiten befragt, wohl aber die Bücher von Bergoglio alias Franziskus I. gelesen. Und da muss man sagen: Der Mann des 20. und 21. Jahrhunderts, der Bergoglio-Papst, hat alles übernommen, alles verinnerlicht und zu seinem geistigen Eigentum gemacht, was Ignatius in seinen „Exerzitien" und „Konstitutionen" gesagt und befohlen hat. Er ist geradezu eine perfekte Verkörperung der Lehren und Anweisungen des Ordensgründers. Was er in den Jahren des Noviziats und seiner weiteren Ausbildung bei den Jesuiten in der Frühzeit seines Lebens eingetrichtert bekam, verkünden der alternde Erzbischof Bergoglio und der noch ältere Papst Franziskus immer noch auf die gleiche Weise.

Man nehme zum Beweis nur sein Buch „Offener Geist und gläubiges Herz", das „die geistlichen Wurzeln und die Vision von Kirche deutlich macht, die den ersten Papst aus Lateinamerika trägt und inspiriert",[55] und man wird erstaunt feststellen, dass er sich fast auf jeder Seite zur Bestätigung seiner eigenen Ansichten auf die „Exerzitien", die „Geistlichen Übungen" des Ordensgründers, mit einer inneren Zustimmung und Begeisterung beruft, die ihresgleichen suchen. Besonders im Hinblick auf die *Sünden, Hölle* und *Teufel* haben Beide, Loyola und Bergoglio, genau die gleichen Auffassungen. Ich erspare mir an dieser Stelle weitere Zitate über die Parallelität der Ansichten der Beiden, weil das unter anderem noch ausführlich im Kapitel „Was glaubt der Papst?" zur Sprache kommen wird.[56]

Natürlich gibt es in einem so großen Orden wie dem der Jesuiten Strömungen, rückwärts- wie einigermaßen vorwärtsgewandte. Aber wir handeln im vorliegenden Buch vom Bergoglio-Papst. Und von dem gilt, was man in der Römischen Kurie im Hinblick auf sein Verhältnis zum ursprünglichen Kurs des Ordensgründers sagt: „Sie nennen ihn den >alten Jesuiten<. Das tun sie, weil er im Unterschied zu den neuen Jesuiten kein Mann ist, der seine Zeit am liebsten mit den Wissenschaften verbringt, sondern einer der Jesuiten vom alten Schlag, die Lateinamerika mit aufgebaut und nicht vergessen haben, dass der Gründer des Ordens, Ignatius von Loyola, vor allem eines war: ein Soldat Gottes. Und genau so verhält er sich. Trotz aller Freundlichkeit und Demut, trotz seiner eindrucksvollen Bescheidenheit und Einfachheit ist er ein Krieger".[57]

Dieser Krieger Jorge Mario Bergoglio fühlt sich gesandt, mit eiserner Disziplin die Gesellschaft der Jesuiten und zugleich die ganze Kirche zu erneuern, die auseinanderdriftenden Teile derselben zu fester Ordnung zurückzuführen, und zwar im Geist des Ordensgründers. Er verheimlicht für den, der ihn aufmerksam beobachtet, seine wahren Ziele auch gar nicht. „An der Gesellschaft Jesu haben mich drei Dinge berührt: der Sendungscharakter, die Gemeinschaft, die Disziplin", sagte er z.B. im bereits erwähnten Gespräch mit Antonio Spadaro am 19. August 2013.

Was der Erreichung dieses Zieles schädlich ist, klammert Bergoglio/Franziskus aus. Die ganze Schinderei während seines Noviziats und der folgenden Jahre seiner Ausbildung zum »wahren Jesuiten« kritisiert er nie direkt, spricht, wie wir sehen, nur allgemein von Schmerzen, Leiden, Demütigungen, Erniedrigungen, die aber, wie er sogleich hinzufügt, absolut notwendig gewesen seien.

Nein, Jorge Mario Bergoglio/Franziskus I. hält sich bis heute kontinuierlich und unverbrüchlich an die Anordnungen seines Ur-Vorbildes Ignatius, wonach folgende Personen, Institutionen und von der Kirche als heilig festgesetzte Objekte und Verrichtungen nie zu kritisieren, sondern stets zu loben sind:

1. „In Absehung jeglichen (privaten) Urteils müssen wir den Geist gerüstet und bereit halten, dazu hin, in allem zu gehorchen der wahren Braut Christi Unseres Herrn, die da ist Unsere Heilige Mutter, die Hierarchische Kirche".

2. „Loben die Beichte beim Priester und den Empfang des Heiligsten Sakramentes…"

3. „Loben das öftere Hören der Messe, ebenso Gesänge, Psalmen und lange Gebete innerhalb und außerhalb der Kirche, ebenso die zu bestimmten Zeiten angeordneten Stunden für das ganze Officium Divinum, und für jede Andacht und alle kanonischen Horen".

4. „Loben mit Nachdruck die Orden, die Jungfräulichkeit und die Enthaltsamkeit und nicht so sehr wie eines von diesen die Ehe".

5. „Loben die religiösen Gelübde des Gehorsams, der Armut, der Keuschheit und anderer Vollkommenheiten der Übergebühr…"

6. „Loben die Reliquien der Heiligen, indem man jenen Verehrung erzeigt und zu diesen betet, und loben auch Stationsandachten, Wallfahrten, Ablässe, Jubiläen, Kreuzzugsbullen und das Anzünden von Kerzen in den Kirchen". (Man sieht: Das ganze Brimborium, mit dem man die unaufgeklärten Massen der Frömmler am Haken der Kirche hält, bejaht und bestätigt auch der neue Papst. Sein so häufig genossenes Bad in der Menge der Anbetungsgierigen beweist das immer wieder von neuem).

7. „Loben Bestimmungen über Fasten und Abstinenz… ebenso Buße, nicht nur innere, sondern auch äußere".

8. „Loben die Ausschmückung und den Bau von Kirchen, ebenso Bilder, und sie verehren gemäß dem, was sie darstellen". (Nach dem Johannes-Evangelium ächtet Jesus den Bau und Besuch von Kirchen: „Es kommt eine Zeit, da werdet Ihr Gott anbeten weder im Tempel in Jerusalem noch auf dem Berg Garizim, sondern im Geist und in der Wahrheit". Aber das kümmert den Bergoglio-Papst natürlich nicht, wenn Oberguru Ignatius das anders sieht).

9. „Loben endlich alle Vorschriften der Kirche stets bereiten Geistes, um Gründe zu ihrer Verteidigung zu finden und in keiner Weise zum Widerstand gegen sie".

10. „Wir müssen jeweils mehr bereit sein, gutzuheißen und zu loben sowohl die Anordnungen und Anempfehlungen wie die Sitten unserer Obern. Denn gesetzt auch, einige von ihnen sind oder waren nicht entsprechend, so würde doch ein Reden dagegen, sei es in öffentlicher Predigt oder im Gespräch mit dem gemeinen Volk, mehr Murren und Anstoß erregen als Nutzen, würde doch das Volk nur über seine Vorgesetzten, weltliche oder geistliche sich entrüsten…"

11. „Loben die positive wie die scholastische Lehrweise. Denn wie es den positiven Lehrern wie Sankt Hieronymus, Sankt Augustinus, Sankt Gregor usf. mehr eigen ist, das Gemüt anzuregen, um in allem Gott Unseren Herrn zu lieben und Ihm zu dienen, so ist es den scholastischen wie Sankt Thomas, Sankt Bonaventura und dem Sentenzenmeister mehr eigen, die zum ewigen Heil notwendigen Dinge für unsere Zeiten zu umgrenzen und zu erklären und alle Irrtümer und Irrlehren besser zu bekämpfen und aufzudecken".

12. Da befiehlt Ignatius sogar, keine Vergleiche zwischen den Seligen und Heiligen anzustellen, „denn man irrt darin nicht

wenig, wenn man etwa sagt: dieser weiß mehr als Sankt Augustinus..."

13. Hier kommt der schlimmste aller Befehle des Ignatius zum Ausdruck: „Wir müssen, um in allem das Rechte zu treffen, immer festhalten: ich glaube, dass das Weiße, das ich sehe, schwarz ist, wenn die Hierarchische Kirche es so definiert".

In Punkt 14 und 15 verbietet Ignatius von Loyola sogar, über die Prädestination zu sprechen, „wiewohl es vollkommen wahr ist, dass niemand ohne prädestiniert zu sein... sich retten kann", weil das dem „gemeinen Volk" schaden könnte, das dann sagen würde: „ob ich gerettet oder verdammt bin, ist bereits vorherbestimmt, meine guten oder schlechten Werke ändern also nichts daran", denn damit würden sie „träge und lässig in ihren Werken".

Interessant ist noch die 18. Anordnung Loyolas, die keine Hemmungen hat, Furcht und Angst als Heilsmotiv zu benutzen. Obwohl, so Ignatius, die „reine Liebe" zu Gott „über alles zu schätzen" sei, „sollen wir doch auch die Furcht vor Seiner Göttlichen Majestät sehr loben, weil nicht nur die kindliche Furcht eine fromme und heilige Sache ist, sondern weil auch die knechtliche Furcht... viel hilft, aus der Todsünde herauszukommen..."[58]

Bezüglich der in Punkt 14 und 15 behandelten Prädestination wäre noch anzumerken, dass Ignatius von Loyola diesbezüglich gar nicht weit von Martin Luther entfernt ist, dessen Lehre er doch so wütend bekämpft hat. Luther war lediglich offener und ehrlicher, denn er bekannte sich ganz öffentlich zu der These, dass Gott in seiner durch keinen Menschen beeinflussbaren Souveränität die einen selbstherrlich erlöse, die anderen verdamme, und dies völlig ohne Rücksicht auf ihre guten oder bösen Gedanken und Handlungen tue. Seine absolute Autonomie würde Schaden leiden, wenn sich Gott durch die Verdienste eines Menschen in seinem Urteil bestimmen ließe.[59]

Zurück zu Bergoglio/Franziskus und seiner Totalakzeptanz der Lehren und Weisungen seines Ordensgründers. Diese Art von Akzeptanz erstreckt sich bis in die kleinsten Details, sogar, um hier nur noch ein einziges Beispiel zu nennen, auf die Sicht der *Frau*. Für Beide steht fest: Die Frau stellt eine Analogie zum Teufel dar, sie verhält sich zum Mann wie der Teufel zum Menschen. Bei Ignatius von Loyola hört sich das so an: „Der Feind verhält sich wie ein Weib, indem er schwach gegenüber Festigkeit wird und stark gegenüber Nachgiebigkeit. Denn wie es dem Weib eigen ist, beim Streit mit einem Mann den Mut zu verlieren und die Flucht zu ergreifen, wenn der Mann ihm die starke Stirn zeigt; und wie im Gegenteil, wenn der Mann anfängt, den Mut zu verlieren und flieht, Zorn, Rachsucht und Wildheit des Weibes sich steigern und geradezu maßlos werden, so ist es auch dem Feinde eigen, schwach zu werden und den Mut zu verlieren, so dass seine Versuchungen die Flucht ergreifen, wenn die Person, die sich in geistlichen Dingen übt, gegen diese Versuchungen des Feindes die starke Stirn zeigt, indem sie das gerade Gegenteil tut. Wenn dagegen die Person, die sich übt, beim Erleiden der Versuchungen anfängt, sich zu fürchten und den Mut zu verlieren, dann gibt es auf der ganzen Welt keine so wilde Bestie wie den Feind der menschlichen Natur, wenn er mit einer solch ausgewachsenen Bosheit seine zerstörerischen Absichten verfolgt".

Papst Franziskus zitiert in aller Ausführlichkeit und mit voller Zustimmung diese prinzipielle Aussage des Ordensgründers in dessen „Exerzitien" (Nr. 325), ja er veranschaulicht

und bekräftigt sie noch mit eigenen Worten in seinem Buch „Offener Geist und gläubiges Herz".[60]
Wie schon mehrfach erwähnt, hat Jorge Mario niemals seinen Orden bzw. dessen Erziehungsmethoden direkt kritisiert. Auch andere Jesuiten tun das nicht, solange sie Jesuiten sind, und das bleiben die meisten bis an ihr Lebensende, weil sie das Korsett, in das sie ab dem Noviziat eingezwängt wurden, schließlich als zweite, ja sogar als die neue, eigentliche und wahre Natur ihres Selbst empfinden, oft aber auch, weil sie Angst vor den Konsequenzen des Austritts aus dem Orden haben. Nur ganz Wenige wagen diesen Schritt, aber auch der führt nur selten dazu, dass sie ihre Erfahrungen mit dem Orden an die große Glocke hängen. Einer dieser Wagemutigen schreibt: Das „Ziel" der jesuitischen Erziehung „besteht in der Vernichtung der menschlichen, natürlichen Persönlichkeit und in deren Ersetzung durch die künstliche und fiktive Person eines Sektierers, eines kalten Fanatikers im Dienste der Kirche". Ständig betonen die Vorgesetzten ihr Bestreben, „den Geist des Novizen zu ‚feilen', ihn auf den Stand des Tages zu bringen und der Zeit anzupassen", doch in Wirklichkeit herrsche in dieser Art von Erziehung der Ungeist der „Stupidität und Mittelalterlichkeit, des Zurückbleibens hinter der Zeit" vor. Die Frömmigkeit, die einem beigebracht werde, sei „mittelalterlicher Pietismus", die einem aufgezwungene Demut ähnelt aus der Nähe betrachtet „der Frömmelei einer Bet-Tante". Jeden Augenblick werde gebetet „mit und ohne Grund", die hl. Maria „wird nicht nur als Mater pietatis, als das Haupt des Noviziats verehrt, sondern auf hundert andere Arten und Weisen. Unaufhörlich sieht man gebeugte Knie, die Beine der Novizen sind mit Schwielen bedeckt und wund. Mehrmals am Tag werfen sich alle gemeinsam auf den blanken Fußboden nieder". Der Novizenmeister

verlange außerdem, allen Heiligen und Seligen des Ordens ohne Ausnahme „seine Ergebenheit zum Ausdruck zu bringen", also das Fest eines Seligen mit einer dreitägigen, das eines Heiligen mit einer neuntägigen Andacht zu feiern. Da werde man quasi verrückt, breche irgendwann erschöpft zusammen, weil die Gesellschaft Jesu um die dreißig Heilige und um die 150 Selige „besitze". Außerdem seien viele dieser Heiligen und Seligen in Wirklichkeit nach Abstreifung ihrer legendenhaften Ausschmückungen „blasse, farblose und bedeutungslose Gestalten: ein katholischer Olymp, der von unbedeutenden Göttern bewohnt wird".[61]

Die Devise jedes Novizenmeisters laute: Beschäftige die Novizen ständig, ununterbrochen. Sie dürfen gar nicht dazu kommen, eigene Gedanken zu entwickeln. „Bald nach dem Eintritt ins Noviziat beginnen gut vierzig Tage des Schweigens mit täglich vier (und auch fünf) Meditationen... Acht Tage lang muss der Jüngling, unerfahren wie er ist – es gibt darunter fünfzehnjährige ... Knaben – über die Sünden, das schreckliche Gericht Gottes und die Hölle meditieren. Das ist eine wahre Qual. Die Tür ist verschlossen und es ist verboten, mit irgend jemand zu sprechen; ausgenommen sind der Beichtvater, die Patres des Hauses und der Novizenmeister. Acht Tage lang werden die Zimmer und Korridore im Halbdunkel gehalten. Die Sonne darf nicht ins Haus dringen. Jede Meditation bringt die Seele auf du und du mit dem ewigen Feuer und mit der Allmacht eines zornigen und schrecklichen Gottes... Christus erscheint in all seinen Ausdrucksformen als unerbittlicher Gott".[62]

Wer alle Übungen des Noviziats irgendwie doch noch durchgestanden hat, hat eine Gehirnwäsche ohnegleichen hinter sich. Er ist „vernichtet", „ein Objekt" geworden, „ein Kadaver in den Händen des Superiors... Von nun an wird er blindlings gehorchen, bereit zu allem, fähig zu allem, bestens geeignet, zu spionieren und die Mitbrüder beim Superior zu denunzieren... die Vernichtung des Individuums und dessen Verwandlung in einen ... Sklaven der Gesellschaft Jesu und des Vatikans scheint endgültig erreicht zu sein".[63]

Da der Jesuitenorden „die Vernichtung des Ichs nicht nur theoretisch, sondern auch praktisch vollzieht", scheint ein Ausbruch der »Gehirngewaschenen« aus dem perfekt organisierten Gefängnis unvorstellbar. Er passiert trotzdem, zwar selten, aber doch. Dazu der Ex-Jesuit Tondi: „Nicht einmal geistig hochstehende, charakterfeste Patres können sich dem entziehen. Es gelingt nur sehr wenigen, unversehrt oder fast heil daraus hervorzugehen; und wenn, dann nur dank eines außerordentlich widerstandsfähigen Temperamentes und der Kraft eines ungewöhnlich kritischen Geistes. Solche Patres aber treten am Ende stets aus".[64]

Auch Alighiero Tondi, dem wir die wohl aufsehenerregendsten Details über den innersten Kern und Zweck der jesuitischen Erziehungsmethoden verdanken, brachte, wie wir sehen, die Kraft auf, aus der Gesellschaft Jesu auszutreten: „Als ich die Überzeugung erlangt hatte, dass das Ziel dieser Erziehungsmethode nicht nur darin besteht, den Menschen die Fähigkeit des Lebens zu nehmen, sondern dass sie die weitaus verwerflichere Absicht verfolgt, das Licht des Geistes auszulöschen, entschloss ich mich, dieser Organisation den Rücken zu kehren und die Kirche zu verlassen, die mit Hilfe ihres führenden Zentrums, des Vatikans, diese Methode verteidigt und vertritt". Tondi hält es für wichtig, darauf hinzuweisen, dass „der bedeutendste Orden der Kirche, der Jesuitenorden, mit voller Zustimmung des Vatikans und der Päpste diese Erziehungsmethode in die Tat umsetzt".[65]

Nun könnten einige einwenden, dass das, was da im Vorhergehenden über die Jesuiten gesagt wurde, im allgemeinen ja stimmen möge, im besonderen aber, speziell auf Papst Franziskus gemünzt, nicht zutreffe. Der mache nicht den Eindruck einer verrnichteten Persönlichkeit, er zeichne sich durch Natürlichkeit, Offenherzigkeit, Spontaneität, Unmittelbarkeit seiner Gefühlsregungen und ungekünstelte Sympathie mit den Menschen aus.

Es soll diesem Einwand nicht gleich widersprochen, aber darauf hingewiesen werden, dass Menschen auch *Rollenspieler* sind, im Stande, *jede* Rolle zu spielen, auch die einer ganz und gar natürlich wirkenden Persönlichkeit. Jeder Film beweist das. Wenn wir noch tiefer schürfen, etwa in das Gebiet der Philosophie vordringen, dann treffen wir vielleicht auf den Existentialismus eines Sartre, der dieses Rollenspiel der Spezies Mensch noch radikalisiert, indem er behauptet, der Mensch komme auf die Welt ohne Wesen, ohne Essenz, die Existenz gehe der Essenz voraus. Was er dann aus sich mache, sei seine Sache. Die Null-Essenz habe alle Freiheit, sich ihre Essenz, ihr neues Wesen zu schmieden.

Und da sind wir tatsächlich nahe an der Wurzel unseres Themas. Denn so unglaublich es auch klingen mag, man darf mit guten Gründen Ignatius, den Gründer der Gesellschaft Jesu, als einen Vorläufer Sartres, ja des Existenzialismus überhaupt ansehen. Tat doch der Urvater der Jesuiten, wie wir sahen, alles, aber auch alles, um jegliche Eigenschaften und Anlagen, die seine Zöglinge auf die Welt gebracht und/oder vor ihrem Eintritt in den Orden erworben hatten, radikal und total auszumerzen, und zwar mit dem Ziel, eine *neue*, eben die *jesuitische Persönlichkeit* zu schaffen, eine Persönlichkeit, die ganz nach dem „Ideal" der von Ignatius verfassten und zur Norm der Erziehungsmethoden des Ordens erhobenen „Exerzitien" und „Konstitutionen" konzipiert und konstruiert ist. Das ist die neue Essenz des Ignatius, und sie ist in ihrem Ursprung nicht weit entfernt vom Sartreschen Konzept, auch wenn sie sich danach von diesem dadurch weit entfernt, dass Sartre das Individuum frei und eigenständig seine Essenz schaffen lässt, während das beim jesuitischen Zögling die Oberen auf der Basis von dessen andressiertem Kadavergehorsam tun. Aber hier wie dort ist der Start, der Ausgangspunkt derselbe: der Wille, eine neue Essenz, eine neue Natur des Menschen zu schaffen, alle vorher bestehenden Eigenschaften auszumerzen bzw. als nichtexistent hinzustellen.

Und auch der *Effekt* kann derselbe sein, zumindest zunächst einmal und dem Augenschein nach, denn auch das Sartresche Individuum kann sich sagen: „Ich will mir eine Essenz, ein Wesen zulegen, das ganz natürlich wirkt, alle Leute sagen lässt, wie erfreulich natürlich doch dieser Mensch ist". Vom jesuitischen Zögling kann sein Erzieher sagen: „Was für eine überzeugend natürliche Erscheinung habe ich aus diesem Rohstoff Mensch gemacht". Natürlich *erscheinen* also beide Produkte autonomen wie heteronomen Manipulierens, sehr natürlich vielleicht sogar, aber sie sind es nicht, denn die eigentliche Natur des Menschen, die er wenigstens partiell und potenziell schon bei der Geburt hat und die – dies gegen Sartre gesagt - keineswegs absolut eigenschaftslos ist, treten beide, Sartre wie Ignatius, mit Füßen, ersterer theoretisch, letzterer theoretisch und praktisch.

Wir stellen also bezüglich des Problems der *Natürlichkeit* und *Liebenswürdigkeit* fest: Auch Bergoglio alias Franziskus I. kann sie auf Grund der Erziehungsmethoden seines Ordens *erworben* haben, denn diese schreiben dem Zögling ausdrücklich vor: „Man vermeide, die Stirn und besonders die Nase in Falten zu legen, denn es soll äußere Heiterkeit, die

die innere widerspiegelt, zu sehen sein" (Regel 5 der sog., von Ignatius verfassten „Regeln der Bescheidenheit"). „Das ganze Gesicht soll eher Freude als Trauer ausdrücken, auch kein anderes, weniger erhabenes Gefühl" (Regel 7). „Alle Gebärden ... und alle Bewegungen des Körpers sollen so sein, dass sie einem jeden Erbauung geben" (Regel 11).

Bergoglio/Franziskus, das Produkt einer überlangen Indoktrinations- und Dressurprozedur in den jesuitischen Ausbildungsinstituten, hat diese Regeln perfekt verinnerlicht und demonstriert sie überzeugend als vermeintlich ureigene, angeborene Natürlichkeit vor den Massen!

Auch die sprichwörtliche *Bescheidenheit* und *Demut* von Papst Franziskus sind im Rahmen der ihm von seinen Erziehern und Ausbildern verliehenen neuen Persönlichkeit *Kunstprodukte*, so überzeugend sie auch den Glaubenswilligen dieser Welt erscheinen mögen. Befiehlt doch gleich Regel 1, „dass in allen äußeren Bewegungen Bescheidenheit und Demut, vereint mit religiöser Reife, gesehen werden soll", fügt doch Regel 2 hinzu, dass „man den Kopf nicht sorglos nach der einen oder anderen Seite wende, sondern mit Würde". Man halte ihn auch „ein wenig nach vorn gebeugt", weil das offenbar die Bescheidenheit des Betreffenden noch betont.

Es ist tatsächlich so, wie es Tondi sagt und auf alle Jesuiten, auch den Papst, zutrifft, die die Erziehungsmaßnahmen des Ordens bis zum Schluss ausgehalten haben: sie sind zu „anderen, künstlichen Scheinwesen" nach der „Vernichtung der Natur des Menschen" geworden. „Dem", so Tondi, „kann niemand entgehen; im schlimmsten Fall verliert man den Verstand".[66]

Es erscheint ganz besonders tragisch, dass das auch auf Alighiero Tondi zutrifft. Wie bereits erwähnt, brach er zwar wagemutig aus seiner jesuitischen Zwangsanstalt aus, kehrte aber auch nach einigen Jahren reumütig in diese Gesellschaft zurück. Vorwürfe sind ihm keine zu machen, wenn man bedenkt, welche langjährigen Manipulationen an seiner Psyche veranstaltet worden waren und welchen Verfolgungen er wegen seines Austritts aus dem Orden ausgesetzt war: „Nach Jahren innerer Qualen, auf der Suche nach dem Licht, nach unermesslichen Opfern, nachdem ich Gefahren jeder Art auf mich genommen hatte und bereit war, auch noch jene auf mich zu nehmen, die mich in Zukunft erwarteten, wurde ich von den Zeitungen des Vatikans, der Katholischen Aktion und der Städtekomitees mit Beleidigungen bedacht, von den Klerikalen mit dem Tode bedroht, auf der Straße angefallen und feige behelligt durch eine schamlose Flut anonymer, schändlicher Briefe. Trotz dieses Schmutzes und dieser Verbrechen, die von jenen ausgingen, die die wahren Nachfolger Jesu sein wollen, trotz dieses unbegreiflichen Hasses der alleinseligmachenden Kirche, vergebe ich alles und allen..."[67]

9. Aufstieg und Karrierebruch im Leben des Jesuiten Bergoglio

Solche Exzesse katholischer „Nächstenliebe", wie sie ein Dissident erfährt, muss Jorge Mario Bergoglio natürlich nicht über sich ergehen lassen. Er ist ein Musterexemplar jesuitischer Erziehung, verkörpert in idealer Weise die neue Essenz, das neue Wesen, das dem Ordensgründer vorschwebte und das dieser mit rabiaten Methoden zu erschaffen suchte. Der in diesem Sinne neuerschaffene Bergoglio ist gehorsam, gefügig, ergeben, demütig, bescheiden, auch streng, wenn er seinerseits andere erzieht, denn auch diese Strenge hatte Ignatius dem jesuitischen Pädagogen vorgeschrieben. Einer von Bergoglios Schülern, der Argentinier Guillermo Ortiz, heute Leiter des Radio-Vatikan-Programms in spanischer Sprache, erinnert sich, dass Bergoglio ein „anspruchsvoller Lehrmeister" gewesen sei und „viel verlangt" habe.[68]

Daher macht Musterexemplar Bergoglio auch schnell Karriere in seinem Orden. Schon 1972 wird er *Novizenmeister*, also noch vor Ablegung der feierlichen ewigen Gelübde im April 1973. Und im selben Jahr 73 wird er *Provinzial* der argentinischen Provinz des Jesuitenordens. Das klingt nicht nach viel, aber es bedeutet, dass er der Chef aller Jesuiten in ganz Argentinien ist! Ein Ordensbruder kommentiert diesen schnellen und steilen Aufstieg Bergoglios: Mehr Karriere könne ein Jesuit in der Kirche an sich gar nicht machen. „Das Höchste, was ein Jesuit erreichen kann, ist, dass er Chef der Jesuiten oder in seinem Heimatland Provinzial wird... Jesuiten sind nicht dazu da, um Bischöfe zu werden. Es gibt nur sehr, sehr wenige Jesuiten, die Bischöfe sind. Jesuiten sind für etwas anderes da. Sie dienen in besonderen Missionen".[69]

Nun, da hat sich dieser Bruder schwer geirrt. Der doch so „demütige und bescheidene" Bergoglio greift problemlos – aber da nehmen wir schon Dinge kurz vorweg, die wir später ausführlich behandeln müssen – nicht bloß nach dem Bischofs-, sondern sogar nach dem Papstamt, ein absolut ein- und erstmaliger Vorgang in der gesamten Geschichte des Jesuitenordens!

Aber war er da wirklich so originell, ursprünglich und eigenständig, wie es scheint, oder spürte er lediglich noch immer in sich den mächtigen Impuls seiner jesuitischen Erzieher, wonach Mission, Mission und nochmal Mission die primäre Aufgabe jedes Jesuiten seien? Deutet doch alles in seiner bisherigen Amtszeit als Papst darauf hin, dass er den in Bezug auf seinen Nachwuchs lasch gewordenen Jesuitenorden im Sinne der Ideale Loyolas restaurieren und auch gleich noch dem ganzen Klerus der Kirche eine neue Disziplin ohne Missbrauchs- und Finanzskandale verpassen möchte, dies freilich stets ummäntelt von seinem Charme und seiner Liebenswürdigkeit nach dem altlateinischen Motto: „Fortiter in re, suaviter in modo!" (Hart in der Sache, behutsam in der Art und Weise), wie er das in der Schule der Jesuiten gelernt hat.

Sechs Jahre lang, von 1973 bis 1979, ist Jorge Mario Bergoglio Provinzial, also Chef aller argentinischen Jesuiten. Aber dann geschieht ein Bruch in seiner Kirchen- und Ordenskarriere: Er wird von seinem Posten als Provinzial abberufen und „in irgendein Haus für geistige Exerzitien abgeschoben."[70] Warum? Keiner seiner kirchlichen bzw. prokirchlich gesinnten Biografen weiß sich das zu erklären. Einige mutmaßen, dass er als Provinzial allzu streng mit seinen Untergebenen gewesen sei.

Aber Bergoglio wäre nicht der ohne jeglichen Widerstand von seiner Seite jahrzehntelang bearbeitete und geformte Jesuit gewesen, wenn er sich nicht willig gefügt hätte. Zwar war er nun „in gewisser Weise von der Bühne verschwunden"[71], fungierte nur noch als Seelsorger, als Gemeindepfarrer, geistlicher Berater und Beichtvater in Pfarreien und Kollegs, stand nicht mehr im Rampenlicht der argentinischen Öffentlichkeit. Jedoch wusste er auch diese Zeit zu nutzen, z.B. indem er 1985 einen zweimonatigen Sprachkurs am Goethe-Institut in Deutschland absolvierte, im Jahr danach nochmals hierher zurückkehrte, um ein Semester lang an der Philosophisch-Theologischen Hochschule der Jesuiten in Frankfurt am Main zu studieren.

Er beabsichtigte hier sogar, eine theologische Doktorarbeit zu schreiben. Interessanterweise wollte sich Bergoglio in ihr mit dem Religionsphilosophen Romano Guardini befassen, den auch der damals schon recht einflussreiche Joseph Ratzinger längst ins Herz geschlossen hatte. Vielleicht ist die gemeinsame Sympathie Bergoglios und Ratzingers für Guardini mit ein Grund für die langjährige Freundschaft zwischen den Beiden, in ihrer konservativ-restaurativen Grundausrichtung stimmen sie jedenfalls ohnehin überein, auch wenn Taktik und Strategie allerdings deutlich bei ihnen differieren.

Aus irgendeinem Grund, der nirgendwo inhaltlich zur Sprache gebracht wird, schreibt Padre Jorge dann doch keine Dissertation über Guardini, studiert auch nicht weiter in St. Georgen in Frankfurt, sondern kehrt nach Argentinien zurück, wo ihn der Orden an die Jesuitenkirche in Cordoba versetzt. Vielleicht war ihm, der ganz gut deutsch sprach, das *Theologendeutsch* zu schwierig, vielleicht fühlte er, dass er doch sehr viel mehr Macher als Denker war. Wir wissen jedenfalls nicht, warum er sein Theologiestudium in Deutschland und die Arbeit über Guardini, der auch ein anspruchsvoller Sprachästhet war, abbrach.

Auf jeden Fall befand er sich dort in Cordoba in der Versenkung. Niemand hätte ihm einen neuerlichen Karrieresprung nach oben, einen Aufstieg auf der hierarchischen Stufenleiter der Amtskirche noch zugetraut. Nach seinen eigenen Aussagen auch er selbst nicht. „Eigentlich war er erledigt".[72]

10. Die seltsame Freundschaft von Luxus und Armut oder Der reiche Erzbischof und der arme Jesuit

Aus der Versenkung holte den Jesuiten Jorge Mario Bergoglio überraschenderweise ausgerechnet ein Mann der Kirche, von dem man das am wenigsten erwarten konnte: der Erzbischof von Buenos Aires, Kardinal Antonio Quarracino. Dieser Herr war das genaue Gegenteil von Jorge. Er gerierte sich wie ein barocker Kirchenfürst, liebte den Luxus, umgab sich mit teuren Kunstwerken wie einst die verschwenderischen, zügellos daherlebenden Renaissancepäpste. Die meisten Katholiken in seiner Erzdiözese waren und sind arm, aber er hätte es als mit seiner Würde unvereinbar angesehen, nicht in den teuersten Restaurants zu speisen, in den luxuriösesten Hotels zu übernachten.

Selbst der Troubadour des neuen Papstes, Andreas Englisch, der nicht den kleinsten Schatten auf Franziskus fallen lässt, kann sich einiger kritischer Bemerkungen über Quarracino nicht enthalten. Er schildert, wie er Kardinal Quarracino ins Hilton Hotel in Rom gehen sieht, in dieses „unendlich elegante und ebenso unendlich teure Restaurant des exquisitesten römischen Hotels hoch über der Stadt", in dem es sich „vorzüglich dinieren ließ". Der Journalist Englisch möchte den Erzbischof interviewen, muss aber lange warten, bis jener nach einem opulenten Abendessen vor das Hotel tritt. Es blieb ihm, Englisch, auch gar nichts anderes übrig, als draußen zu warten. Ein Essen im Hotel „hätte ich mir gar nicht leisten können".[73]

So etwas können nur Leute wie Kardinal Quarracino, der gleich eine ganze Gruppe von Höflingen in ihren „schwarzen Priester-Outfits" mitgebracht hatte, die er „geistig" unter- und finanziell aushielt. Der Erzbischof war als Witzeerzähler bekannt, und aus der Gruppe der von ihm so generös Ausgehaltenen hätte es keiner gewagt, nicht zu lachen, wenn der Chef etwas zum Besten gab. Ein junger argentinischer Pater, der den Journalisten begleitete, versuchte dessen Bedenken gegen den Kirchenfürsten zu zerstreuen: „Quarracino ist jemand, der gerne gut isst, gerne trinkt – na ja und in Argentinien ist er halt auch dafür bekannt, dass er andauernd Witze über Schwule reißt, üble Witze... er ist eben Argentinier, wir tanzen Tango, eine Frau ist eine Frau und ein Mann ein Mann... Du kannst ihn nicht wegen seiner Witze gleich verurteilen".[74]

In der Praxis eines südamerikanischen Kirchenfürsten, der also nicht zu der winzigen Gruppe der Bischöfe gehört, die zumindest Sympathien für die Befreiungs- und Armen-Theologie hegen, sieht das dann so aus: Der Bischof bzw. Erzbischof kann mit dem Geld, das die Gläubigen seines Bistums oder Erzbistums spenden, machen, was er will. Er ist keinem Rechenschaft schuldig, ist der Herr seiner Diözese. Zwar denken hier vielleicht einige an den Limburger Bischof Tebartz-van Elst, der doch vom Papst zur Rechenschaft gezogen wurde. Aber da waren die enormen Kosten beim Bau seiner Residenz der Öffentlichkeit schon zu sehr bekannt geworden, das Kirchenvolk begann immer vehementer zu protestieren, die Kirchenaustritte mehrten sich, und jeder Austritt bedeutet einen Kirchensteuerzahler weniger. In solchen Fällen reagiert die Amtskirche besonders allergisch. Tebartz-van Elst musste also raus aus Limburg. Einen neuen Posten aber besorgte ihm inzwischen die römische Kurie, und der Papst hat auch nichts dagegen.

Als Bischof abgesetzt wurde er auch nicht. Die Amtskirche hält krampfhaft das Dogma aufrecht, dass jeder zum Bischof

Geweihte in einer kontinuierlichen, unzerreißbaren Kette mit den Uraposteln verbunden ist. Das ist zwar in Wirklichkeit ein Mythos, aber auf Grund desselben hat sich die Kirche selbst die Hände gebunden, kann sie keinem Bischof den Status, gültig geweihter Bischof auf ewig zu sein, wegnehmen. Sie kann ihn im äußersten Fall suspendieren, ihm sein Bistum wegnehmen. Aber selbst wenn er abtrünnig würde, eine neue Kirche gründete, könnte sie seine Bischofswürde nicht annullieren, auch wenn sie natürlich ihr ganzes Arsenal an Schikanen auspacken würde, um ihn daran zu hindern, eine andere Kirche ins Leben zu rufen.

Für die meisten Bischöfe besteht eine solche Gefahr ohnehin nicht. Sie stehen fest im Glauben (zumindest behaupten und verkünden sie es), und ebenso fest halten sie die Hand über das Vermögen ihrer Diözese. Erzbischof Quarracino konnte sich seinen Luxus leisten, wiewohl die vielen Armen in seiner riesengroßen Diözese keine Kirchensteuer zahlen, weil er sich auf die nicht wenigen Reichen in seinem Herrschaftsgebiet stets verlassen konnte. Die sündigen zwar kräftig, aber katholisch erzogen sind die meisten von ihnen, und so fühlen sie sich doch von Zeit zu Zeit gedrängt, ihr Gewissen in der Beichte und durch eine ansehnliche Spende an die Kirche bzw. den Bischof zu erleichtern. Eine Art Ablasshandel, der bis heut blüht!

Viele Priester in Argentinien, aber auch in ganz Mittel- und Südamerika sind arm, beziehen kein Gehalt auf der Basis der konkordatären staatskirchlichen Verhältnisse, wie sie in Deutschland bestehen. So sagen sich viele von ihnen: „Wir machen es wie unser Bischof. Wir entscheiden uns für den Reichtum!" Sie verdingen sich sozusagen bei den Reichen des Landes, „bringen in den teuren Eliteschulen Lateinamerikas den Söhnen der Reichen, die nachts die Mischlingsmädchen brutal quälen, Mathematik, Latein und die Lehre der Kirche bei. Sie dienen sich als eine Art privater Beichtvater an, nehmen Platz an den gewaltigen Tafeln der Reichen, fahren mit in die vornehmen Ferienhäuser".[75]

Und, wie gesagt, der Drang oder auch nur die Gewohnheit, sein Gewissen durch Beichte und Spende zu erleichtern, ist groß. Man braucht sich nur die brutalen Praktiken mit den gerade erwähnten Mädchen zu vergegenwärtigen: „In den weißen, reichen Familien in Lateinamerika, in Chile, Brasilien oder Argentinien arbeiten oft Mischlingsmädchen aus den Slums. Die meisten werden von den Padronas ausgenutzt, geschlagen, niedergemacht. Nachts kommen die Ehemänner in die Zimmer der Mädchen und vergewaltigen sie, als wären sie Vieh. Unter den halbwüchsigen Söhnen der Reichen ist es eine ganz normale Art von Gewalt, den Hausmädchen nachzustellen und sie manchmal zusammen mit dem Vater zu vergewaltigen. Die Ehefrauen nehmen das oft hin, dann gehen ihre Männer immerhin nicht zu den Huren und holen sich keine Krankheiten. Wenn die Mädchen schwanger werden, schmeißen die Padronas sie raus, enthalten ihnen oft den Lohn vor, beschimpfen sie als Huren und schicken sie in die Slums zurück…"[76]

Das also ist die Situation in Südamerika: eine reiche Kirche und reiche Bischöfe, von denen einer der reichsten Kardinal Quarracino ist bzw. war, da alle vom ungeheuren Reichtum einer relativ kleinen Clique superreicher Südamerikaner profitieren. „Die Hälfte des kompletten Einkommens in Lateinamerika gehört zehn Prozent der Einwohner". Über 70 Millionen (in Lateinamerika) aber sind »extrem arm«, was bedeutet, dass sie über weniger als einen Dollar am Tag verfügen.[77]

Eine Handvoll sogenannter Befreiungstheologen versucht seit Jahrzehnten, diese maßlose Ungerechtigkeit zu beseitigen. Sie werden nicht nur von den Reichen Südamerikas schikaniert, bedroht, verfolgt, von der dortigen reichen Kirche gemaßregelt, abgesetzt, diffamiert, sondern auch von der höchsten Spitze der römisch-katholischen Kirche, dem Vatikan und der Römischen Kurie, per Dekret zurückgepfiffen, exkommuniziert, suspendiert. Höhepunkt dieses Treibens: das Pontifikat des Wojtyla-Papstes Johannes Pauls II.[78] und seines damaligen ersten Dieners Joseph Ratzinger, des Chefs der Glaubenskongregation (früher das Heilige Officium der Inquisition).[79] Der verfasste im Auftrag seines Chefs gleich zwei vernichtende Verurteilungsdokumente gegen die Befreiungstheologie, und der Hauptvorwurf in ihnen, der in manchen Zonen unseres Planeten noch immer eine Art geistiger Vernichtung und mentaler Schockstarre nach sich zieht, lautet: Die Befreiungstheologie sei kommunistisch-marxistisch infiziert, somit unter den diversen, vom Vatikan nicht beanstandeten Varianten rechtgläubiger Theologie nicht mehr tragbar.

Es versteht sich von selbst, dass der Erzbischof von Buenos Aires, Kardinal Quarracino, angesichts seines Reichtums und seines Lebensstils kein Freund der Befreiungstheologie, der „Theologie der Armen" war, wie sie ja auch genannt wird. Es wird daher wahrscheinlich für immer ein nicht ganz entschlüsseltes Geheimnis bleiben, warum dieser Kirchenfürst die Freundschaft des Jesuiten Jorge Bergoglio suchte, und dieser, obwohl doch den Armen zugewandt, diese Freundschaft kritiklos erwiderte. Dieser Jesuit war zwar auch kein offizieller Freund der „Theologie der Armen", solidarisierte sich niemals öffentlich mit ihr, weil das die Herren der Kirche verprellt hätte, aber er setzte sich für die Armen ein, suchte ihr Schicksal zu erleichtern und führte persönlich ein bescheidenes, dem Reichtum und Luxus abholdes Leben.

Selbst die eigenen Ordensbrüder konnten sich die Freundschaft der so ungleichen Kirchenmänner nicht erklären. „... aus irgendeinem Grund hat Kardinal Quarracino in ihm irgendetwas gesehen... er hat die anderen Kandidaten, die nicht Jesuiten waren, also eigentlich deshalb Weihbischöfe hätten werden sollen, abgewiesen und Bergoglio geholt... Keine Ahnung, wie er es trotzdem geschafft hat, von Kardinal Quarracino ins Herz geschlossen zu werden."[80]

In der Tat ist es bei den Jesuiten im Allgemeinen nicht üblich, teilweise sogar verpönt, hohe Posten in der kirchlichen Hierarchie anzustreben. Daher werden nur ganz wenige Weihbischof, Bischof Ordinarius, Erzbischof, Kardinal, und schon gar keiner sollte Papst werden. Tatsächlich ist Bergoglio der erste Jesuit auf dem Papstthron, der damit einen an sich für unüberschreitbar gehaltenen Rubikon überquert, ein strenges Tabu gebrochen und auch bei vielen Jesuiten Befremden ausgelöst hat. Also bei all seiner Bescheidenheit – das war höchst unbescheiden von ihm! Ist seine Demut vielleicht doch nicht so groß, wie allüberall behauptet und gerühmt wird?

Deshalb gab es auch eine Reihe von Weltpriestern im Erzbistum Quarracinos, die sich berechtigte Hoffnungen auf den Posten des Weihbischofs, also des zweiten Mannes gleich nach ihm machten. An einen Jesuiten, der ihnen diesen Karrieresprung hätte streitig machen können, dachte niemand. Dennoch setzte Quarracino durch, dass Bergoglio am 13. Mai 1992 zum Weihbischof ernannt wurde und, was noch schwerer durchzusetzen war, am 27. Mai 1997 zum Bischof Koadjutor mit dem Recht der Nachfolge als Erzbischof von Buenos

Aires nach dem Abtritt oder dem Tod Quarracinos aufstieg (Manche Biografen nennen den 3. Juni1997 als den Tag, an dem Bergoglio zum Koadjutor Erzbischof ernannt wurde, aber diese Differenz von einer Woche spielt hier wirklich keine Rolle).

Wie gesagt, diese Prozedur, durch die Jorge Bergoglio so hoch stieg, war sehr schwierig, weil es dafür keinen Präzedenzfall in der Erzdiözese Buenos Aires gab und schon so mancher Bischof bei den Herren im Vatikan abgeblitzt war, als er dort einen Freund als seinen Nachfolger durchsetzen wollte. Aber Quarracino hatte nicht nur einen Narren an dem Jesuiten gefressen, sondern war auch außerordentlich gut befreundet mit Papst Johannes Paul II., der auf Grund seiner überquellenden polnischen Emotionalität nie auf Regeln und kirchliche Gesetze achtete, wenn diese seiner Sympathie für bestimmte Personen und politische Richtungen entgegen standen. Paradebeispiel: wie er seinen engen Freund, Bischof Joachim Meisner, aus der damaligen DDR herausholte und ihn gegen den Willen des Domkapitels und der Kölner Katholiken zum Bischof der reichsten deutschen Diözese machte.[81] Der Papst brauchte auch deshalb einen ergebenen Diener an der Spitze des Kölner Erzbistums, weil von dort her Gelder an die Solidaritätsbewegung in Polen fließen sollten.

An sich mochte ja der polnische Papst mit seiner konservativ-restaurativen Kirchenpolitik die Jesuiten nicht sonderlich, er stand der kirchlichen Geheimorganisation Opus Dei, die ihnen im Vatikan längst den Rang abgelaufen hatte, viel näher. Aber dem stets mit reichen Geschenken nach Rom kommenden Erzbischof Quarracino konnte er natürlich keinen Wunsch abschlagen und so wurde Jorge Bergoglio mit dem höchsten Segen des Papstes zunächst Weihbischof, dann Erzbischof-Koadjutor mit dem Recht, auf Quarracinos erzbischöflichen Thron zu steigen, wenn dieser nicht mehr regieren konnte oder wollte. Bereits neun Monate nach seiner Ernennung zum Koadjutor war es so weit. Quarracino starb, und Jorge Bergoglio wurde Erzbischof von Buenos Aires und Primas von Argentinien, drei Jahre später, im Jahr 2001, folgerichtig auch Kardinal.

Das alles hatte er besonders seinem Freund, Gönner und Protector Quarracino zu verdanken. Ein Grund, die seltsame Freundschaft der beiden Kirchenfürsten nochmals unter die Lupe zu nehmen. Vielleicht ist das Rätsel dieser freundschaftlichen Beziehung gar nicht so unlösbar wie oben angedeutet.

Schaut man ein wenig genauer hin, dann weisen sie mehr Gemeinsamkeiten auf, als es zunächst erscheint. Der eine liebt Reichtum, Luxus und Verschwendung, er eignet sich deshalb vortrefflich als Auffangstation für die Reichen und Mächtigen Südamerikas, mit dem sie sich identifizieren können, der ihnen kein schlechtes Gewissen einjagt und den und dessen Kirche sie deshalb auch finanziell gehörig zu unterstützen bereit sind.

Aber die Kirche muss immer auch an die Massen der Armen denken. Sie kann es sich nicht leisten, sie an andere Kirchen, Sekten oder gar an die „bösen" Atheisten zu verlieren. Sie in der Kirche zu halten, sie mit der Kirche zu versöhnen – dafür eignet sich der bescheidene, den Luxus nicht liebende, die Armen besuchende, ihnen seine primäre Aufmerksamkeit schenkende Bischof Bergoglio vortrefflich.

Kein Zweifel, dass Bergoglio das von Herzen tut. Aber er tut es doch im Namen seiner höchsten jesuitischen Lebensmaxime des absoluten Dienstes an der Kirche, der Ausrichtung aller seiner Tätigkeiten auf ihr Wohl, ihre Größe und weltumspannende Macht! Wie sagte er es doch schon sehr früh, wie wir sahen, nach seiner Entscheidung, in den Jesuitenorden einzutreten: Gehorsam, Disziplin und der Missionsbefehl, das sei das Dreigestirn der Ideale gewesen, welches ihm diesen Orden so sympathisch gemacht und ihn zum Eintritt in diesen bewogen habe.

Quarracino und Bergoglio hatten also eine große Gemeinsamkeit: „Right or wrong, my church" war die oberste Devise ihres Handelns. Die zweite folgte schlüssig daraus: „Getrennt marschieren, vereint schlagen!" Die Strategie lautete: Du, Bergoglio, widmest dich den Armen, hältst sie als geduldige Schafe im Pferch der Kirche; ich, Quarracino, kümmere mich um die Reichen. So halten wir beide Gruppen im Schoß unserer gemeinsamen Mutter Kirche!

Auch als Papst hält sich Bergoglio an diese Strategie. Nach dem Ratzinger-Papst, der die mannigfaltigsten Kontakte zum Blut- und Geldadel unterhielt und mit den Armen nicht viel anzufangen wusste,[82] kam Bergoglio als Franziskus I. daher, der in keiner seiner Ansprachen die Betonung seiner Sympathie für die Armen, Gequälten, Ausgebeuteten vergisst und als Papst nicht umsonst den Namen jenes Mönchs annahm, der wie kein anderer das Ideal evangelischer Armut vorgelebt hat.

Und noch ein Drittes eint Quarracino und Bergoglio, und nicht nur sie, sondern auch den Ratzinger-, den Wojtyla-Papst und fast die gesamte klerikale Oberschicht der Kirche: die Aversion gegen jede Art von Aufruhr und Umsturz, damit die Anti-Haltung zu jener Variante der Befreiungs- und Armentheologie, die angesichts der Maßlosigkeit der Besitzenden, ihrer starren und verbohrten Ablehnung jeglicher Veränderung der bestehenden Ungerechtigkeiten und unökologischen Plünderung des Planeten Rebellion und Revolution nicht prinzipiell ausschließt.

Camilo Torres, einer der großen Heroen dieser Theologie, formulierte sie so: „Ich habe die Vorrechte und Pflichten eines Priesters aufgegeben, aber ich habe deshalb nicht aufgehört, ein Priester zu sein. Ich glaube, aus Nächstenliebe habe ich mich der Revolution verschworen. Ich habe es aufgegeben, die Messe zu lesen, um in der Lage zu sein, den Nächsten zu lieben auf dem irdischen Feld der Wirtschaft und der sozialen Spannungen. Wenn mein Nächster nichts mehr gegen mich hat, wenn die Revolution durchgekämpft ist, dann will ich wieder die Messe lesen, falls Gott es so haben will. Ich glaube, so erfülle ich das Gebot des Herrn..."[83]

Aber obwohl Ernst Bloch in seinem Klassiker „Naturrecht und menschliche Würde" betonte, dass selbst „Jesuiten wie Bellarmin und Mariana den Tyrannenmord gerechtfertigt" haben[84], würden Bergoglio und die ganze Phalanx der obersten Herren der Kirche die Theorie oder auch nur Möglichkeitshypothese eines gewaltsamen Umsturzes bestehender ungerechter Verhältnisse niemals in Erwägung ziehen. Aus in ihrer Sicht gutem Grund, denn das fast 1700 Jahre dauernde Bestehen einer reichen Kirche seit der Regierungszeit des römischen Kaisers Konstantin resultiert einzig und allein aus dem Faktum immerwährender flexibler Anpassung an alle im Laufe dieser Geschichte aufgetretenen Systeme der Herrschaft, und dies völlig unabhängig von der moralischen und sozial-humanen Qualität derselben, während man den Armen, Unterdrückten, Ausgebeuteten stets gleichbleibend angesichts der irdischen Misere den Himmel zu versprechen pflegte.

Ein inzwischen recht zahm gewordener Befreiungstheologe wie Leonardo Boff, der seinerzeit schon im „Inquisitionsbüro" Ratzingers demutsvoll eine Unterlassungsunterschrift leistete und jetzt ständig Jubelarien über den „revolutionären" neuen Papst anstimmt, weil dieser ihn bei ein paar Begegnungen herzlich begrüßte und umarmte (immerhin ein Unterschied zum Befreiungstheologen Ernesto Cardenal, dem Johannes Paul II. wegen der Annahme eines Ministerpostens in der Revolutionsregierung Nicaraguas eine Ohrfeige verpasste!), macht sich völlig falsche Hoffnungen: Auch als Papst wird Jorge Bergoglio seinen Prinzipien folgen, den Kapitalismus mit all seinen Auswüchsen zu kritisieren, aber an den unsozialen Strukturen, die ihn erst ermöglichen, nicht zu rütteln, während er den Armen und Ausgebeuteten dieser Erde ein Lächeln, seine Präsenz, seine herzerwärmenden Gesten und Worte und höchstens noch Almosen schenken wird, soweit er diese aus den Spenden bestreiten kann, die die katholische Welt in den Vatikan schickt.

„Ja, was soll denn der von so großen Erwartungen überladene Papst tun? Er kann doch den Kapitalismus nicht niederreißen, das kann doch niemand. Er kann doch nur kritische Worte gegen den ungerechten Mammon vorbringen!" Das erklärt so mancher Papst-Fan. Meine Gegenrede: „Yes, he can!" Es gibt noch genug Zonen auf unserem Planeten, wo der Bannfluch des Papstes Eindruck macht, der Bannfluch, den die Herren der Kirche doch so oft in ihrer langen Geschichte gegen Schuldige und allzuoft Unschuldige geschleudert haben, mit verheerenden Folgen für letztere. Aber Papst Franziskus wird es nicht wagen, auch nur einen der Großgrundbesitzer in Südamerika, die ihre Feldarbeiter wie Sklaven behandeln, sie bestenfalls mit einem erbärmlichen Hungerlohn abfinden, zu exkommunizieren, sie öffentlich bloßzustellen, indem er ihnen die Sakramente verweigert. Wie gesagt, in manchen Regionen der Welt wäre so eine endlich erfolgende wirkliche Tat des Papstes durchaus wirksam, auf jeden Fall wäre es der von vielen seit langem ersehnte Sprung von Worten zu Taten, die Franziskus I. bis jetzt vermissen lässt.

Aber wo und wann hat sich die römische Kirche jemals die Reichen und Mächtigen zu Feinden gemacht? Auch Papst Franziskus wird es nicht tun. Zwar hat er als Erzbischof von Buenos Aires gegen die Kirchners, als diese in Argentinien herrschten, angepredigt, exkommuniziert hat er sie nicht! Andererseits: Wo und wann hat denn ein deutscher Bischof einen regierenden Politiker so massiv kritisiert wie der argentinische Bischof Bergoglio sowohl Herrn Nestor Kirchner, den von 2003 bis 2007 amtierenden argentinischen Präsidenten, als auch seine Frau Cristina Fernández de Kirchner, die 2007 das Amt als Präsidentin antrat, nachdem ihr Mann darauf verzichtet hatte, nochmals zu kandidieren? Präsident Kirchner verstieg sich sogar zu der Behauptung, Bergoglio sei der Anführer der gesamten Opposition in Argentinien, seine Frau machte sich der Kardinal zur Feindin, weil er ihr vorwarf, „die wachsende Ungleichheit" zu begünstigen und die Menschenrechte „durch ungerechte ökonomische Strukturen" zu verletzen.[85]

Allerdings zeigt sich in der Auseinandersetzung Bergoglios mit der Präsidentin auch wieder der Charakter des die Moralvorschriften der Päpste Wojtyla und Ratzinger stur einhaltenden Jesuiten. Denn Cristina Kirchner will die Homo-Ehe im Parlament durchsetzen. Kardinal Bergoglio kämpft vehement dagegen an. Er verachtet nach eigenen Worten keinen Homosexuellen, aber gegen die Ehe von Gleichgeschlechtlichen ist er absolut, ganz wie diese beiden Päpste, denen er als Jesuit Gehorsam und Treue gelobt hat. Er schreibt einen Brief, den er an sich nur an ein Karmeliterinnenkloster in Buenos Aires gerichtet hat, der aber dann breites Aufsehen erregt. Darin stellt er die Erfindung der Homo-Ehe geradezu als ein Werk des Teufels dar: „Das argentinische Volk wird in den kommenden Wochen eine Herausforderung annehmen müssen, die die Familie schwer treffen kann. Es geht um die Identität und das Überleben der Familie: Vater, Mutter und Kinder. Es geht um das Leben von Kindern, die Nachteile erleiden könnten, weil man ihnen die Möglichkeit nimmt, aufzuwachsen, wie Gott es gewollt hat, mit einem Vater und einer Mutter. Es geht um die Zurückweisung eines Gesetzes Gottes, das in unsere Herzen eingeschrieben worden ist. Wir sollten nicht leichtgläubig sein, es handelt sich nicht um einen politischen Kampf, sondern um eine Handlung des Vaters der Sünde (des Teufels), der so versucht, die Kinder Gottes zu verwirren und hinters Licht zu führen".[86]

Die Energie des Kardinals in dieser Sache ist fast grenzenlos. Immer und immer wieder versucht er, der Präsidentin die Durchsetzung der Homo-Ehe in Argentinien auszureden. Aber sie ist genauso stur wie er selbst. Im Juli 2010 führt Argentinien „als erstes Land Lateinamerikas im Senat die Homo-Ehe ein".[87] Der Kardinal empfindet es als eine seiner schwersten Niederlagen.

Aber die Allianz der Kirche mit den Mächtigen kann doch durch eine solche Niederlage nicht erschüttert werden. Die Präsidentin ist die erste regierende Politikerin auf der Welt, die dem gerade zum Papst gewählten Jesuiten Bergoglio einen offiziellen Staatsbesuch im Vatikan abstatten wird!

11. Die unglaubliche Sensation: Ein Jesuit wird Papst

Was selbst gestandene Jesuiten, die ihren eigenen Orden wie die eigene Westentasche kennen, für unmöglich hielten, wurde am 13. März 2013 Wirklichkeit: Zum ersten Mal in der fast sechshundertjährigen Geschichte des Jesuitenordens besteigt ein Jesuit den Papstthron, den Stuhl des „Stellvertreters Gottes" auf Erden. Es war, wie wir bereits sahen, schon eine Sensation, dass ein einfacher Jesuit, den man als Chef der argentinischen Provinz des Ordens abgesägt hatte, zum Erzbischof von Buenos Aires, Primas der argentinischen Kirche und Kardinal aufsteigen konnte. Aber noch viel größer ist doch der Karrieresprung von diesen Titeln und Posten zum Papst der Weltkirche, viel größer, als wenn nur irgendeiner der nicht zum Jesuitenorden gehörenden Kardinäle Papst geworden wäre.

Für manche ist es immer noch ein Rätsel oder eine Entscheidung des die Kardinäle bei der Wahl des Papstes angeblich inspirierenden Heiligen Geistes, dass Jorge Mario Bergoglio diesen Wahnsinnssprung schaffte. Aber die Kardinäle hatten – zumindest in ihrer überwiegenden Mehrheit – offenbar erkannt, dass die schweren Korruptionsskandale in der Ära des kontaktarmen, wenig kommunikativen, mehr Theologie als Politik treibenden Ratzinger-Papstes ein Ende haben mussten und für die Einleitung einer neuen Epoche in der Kirche ein Tatmensch hermusste. Für einen solchen hielten sie den Jesuiten Bergoglio, von dem ihnen bekannt war, dass er sich als Soldat der Kirche nach dem Vorbild des Ordensgründers, des ehemaligen Offiziers Ignatius von Loyola, verstand.

Zwar gab es eine zunächst recht starke Oppositionsgruppe unter den Kardinälen, die alles beim Alten belassen wollte. An ihrer Spitze stand der Kardinalstaatssekretär Tarcisio Bertone, also der nach dem Papst mächtigste Mann im Vatikan. Bertone hatte an sich vorgesorgt, hatte mit Einwilligung des Ratzinger-Papstes eine ganze Reihe italienischer Kirchenmänner zu Kardinälen gemacht, von denen er daher mit ziemlicher Sicherheit erwarten konnte, dass sie denjenigen zum Papst wählen würden, den er ihnen vorgibt. Selbst ein so frommer Journalist wie Andreas Englisch kann da eine kritische Bemerkung nicht ganz unterdrücken: „Das war Bertones Meisterstück: Männer, die gemessen an ... Bergoglio kaum bis drei zählen können, zum Kardinal machen zu lassen. Es sind Bischöfe, die nur deshalb Kardinäle wurden, weil der Vatikan eben in Italien liegt und die Macht der Kurie zahlreiche italienische Kardinäle durchsetzen kann. Es ist in ihrem Interesse, dass kein Papst aus Lateinamerika gewählt wird, sondern ein Mann der Kurie, so dass alles beim Alten bleibt, vor allem die Italiener im Staatssekretariat wollen die Macht behalten... Seit Beginn seiner Amtszeit vor sieben Jahren hat Tarcisio Bertone maßgeblich entschieden, wer Kardinal werden darf und wer nicht. Er will ein Kardinalskollegium, das dasteht wie eine Burg, um Jorge Mario Bergoglio zu verhindern".[88]

Kardinalstaatssekretär Bertone will um jeden Preis Angelo Scola, den Erzbischof von Mailand, zum Papst machen. Der ist ihm Garant dafür, dass sich in Vatikan, Kurie und Gesamtkirche nichts wesentlich verändert. Aber Scola, dem großen Einfluss Bertones auf die Kardinäle vertrauend – immerhin sind sie in ihrer Mehrheit durch den Kardinalstaatssekretär zu ihrer Kardinalswürde gekommen –, benimmt sich, obwohl noch gar nicht gewählt, schon so großspurig, als wäre er bereits amtierender Herr der Kirche. An ihm bestätigt sich die bittere Enttäuschung, die schon so mancher Papstkandidat erleben musste, dass er als papabilis ins Konklave ging und als non-papabilis, als nicht papstwürdig wieder herauskam.

Bereits im vierten Wahlgang erhält Bergoglio, der Erzbischof von Buenos Aires, die Stimmen von über siebzig Kardinälen, 115 nur sind wahlberechtigt, der Erzbischof von Mailand hat also keine reelle Chance mehr. Der fünfte Wahlgang bringt dann dem Argentinier sogar 88 Stimmen, nur die meisten Kurienkardinäle haben gegen ihn gestimmt – und verloren! Sie haben nicht verhindern können, dass ein Jesuit, noch dazu einer, dem der Ruf vorauseilt, ein die undurchsichtigen Komplexitäten des kurialen Verwaltungsapparates verabscheuender Anti-Bürokrat zu sein, auf den päpstlichen Stuhl steigt.

Teil II
Was glaubt der Papst?
Die Theologie von Franziskus I.

In seinen Büchern und Schriften legt uns der Papst das naivste, fundamentalistischste, unkritischste, von jeglichem Zweifel unberührteste Gottes-, Jesus-, Marien-, Kirchen- und Teufelsbild vor, das man sich nur denken kann, ja heute eigentlich gar nicht mehr denken darf, weil es eine kindlich-simple Dogmatik ist, die schon der gewöhnliche Menschenverstand, noch mehr jede historisch-kritische Überlegung gar nicht anders als ablehnen muss. Man wundert sich, dass ein großer deutscher Verlag diese Bücher verlegt hat. Aber der handelte offensichtlich nach der Devise: „Papst geht immer", egal, was in seinen Büchern steht.

Alles, was in den Evangelien, ja im ganzen Alten und Neuen Testament steht, schildert Bergoglio alias Franziskus I., als ob es sich wortwörtlich so zugetragen hätte, als ob es die reine historische Wahrheit ist, an der kein Zweifel bestehen kann. Die Kirche, die Päpste und Bischöfe geben nach ihm nur an das Volk der Gläubigen weiter, was von Gott durch den Heiligen Geist in den heiligen Büchern unfehlbar geoffenbart daliegt. Die Menschen sollen es lediglich ohne alle Bedenken gläubig ergreifen.

Was hat Jorge Mario Bergoglio bloß während seines Theologie-, insbesondere Bibelstudiums bei den Jesuiten getan? Sicher, die Jesuiten waren eifrigste Verfechter der Lehre der Kirche, waren der Orden, der am längsten an der Überzeugung des Aristoteles und des Ptolemäus festhielt, dass die Sonne sich um die Erde drehe. Aber sie haben schließlich dazu gelernt, und man kann sich nicht vorstellen, dass nicht wenigstens der eine oder andere Bibelexeget unter den Jesuiten seinen Schülern etwas über die historisch-kritische Methode bei der Lektüre und Entschlüsselung alter Texte beigebracht hat. Hinkt die Theologie in Argentinien derart der europäischen Theologie hinterher, dass dort nicht mal zur Sprache kommt, was hier alle an einer theologischen Fakultät Studierenden bezüglich der Beurteilung alter Texte lernen müssen, obwohl auch sie es in ihrer Verkündigung dem Kirchenvolk nachher nicht so ungeschminkt sagen dürfen?

1. Gott – Christus – Teufel
Die Christologie und Satanologie des Papstes

Sein Ordensbruder, der Jesuit Bernd Hagenkord, der eine Einführung zum Apostolischen Schreiben des Papstes „Evangelii gaudium" (Die Freude des Evangeliums) verfasst hat, urteilt treffend: „Man braucht kein exegetisches Wissen, um nachzuvollziehen, was der Papst sagen will".[89] Nein, dieses für die Erforschung historischer Texte unentbehrliche Wissen braucht man bei der Lektüre der Schriften des Papstes Franziskus wahrlich nicht. Was man jedoch im Übermaß braucht, ist ein kindliches, um nicht zu sagen kindisches Herz, das dem Märchenerzähler und Mythenrezitierer Jorge Mario

Bergoglio alias Franziskus I. im Fortgang seiner Ausführungen zu folgen bereit ist.

Dieser oberste Kirchenlehrer kennt keine Zweifel, keine Einwände, keine Bedenken. Es *ist* alles so, wie er es sagt: Jesus Christus *ist* die „Offenbarung des Vaters", „der Offenbarer des Vaters", „der endgültige *Offenbarer* des Gottesgeheimnisses ... Er verkündigt den Vater und bringt Kunde von ihm ... und er sagt der Welt, was er von seinem Vater gehört hat".[90]

Nun sollte man eigentlich annehmen, dass der Papst jetzt auspackt, dass er uns Unwissenden sagt, worin denn das Gottesgeheimnis besteht, das Gottes „eingeborener Sohn"[91] geoffenbart hat. Aber Fehlanzeige. Es bleibt beim Geheimnis, bei der Geheimhaltung. Das wäre ja noch schöner, wenn Christus und in seiner Nachfolge der Papst die Entschlüsselung des Geheimnisses uns so einfach auf den Tisch knallen würden. Nein, ein Geheimnis bleibt ein Geheimnis! Es genügt, dass Christus und Franziskus I. die Offenbarung des Geheimnisses kennen. Die anderen sind dessen gar nicht würdig. Schon Dostojewski hat in „Die Brüder Karamasow" den Großinquisitor sagen lassen, dass die Kirche sich immer mit dem „großen Geheimnis" schmücken müsse, denn nur der Umstand, dass sie die Leute glauben mache, sie wisse mehr als der ganze Rest der Menschheit, schaffe in diesen die Basis für Ehrfurcht, Respekt, Bewunderung, Angst und Untertanengeist.

Irgendwie spürt aber Franziskus, dass intelligente Menschen nun einmal Fragen stellen und Antworten erhalten wollen. Zugeben, dass auch er im Grunde nichts weiß, keine Antwort auf die Frage nach dem „Gottesgeheimnis" parat hat, kann er, dem als Papst doch angeblich das Privileg der Unfehlbarkeit zusteht, ja nicht. Also wird der Liebenswürdige, Gütige, Bescheidene jetzt doch etwas unwirsch.

Diejenigen, so der Papst, die das Geheimnis Gottes nicht kennen, seien doch selbst schuld. Denn, erklärt er ganz fundamentalistisch-dogmatisch, „als Offenbarer Gottes erleuchtet Jesus Christus jeden Menschen". Wenn also einer das Geheimnis Gottes nicht kennt, dann fehlt ihm „das Licht der Menschen", das Jesus Christus selbst ist. „Die Gegenwart Jesu bewirkt, dass die Finsternis weicht und das wahre Licht leuchtet." Doch die Neunmalklugen lehnen Gott und Christus ab, weil sich in ihnen „das Drama der Abkehr vom Licht" vollzieht, sie lehnen dieses Licht ab, „weil seine Verkündigung anders ausfällt als erwartet, andere Maßstäbe aufstellt, als man sich das vorgestellt hatte".[92]

Deswegen wendet sich Jesus im Evangelium, aber auch der Papst an die »Armen im Geiste«, die deren Verkündigung einfach, ohne zu fragen, demütig annehmen. „Deshalb wird die Fülle der Zeiten" (wieder so ein hohl-pathetischer Begriff!) „und die Fülle der Botschaft Gottes eben jenen verkündet, die, rein menschlich betrachtet, wenig Fülle vorzuweisen haben: einfachen Leuten, solchen, die demütig die Gebote halten (Joh 14,21), armen Fischern (vgl. Mt 5,3) – ihnen schenkt Jesus jene Kenntnis des Vaters, die allein der Sohn offenbaren kann (Mt 11,27)". Mit Jesus, dem diese Worte möglicherweise aber auch erst vom Evangelisten zugeschrieben wurden, preist auch der Papst „dich, Vater, Herr des Himmels und der Erde, dass du dies vor Weisen und Klugen verborgen, Unmündigen aber offenbart hast (Lk 10,21f)".[93]

Über das „Gottesgeheimnis", die Fragen der Existenz und Essenz Gottes hat uns der Papst Franziskus also gar nichts mitgeteilt, obwohl er noch ohne irgendeine Begründung hinzufügt, dass Gott *dreifaltig* ist, was wir allerdings ohne das Licht Christi auch nicht zu erkennen vermögen.[94] Dass Gott dreifaltig, d. h. eine göttliche Substanz in drei Personen sein soll, macht das Gottesgeheimnis allerdings nur noch größer, absurder, irrationaler. Schon beim Theologiestudium und im Priesterseminar[95] zerbrachen wir Alumnen uns die Köpfe über die „höhere Logik" bzw. Mathematik, nach der in der göttlichen Dimension eins gleich drei sein soll. Andere monotheistische Religionen haben damit keinerlei Schwierigkeiten. Sie erklären kurz und bündig, dass das Christentum, soweit es den Trinitätsglauben vertritt, im Grunde ein Polytheismus, eine Vielgötterei sei.

Aber noch etwas ist hier bemerkenswert: In seinem keinerlei Zweifel kennenden Fundamentalismus und Dogmatismus macht Papst Franziskus sogar den jüdischen Monotheisten Jesus zum Lügner, denn er behauptet ja, dass „Jesus Christus ... Offenbarer des Geheimnisses der Dreifaltigkeit Gottes ist"[96], während der doch an der Entstehung dieses Irrglaubens, an dessen Konstruktion die Kirche jahrhundertelang herumgebastelt hat, keine Schuld trägt. Dass es drei Jahrhunderte dauerte, bis die Kirche Jesus die dogmatische Ehre erteilte, die zweite Person der Gottheit zu sein, und noch viel mehr Zeit verging, bis der Heilige Geist in diese göttliche Konstellation aufgenommen wurde – das alles unterschlägt der Bergoglio-Papst, oder sollte er das wirklich nicht wissen und bei den Vorlesungen im Fach Dogmengeschichte geschlafen haben?

In all seinen Schriften legt uns Bergoglio eine kritiklose kirchliche Dogmatik vor, die er allerdings sprachlich nochmals heruntergestuft hat, damit das einfache Kirchenmitglied die Worte versteht. Obwohl er diese Dogmatik in seinen Publikationen mit gläubiger Begeisterung unter Einbringung vieler einfacher Gleichnisse und persönlicher Begebenheiten vehement vertritt und obwohl er mit Sicherheit keine Koryphäe der Theologie, der Philologie, der Exegese ist, scheint dieser clevere Taktiker, Praktiker, Missionar und Diplomat sich dennoch bewusst zu sein, dass die Masse derer, die ihm auf öffentlichen Plätzen zu Hunderttausenden zujubeln, mit den kirchlichen Lehren und deren den Verstand beleidigenden Dogmen im Grunde nicht viel anzufangen weiß.

Konsequenz: Er verkündet diese Lehren bei seinen Begegnungen mit den Menschenmassen erst gar nicht, stellt vielmehr seine Person mit ihrer Liebenswürdigkeit, Sympathie, Güte, Herablassung zu den Armen, seinen Küssen, Umarmungen auch Kranker und vom Tode Gezeichneter in den Mittelpunkt, schlau nach der Devise: Wenn sie *mich* nur akzeptieren und verehren, werden sie ohne weiteres und ohne Bedenken auch meinen Glauben, meine Lehren übernehmen, selbst wenn sie diese nicht kennen und im Grunde gar nicht kennenlernen wollen, sozusagen implizit: diesem glaub- und liebenswürdigen Vertreter kaufen wir alles ab, auch das, was wir eigentlich gar nicht brauchen. Die Masse wird so auf die simpelste Weise an der Stange gehalten! Der Papst als Kultfigur!

Bezeichnend und das oben Gesagte bestätigend: Bei einer Audienz fragen einige konservative Priester den Papst, warum er bei seinen öffentlichen Auftritten so selten die katholische Dogmatik ins Spiel bringe. Seine Antwort: „Gemach, gemach, das kommt alles später!" Die ahnungslosen Frager haben gar nicht erkannt, dass Papst Franziskus absolut kirchenkonform ist, absolut auf der Linie der jahrhundertelang geübten Strategie der Amtskirche liegt, wonach die Massen nicht aufgeklärt, sondern geführt werden sollen. „Selig, die nicht sehen und doch glauben" heißt es doch auch im Johannesevangelium (20,29).

Der Bergoglio-Papst weiß ganz genau: Trotz einiger entsprechend herausposaunter Startheologen wie Paulus, Augustinus, Thomas von Aquin, Rahner, Ratzinger usw. ist das Christentum, zumindest in seiner kirchlichen Gestalt, eine Religion der Masse, der Herde, der Schafe, deren Herren nicht ohne Grund *Oberhirten* heißen. Ohne Masse keine Macht! Die glanzvoll glitzernden und funkelnden Theologen sind nur die wahren Ziele der Kirche verschleierndes und vernebelndes Beiwerk!

Was glaubt also der Papst? Ob er an die Dogmen der Kirche, die er in seinen Schriften so ausführlich und eifrig darlegt, wirklich glaubt, kann hier dahingestellt bleiben, obwohl es unglaublich, zumindest kaum glaubhaft ist, dass ein ansonsten realistischer und normal denkender Mensch dieses Sammelsurium unmöglicher Dinge wie Geburt Jesu aus einer vom Heiligen Geist befruchteten Jungfrau, Dreifaltigkeit Gottes, Verwandlung von Brot und Wein in Leib und Blut des Gottessohnes, Himmelfahrt Jesu und Mariae usw. zu glauben vermag.

Woran aber Papst Franziskus m. E. mit Sicherheit glaubt, ist, dass seine Strategie der Gewinnung der Massen ohne alle dogmatischen Vorgaben und Vorbedingungen, allein durch die Methode einer von seiner Person ausgehenden grenzenlosen Liebenswürdigkeit, zum Ziel führt, das darin besteht, dass sie danach auch ohne weiteres alle Dogmen, Gebote und Verbote der Kirche wenigstens in nuce akzeptieren und sich der Oberherrschaft des Papstes unterwerfen werden.

Sicherlich ist Franziskus I. ein guter Mensch. Aber man versäume nicht hinzuzufügen: Im Bezugsrahmen seines kirchlichen Systems. Die Tatsache, dass er nicht immer so liebenswürdig war wie heute, beweist doch, dass in seinem Vorgehen ein gutes Stück Strategie und Taktik steckt. Eine ganze Reihe von Ordensbrüdern sagt nämlich auch, dass er früher durchaus sehr streng, kategorisch und wenig liebenswürdig sein konnte. Mit Altersmilde allein kann man seine heutige Liebenswürdigkeit jedenfalls nicht erklären. José Maria Poirier von der katholischen Zeitschrift *Criterio* z.B. urteilte, dass Bergoglio früher „immer ein Mann des Bruchs war ... Es ist sehr schwer, ihn zu definieren ... sowohl innerhalb der jesuitischen Gemeinschaft wie innerhalb der Kirche Argentiniens wird er entweder sehr geliebt oder sehr gehasst. Dazwischen gibt es nichts".[97]

Josef Sayer, ehemaliger Leiter des bischöflichen Hilfswerks *Misereor* in Südamerika, nimmt den Papst in Schutz, bestätigt damit aber auch meine Behauptung. Bergoglio habe „in den 1970ern auf viele Mitbrüder im Jesuitenorden autoritär gewirkt", aber „einige Jahrzehnte später" habe er diese Strenge bei ihm nicht mehr empfunden.[98] Die Theologin Martha Zechmeister, früher Gastprofessorin in El Salvador, erlebte den Papst als eine „komplexe und ambivalente Persönlichkeit", mit einem „sehr konservativen theologischen Hintergrund und einem eher autoritären Selbstverständnis".[99] Einer seiner kirchentreuen Biografen, Stefan von Kempis, mokiert sich: Warum soll Bergoglio kein „autoritäres Selbstverständnis" gehabt haben? „Der Mann war nicht umsonst wegen der straffen Strukturen in den Jesuitenorden eingetreten: Er praktizierte als Provinzial ... im Auftreten die klare Ansage und das Durchregieren, damit machte er sich innerhalb der argentinischen Ordensprovinz auch Gegner ... Er habe, behaupten einige (Jesuiten), eine gespaltene Ordensprovinz hinterlassen".[100]

Kempis erinnert auch nochmals an die Ursache, derentwegen Bergoglio überhaupt Jesuit wurde: Er sei in diesen Orden eingetreten, weil er gerade dessen Autoritarismus liebte, „weil man in der Gesellschaft Jesu eine militärische Sprache benutzte, weil ein Klima des Gehorsams und der Disziplin herrschte" und weil „es die ‚missionarische Sendung' des Ordens war, die Bergoglio faszinierte".

Die frühere „Liebenswürdigkeit" Bergoglios konnte sogar so weit gehen, dass er keine Hemmungen hatte, praktisch alle seine jesuitischen Mitbrüder vor den Kopf zu stoßen, wenn ihm das für seine Zwecke und das Wohl der Kirche opportun erschien (wobei ihm diese beiden Dinge subjektiv stets so erscheinen, als ob es zwischen ihnen keinen Gegensatz geben könnte). Besonders und vor all seinen anderen seine Mitbrüder befremdenden Entscheidungen und Handlungen trifft dies auf seinen Entschluss zu, Papst zu werden. Die meisten Confratres aus seinem Orden waren wie vom Schlag getroffen, als sie davon erfuhren. Noch nie hatte ein Jesuit den Papstthron bestiegen. Er hatte es nicht nur nie, sondern sollte es auch nicht! „Jesuiten sollen umfassend gebildet sein, aber keine wichtigen Ämter anstreben". Sie sollen sich als „Diener verstehen – Diener des Papstes vor allem, dem sie besonderen Gehorsam versprechen"[101]. Logische Konsequenz: Viele Ordensbrüder sind verwirrt, weil einer ihrer wichtigsten Grundsätze über den Haufen geworfen wurde, und zwar durch einen Jesuiten, der als solcher an sich nie Papst werden durfte und es sich trotzdem kühn oder frech, jedenfalls nicht sehr bescheiden, herausnahm, die Papstwürde anzunehmen. Der italienische Jesuitenpater Antonio Spadaro von der Zeitung Civilta Cattolica beschreibt die Stimmung im Orden nach der Thronbesteigung durch Bergoglio als „eine für uns ganz neue, zunächst erschreckende Situation". Eisiges

Schweigen, keinerlei Jubelstimmung auch rund um das Generalat der Jesuiten in Rom. Es „standen da keineswegs die Tore offen und war auch kein Korkenknallen zu hören, sondern die Fassade wirkte abweisender denn je".[102]

Also, diesem überall wegen seiner Bescheidenheit und Liebenswürdigkeit gerühmten Papst kann man unmöglich eines absprechen: einen enormen Ehrgeiz und den kalt durchgesetzten Geltungsanspruch, der Richtige und Wichtigste in der jetzigen Misere der Kirche für diese zu sein.

Wie megasympathisch und herzergreifend liebevoll dieser Kirchenmann auch den Menschenmassen vorkommen mag, da ist keineswegs alles an ihm so spontan, natürlich und nicht im Voraus berechnet, wie es scheint, sondern da stecken System, Strategie, Intention und Mission dahinter!

Wenn doch die Masse der Gläubigen nur wüsste, was ihr blüht, nachdem sie den Papst als charismatischen Heilsbringer voll akzeptiert hat! Sie muss nämlich dann doch, sozusagen in einem zweiten Schritt, seine Heilslehre übernehmen – und die ist gar nicht liebenswert, sondern unmenschlich und grausam. Zwar: „Ostern errettet uns aus dem Chaos", so der Papst. Aber zu welchem Preis: Indem „das Fleisch des Lammes geschlachtet wurde"! Das Lamm ist nach Bergoglio Jesus Christus. Und der *musste* (welch „wunderbares" Gottesbild!) sterben, weil sein göttlicher Vater es so wollte. Da kommt wieder die verquere theologische Dialektik zum Vorschein: „Der Tod Jesu ist (zwar) das Werk der Menschen, aber dem Ratschlag Gottes entsprechend ist dieses Werk der Menschen >Werk< Gottes". Gott ist das eigentliche „Subjekt der Auslieferung" Jesu an die bösen Menschen, indem er „seinen eigenen Sohn nicht verschone, sondern ihn für uns hingab".[103]

Ohne Blutvergießen macht es der Gott Bergoglios nicht! Da muss schon das kostbare Blut des eigenen Sohnes vergossen werden, wenn die „abgrundtief böse" Menschheit von Gott Vater begnadigt und erlöst werden soll. Dem so „gütigen" Papst kommt nicht mal der Gedanke, dass es dieser himmlische Vater doch auch ein wenig preiswerter hätte machen können, zum Beispiel, indem er den Menschen einfach verziehen hätte. Nichts scheint auch der „Theologe" Bergoglio, immerhin als Papst Chef aller katholischen Theologen, davon zu wissen, dass wenigstens einige Theologen, vornehmlich in Westeuropa, eifrig bemüht sind, den Makel des blutrünstigen Gottes zu beseitigen, indem sie den Tod Jesu nicht als Sühnetod hinstellen, der angeblich nötig gewesen sei, um den verschnupften Vatergott zu besänftigen. Jesus habe den Kreuzestod keineswegs deshalb auf sich genommen, weil er die Menschheit erlösen wollte.

Für den vernünftig Denkenden ist schon der Gedanke abstrus, wie ein einzelner Mensch die Sünden aller Menschen, aller Zeiten und Zonen auf sich hätte nehmen können. Da hätte der Gottessohn doch noch erheblich mehr als den Tod am Kreuz erleiden müssen, den übrigens auch viele andere ertragen mussten.

Zur „Ehrenrettung" Bergoglios sei gesagt: Die wenigen vorpreschenden Theologen mit ihrer Leugnung des Sühnetods Jesu für unsere Sünden sind im Grunde Häretiker. Die Amtskirche erhält eisern das Dogma aufrecht, dass er für die Sünden der Menschheit sterben musste. Was wäre das doch für eine *Revolution* in theologicis und dogmaticis, wenn Papst Franziskus das Gottesbild des Christentums säuberte, alle grausamen Aspekte im Gott des Alten und Neuen Testaments und in der amtskirchlichen Dogmatik hinauswürfe?! Er wird es nicht tun. Er kommt ja – das beweisen alle seine

Schriften – nicht mal zur Einsicht, dass etwas faul sein muss in seiner Kirche mit einem so grausamen Gott, der selbst den Tod seines Sohnes verlangt, wenn er beleidigt wird.

Aber, völlig hypothetisch und spekulativ einmal angenommen, dem jetzigen Papst käme diese Erleuchtung. Was täte er? Er beriefe eine Kommission prominenter Theologen ein, die dann jahrelang überlegen würden, wie man die Härten des katholischen Gottesbildes einigermaßen glätten könnte, ohne dieses Dogma des Sühnetods Jesu auf Befehl des Vatergottes wesentlich korrigieren zu müssen. Schlitzohr Bergoglio weiß immer einen Ausweg!

Leider steht der Protestantismus in diesem Punkt auch nicht besser, eher noch schlechter da. Reformator Luther hat die grausamen Züge im katholischen Gottesbild in seiner eigenen Gotteslehre bis zur psychopathischen Maßlosigkeit gesteigert[104], aber kein evangelischer Theologe – da braucht man kein Prophet zu sein – wird in den verbleibenden Jahren bis zur Fünfhundertjahresfeier des legendären Thesenanschlags an der Wittenberger Schlosskirche diese Maßlosigkeit zur Sprache bringen.

Zurück zum Papst. Er sagt, wie wir sehen, dass „Ostern uns aus dem Chaos errettet" habe. Einen Beweis dafür bringt er wieder nicht. Er, der so oft vom Elend einer durch kapitalistische Ausbeutungsmechanismen sich selbst zerstörenden Welt spricht, sieht keinen Widerspruch darin, trotzdem von der durch Ostern erlösten Menschheit zu sprechen. Man erinnert sich da an Nietzsches Ausspruch: „Erlöster müssten sie mir aussehen, diese Erlösten!"

Da werkeln die Theologen, spätestens seit Reimarus und David Friedrich Strauß, an der Mythe der Auferstehung Jesu von den Toten unentwegt herum, versuchen eine waghalsige Interpretation nach der anderen, um diesem Dogma doch noch einen halbwegs rational klingenden Sinn zu geben, während der Papst nichts darüber zu wissen scheint, vielmehr schneidig-fundamentalistisch alles wortwörtlich ernst nimmt, was naive Gemüter in der frühchristlichen Kirche ausdachten und ausmalten, um die leibliche Auferstehung Jesu den Gläubigen plausibel zu machen. „In den Mysterien der Auferstehung Jesu", so der Papst, „zeigt der bereits zum Herrn Erhobene seinen Leib, lässt seine Wunden berühren ... sein Fleisch ... Dieser Leib, diese Wunden, dieses Fleisch sind Fürsprache ... Wir begegnen dem Vater in den Wunden Jesu. Er ist lebendig, auf diese Weise, in seinem verherrlichten Fleisch, und er lebt unter uns". Man soll – was für ein makabrer Ausdruck – „an seinem Fleisch teilhaben, in Geduld mit ihm sich hineinbegeben in sein Leiden, um auch an seiner Verherrlichung teilzuhaben".[105]

Wie ängstlich um ihre „reine Lehre" besorgt muss eine Kirche sein, die einen von jeglichem Fortschritt in der Theologie unbeleckten Priester aus einem theologisch rückständigen Land herholt, um ihn zum Papst zu machen und mit seiner Hilfe einen Wall gegen die „bösen" modernistischen und postmodernen Theologen zu errichten?

Während vor allem westeuropäische Theologen die Auferstehung Jesu immer öfter spiritualisieren, zu einer rein geistigen, wenn nicht gar metaphorischen und allegorischen Angelegenheit zu machen bemüht sind, während ein führender Theologe des 20. Jahrhunderts wie Karl Rahner, Ordensbruder Bergoglios, sogar den dialektischen Salto mit der Behauptung vollbrachte, Jesus müsse auch dann als von den Toten auferstanden gelten, wenn man durch einen irren Zufall seinen Leichnam in irgendeinem Grab fände, besteht der Papst ganz materialistisch darauf, dass Jesus »fleischlich«,

„in seinem Fleisch" auferstanden sei. Im Gegensatz selbst zu den konservativsten Theologen, die die *leibliche* Auferstehung Jesu verteidigen, spricht der Papst sehr viel derber und massiver ständig von *fleischlicher* Auferstehung, um dieser auf diese Weise einen noch höheren realistischen, ja geradezu materialistischen Beweiswert zu verschaffen.

„Der Herr ist nicht nur Geist", schleudert Bergoglio alias Franziskus I. den das Auferstehungsdogma verwässern wollenden Theologen entgegen, „fasst mich an und begreift", betont er im Anschluss an LK 24, 39 in Bezug auf den vermeintlich auferstandenen Jesus, „ein Geist hat weder Fleisch noch Knochen wie ich sie habe". Das „Wort, das Fleisch geworden ist ... wird uns nicht nach den Geboten einer abstrakten oder bloß spirituellen Ethik beurteilen", sondern danach, ob wir ihm und „allem Fleisch nahe" waren, um in ihm „das Wort Gottes zu erkennen".[106] Nun, diesbezüglich braucht Bergoglio keine Angst vor dem letzten Gericht zu haben: Er fasst bei seinen öffentlichen Auftritten doch alle an, die ihm zu nahe kommen.

Der Papst spricht derart oft vom »Fleisch«, wo andere von Leib oder Körper sprechen, dass man sich fast zu der Vermutung gezwungen sieht, er müsse von Haus aus ein sehr sinnlich-fleischlicher Mensch gewesen sein, der heute nur durch äußerste ignatianisch-jesuitische Askese und Strenge die Souveränität seines Geistes über seinen Leib zu bewahren vermag. Die Spuren seines Kampfes mit den Trieben und Genüssen des Körpers begegnen uns allenthalben in seinen auffällig häufigen „Fleisch-Aussprüchen".

„Entzieh dich nicht deinem eigenen Fleisch", mahnt Bergoglio im Untertitel eines Kapitels im Anschluss an den Propheten Isaias. Wer hierin aber einen fröhlichen Aufruf und

Aufbruch zu lustbetonter Körperlichkeit vermuten sollte, wird sofort widerlegt. Nein, „das Wort, das Fleisch geworden ist, erlöst das Fleisch der Sünde durch sein Leiden, das heißt, indem es den Schmerz allen Fleisches auf sich nimmt. Jesus nähert sich allem leidenden Fleisch, bezahlt die Schuld mit seinem eigenen Fleisch". Eine »fleischliche Leidenstheologie« gewaltigen Ausmaßes breitet Bergogolio-Franziskus I. vor unseren misstrauisch werdenden Augen hier aus. Denn „die Begrenzungen unseres Fleisches sind der Ursprung aller Konflikte", betont er, und der „Weg des Gehorsams", der allein zur Erlösung führt, ist „die Unterwerfung unseres Fleisches". Es „wird vom Fleisch verlangt, dass es sich entäußere, dass es die Läuterung durch die Geringschätzung, die Pilgerschaft, die Verachtung, die Demütigung durchmacht. Es ist die Linie des Gehorsams, die ihren Ausgang nimmt beim Wort *Im Schweiß deines Angesichts wirst du dein Brot essen* aus dem ersten Dialog mit Gott (Gen 3,19). Und hier geht dem Brot, das man erwirbt, der Schweiß des Gehorsams, der Demütigung und Entäußerung voraus". Ob es dem Papst trotz aller anders klingenden Behauptungen wirklich so daran liegt, die Armut der Armen zu beseitigen, lässt sich nach solchen Worten bezweifeln. Er verlangt ja, dass wir „den Reichtum, der der Armut eigen ist, höher schätzen als die Verelendung, die allen weltlichen Reichtum erst hervorbringt".[107]

Wie viele Christen von heute, die sich, um im theologischen Jargon zu bleiben, längst mit dieser Welt konform gemacht haben, würden wohl den harten Forderungen von Bergoglios Leidenstheologie Folge leisten? Doch nur sehr wenige! Es grenzt an Scharlatanerie, wenn er diese strengen Forderungen nur in seinen Büchern ausspricht, die nur wenige lesen, während er bei allen öffentlichen Auftritten sich den Massen lediglich als die alles verstehende, alles vergebende, alles verzeihende, alles entschuldigende bedingungslose Güte in Person zeigt. Hauptsache, sie lassen sich vom „Rattenfänger von Hameln" ins Innere der von ehernen Mauern umgebenen Mutter Kirche hineinlocken. Die richtige Formung und Dressur, die strenge Rechtgläubigkeit wird ihnen dann schon der gewiefte Jesuit auf dem Papstthron beibringen! Auch diese Formung und Dressur geht nach Bergoglio nicht ohne Strenge, Schmerzen und Opfer für das „Fleisch" vor sich. Aber der Papst stellt ja auch ein Heil- und Hilfsmittel zur Verfügung: das Gebet. Wir müssen, so der Papst, „uns in unserem Fleisch auf den Weg des Gebetes begeben", „unser Fleisch der Gegenwart Gottes anheimstellen", „das göttliche Wort in allem leidenden Fleisch erkennen", damit wir auch beim letzten Gericht vom fleischgewordenen Christus erkannt und akzeptiert werden.[108]

In all seinen Ausführungen über die heilsnotwendigen Leiden des Fleisches lässt Bergoglio die allergrößten Leiden des Fleisches, nämlich die der Tiere, völlig außerhalb seines Denkhorizonts.[109] Für ihn zählt nur die „Krone der Schöpfung", der Mensch! Seine Asketik ist die Asketik des am Ausgang des Mittelalters stehenden Ignatius von Loyola, des düsteren, fanatischen Ritters für die Universalrechte der Kirche. Hier fragt man sich im Ernst, ob der Papst im geheimsten Winkel seines Herzens nicht doch am intensivsten die Rückkehr der Menschheit ins finstere Mittelalter herbeisehnt.

Die häufige Verwendung des Terminus »Fleisch« in seinen Publikationen soll möglicherweise sogar verdecken, dass der Papst jeden Christen zum »Asketen des Lebens« heranzüchten möchte, zu einem Asketen, der alle vitalen Triebe abtötet, allen Genüssen entsagt. Der jesuitische Ordensmann nach dem Ideal des Ignatius von Loyola und seiner strengen Exerzitien als nachzuahmendes Modell und Muster für jeden Christen!

Wenn der Christ nach der Meinung des Papstes ständig gegen die Versuchungen des Fleisches ankämpfen soll, dann kann bei einem fundamentalistischen Theologen, wie es Bergoglio ohne allen Zweifel ist, der *Satan* natürlich nicht fehlen, der ja nach amtskirchlicher Lehre letztlich der eigentliche Verursacher der Versuchungen ist. (Im Hauptgebet des Christentums allerdings, dem »Vater Unser«, wird Gott Vater selbst gebeten, uns nicht in Versuchung zu führen, erscheint er also als letzter Urheber aller Versuchungen. Das steht zwar im Widerspruch zur dogmatischen Satanologie der Kirche, ist aber letztlich logisch: Wenn Gott nach kirchlicher Lehre der Schöpfer von allem ist, ist er auch erstursächlich für alles verantwortlich, somit auch für die Erschaffung des Satans und all seiner Werke).

Zwar hat selbst ein konservativer Theologe wie Ratzinger einige Male in Vorlesungen und Reden laut darüber nachgedacht, ob der Teufel ein personales Wesen oder nur der mythische und mystifizierte Begriff des radikal Bösen sei, aber das kann des Bergoglio-Papstes Grundüberzeugung nicht erschüttern, wonach der Teufel ganz selbstverständlich eine *Person*, eine existierende und agierende, wiewohl negative personale Macht ist. Selbst Jesus sei vom Teufel versucht worden. Schon wieder ist es nach dem Papst Jesu Fleisch, das vom Teufel versucht wird: „Sein Fleisch ist es, das den Satan auf den Plan ruft ... Wie ein neuer Herodes spielt er seine letzte Karte aus, indem er ›tötet‹. Auf diese Weise glaubt er zu siegen und verleibt sich das Fleisch ein, das für ihn nicht Fleisch ist, sondern ein Köder, der Angelhaken, in dem sich das Gift verbirgt, das ihn endgültig tötet: die Gottheit".[110]

(Schon makaber, wie der Papst in dieser konfusen Aussage das Gift des Angelhakens mit Gott identifiziert).

Der Teufel hat dem Papst zufolge natürlich etwas dagegen, dass wir perfekte Asketen werden. „Götzendienst, Fleischtöpfe, Murren – all das bedeutet ein *Nein* zur Liebe und Hoffnung und eine Weigerung, sich von Jahwe führen zu lassen. Die Welt ist der Schauplatz der Versuchung". Letztlich ziele jede Versuchung durch Satan darauf ab, uns untreu gegenüber Gott werden zu lassen. „Die Versuchung hat ihren Raum im Spannungsfeld zwischen Treue und Untreue. Gott, unser Herr, will eine Treue, die sich in jeder Prüfung erneuert. Doch ebendort kommt auch der Teufel ins Spiel, der Verführer. Satan bezweckt die Untreue der Liebe" zu Gott.[111]

Beim Thema Gott hört die Toleranz des Bergoglio-Papstes auf. Der Gott, dem der Mensch trotz aller Versuchungen treu zu sein hat, ist kein hebräischer, kein islamischer Gott, überhaupt kein Gott aus dem weiten Raum der Religionen. Nein, es muss der Gott Jesu Christi sein: „Es gibt keine Gemeinschaft mit Gott ohne Bekehrung des Herzens. Es gibt keine Bekehrung des Herzens außerhalb von Jesus Christus". Die Verhärtung, die Folge der Sünde ist, „äußert sich darin, dass man die Liebe, das fleischgewordene Gotteswort (das uns von Demut spricht, von Entäußerung und Kreuz) und jede Einsamkeit, die aus dem Herzen des Herrn kommt, instinktiv zurückweist". Jesus werde „die Bösartigkeit der dem Teufel unterworfenen Welt offenbar" machen.[112] Das ist ein derart christozentrisch und satanozentrisch verengtes Weltbild, das uns der Dogmatiker Bergoglio-Franziskus I. hier vorzeichnet, dass einen das Grauen über so viel Einseitigkeit und Engstirnigkeit erfassen muss.

Wenn der Teufel nach Bergoglio, aber auch gemäß zahlreichen offiziellen Erklärungen der meisten Päpste eine so mächtige, wiewohl negativ wirkende Person ist, dann liegt der Schluss nahe, dass er auch von Menschen Besitz ergreifen, sie besessen machen kann. Einer, der diese Konsequenz besonders wörtlich nahm, war der afrikanische Priester Emmanuel Milingo. Der wurde 1969 zum jüngsten Bischof unter den katholischen Würdenträgern Afrikas ernannt und sah als eine der vornehmsten Aufgaben seines Amtes den Exorzismus, die Austreibung Satans aus den von diesem vermeintlich besessenen gläubigen Untertanen an.

An sich war er damit durchaus kirchenkonform, der Vatikan legt bis zum heutigen Tag stets Wert darauf, das Amt eines Chefexorzisten innerhalb seiner Mauern zu beherbergen, und in den meisten Diözesen der Weltkirche ist mindestens ein Priester damit beauftragt, sich von Amts wegen jener Gläubigen anzunehmen, die im Verdacht stehen, vom Teufel besessen zu sein. Obwohl der Fall Milingo, wie wir noch sehen werden, derart negatives Aufsehen erregte und dem Ansehen der Kirchenleitung schweren Schaden zufügte, hat auch Papst Franziskus bis heute nichts gegen den geradezu vorsintflutlichen Ritus des Exorzismus unternommen. Er täte sich auch schwer, ihn offiziell zu verbieten, wenn man seine häufig wiederholten Aussagen zur Existenz und Präsenz des Teufels in der Welt bedenkt, deren logische und praktische Konsequenz dann eben doch der Exorzismus ist.

In gewisser Weise aber brachte ausgerechnet der eifrigste Teufelsaustreiber, nämlich Bischof Milingo, den absurden, blamablen und skandalösen Charakter der Teufelsaustreibung am eklatantesten vor die Augen der Weltöffentlichkeit. Zunächst freilich rieben sich die Herren im Vatikan höchst erfreut die Hände. Bischof Milingo erschien ihnen als stärkster

Schutzwall gegen das Vordringen des Islam in Afrika. In seinen Gottesdiensten versammelte er Zehntausende von Gläubigen, die vor allem deshalb zu ihm strömten, weil er dabei auch jedesmal Teufelsaustreibungen veranstaltete. Der Dämonenglaube war ja im vorchristlichen Afrika stark verbreitet und daran konnten Milingo und eine ganze Phalanx von afrikanischen Bischöfen und Priestern bei ihren exorzistischen Zeremonien leicht anknüpfen.

Selbst der damals regierende Wojtyla-Papst war begeistert. Er schien nicht einmal zu bemerken, welches Eigentor er da schoss, als er von den „großen Religionen des Fernen Ostens", dem Taoismus, Konfuzianismus, Buddhismus und Hinduismus sagte, sie stünden als „Kultsystme und zugleich ethische Systeme" dem Christentum nicht so nahe wie „die primitiven, ›animistischen‹ Religionen … Es verwundert daher nicht, dass die afrikanischen und asiatischen Animisten relativ leicht zu Bekennern Christi werden, leichter als die Vertreter der großen Religionen des Fernen Ostens".[113] Wie gesagt, der Papst gab da eine Bankrotterklärung für das katholische Christentum ab, indem er sich von den großen, teilweise auch philosophisch anspruchsvollen Religionen Ostasiens distanzierte und stattdessen seine Nähe zu den primitiv-abergläubischen Kulten derart betonte.

Der populärste Exorzist Afrikas, Bischof Milingo, übertrieb es aber immer mehr mit seinen Austreibungen von Dämonen. Angesichts der ausufernden Zahl von Gläubigen, die von Milingo den Teufel ausgetrieben bekommen wollten, praktizierte er den Exorzismus sogar per Telefon und gab ihn damit der Lächerlichkeit preis. Hinzu kam, dass der inzwischen zum Erzbischof Avancierte gar nicht einsah, warum er das Zölibatsgesetz einhalten und dessen Übertretung verbergen sollte. In seiner römischen, vom Vatikan zur Verfügung gestellten Wohnung tummelten sich überdies Nonnen und Mönche in trauter, freudig beschwingter Promiskuität.

Damit hatte der vorher von Johannes Paul II. sogar zum Mitglied des Päpstlichen Rates der Seelsorge für Migranten ernannte Erzbischof Milingo den Vatikan vollends der Lächerlichkeit preisgegeben. So empfand der das jedenfalls, während sich Milingo weiterhin großer Popularität, besonders bei den Afrikanern, erfreute und wegen der zahlreichen Beanstandungen durch die Kurie sogar damit zu drohen wagte, eine eigene Kirche zu gründen und sie von der katholischen abzuspalten, was er später auch tatsächlich realisierte. Ermahnungen der obersten Kirchenleitung ließen ihn kalt, Vermittlungsversuche und auch eine Art von Hausarrest im Vatikan nützten nichts. Erzbischof Milingo provozierte Papst und Kirche, indem er die Koreanerin Maria Sung im Rahmen einer pompösen Show der Mun-Sekte in New York heiratete und noch mehr dadurch, dass er verheiratete Priester zu Bischöfen weihte. Die Kirche reagierte entschlossen, vor allem aus Angst, in Afrika könnte eine Milingo-Kirche als gefährliche Konkurrenz zur römisch-katholischen entstehen, indem sie Milingo suspendierte und in den Laienstand zurückversetzte.

An sich brauchten Suspension und Laienstatus Milingo nicht groß zu beeindrucken. Da er gemäß eigener amtlicher Sicht der Kirche kraft göttlichen, nicht kirchlichen Rechts zum Bischof geweiht wurde, bleiben die von ihm getätigten Weihen von Priestern und Bischöfen gültig, wenn auch (von der Kirche) verboten (valide, sed illicite). Die Herren der Kirche hatten wieder mal Glück: der große Ausbruch von Milingo-Fans aus der Kirche fand nicht statt. Die Chose Milingo endete ziemlich kläglich und unspektakulär.

Trotz des seinerzeit hohe Wellen schlagenden Skandals um die exorzistischen Praktiken von Erzbischof Milingo hat der Vatikan nichts aus der Affäre gelernt. In Rom wie der übrigen katholischen Welt geht das Exorzieren des Satans und seiner Gesellen munter weiter, und auch Papst Franziskus wird diesen alten Zopf der Teufelsaustreibung nicht abschneiden, weil diese einfach die folgerichtige und damit vermeintlich notwendige praktische Konsequenz seiner eigenen Lehre vom Walten einer bösen Überpersönlichkeit in der Welt ist.

Wer so denkt wie der Papst, der muss letztlich auch für die Teufelsaustreibung sein. Sagt er doch von ihm: „Der Feind ist schlau. Er kennt unsere wunden Punkte. Der hl. Ignatius beschreibt ihn wie einen >Anführer, der das, was er haben will, besiegt und ausplündert...<"[114] An anderer Stelle: Der Mensch hat es mit „einer schlauen Belagerungstechnik" zu tun, „denn der, von dem sie stammt, ist sehr schlau. Bei dieser Belagerung geht es um Leben und Tod".[115] Ja, wenn das so schlimm ist, dann doch lieber den Teufel um jeden Preis radikal austreiben, auch wenn dabei die „Besessene" selbst zugrunde geht, wie das im berüchtigsten Fall der letzten Jahrzehnte in Deutschland mit der von drei Priestern zu Tode exorzierten Studentin aus Klingberg bei Würzburg tatsächlich geschehen ist.

Nach Papst Franziskus gab es nur einen, der allen Versuchungen durch den Teufel immer und überall widerstand: Jesus Christus. Klar doch: Er ist ja nach dem Bergoglio-Papst, wie wir das von ihm bereits hörten, die „Offenbarung des Vaters", „der Offenbarer des Gottgeheimnisses". Wenn wir auf Jesus blicken, sehen wir „Gottes menschgewordene Weisheit" vor uns. Jesus Christus ist „Gottes Weisheit, ihr Dreh- und Angelpunkt". Eine „Quelle" wahren Wissens und wahrer Tugend, die nie versiegt, ist „die Fleisch gewordene,

Mensch gewordene, Geschichte gewordene göttliche Weisheit". Von dorther sollen wir „Erleuchtung, Inspiration und Kraft ... schöpfen". In Jesus Christus stecke „ein Prinzip und eine Fülle der Weisheit ... die von Anfang an für alle Männer und Frauen aller Zeiten bestimmt gewesen ist ... (und) selbst die größten Sehnsüchte zu stillen vermag": Diese höchste und umfassendste Weisheit und Vorbildlichkeit Jesu seien noch durch die „Objektivität der Auferstehung" bestätigt worden. Er stelle „nicht bloß eine unter vielen politischen, sozialen oder kulturellen Alternativen" dar, vielmehr sei sein einzigartiges Vorbild, seine unübertroffene Vollkommenheit die einzige Chance für das Überleben der Menschheit und die Regeneration der menschlichen Kultur. „Alles, was wir über Gott sagen können, war und ist auf menschliche Weise existent: in Jesus von Nazareth. Dieser unendlich barmherzige und gütige Vater ist keine unerreichbare Gestalt: Er hat in den Worten und Taten des Meisters gewirkt. Deshalb ist die *christliche Weisheit auch die Weisheit über den Menschen*". Die Weisheit Jesu sei so universal und umfassend, weil sie alle Aspekte der Weisheit verkörpere: die „intellektuelle, affektive und praktische Weisheit". Kirche und kirchliche Pädagogik können „auf jeder dieser drei Ebenen das Vorbild Jesu in die Waagschale werfen". Wir müssen „das Gebäude unserer Identität als Christen und Lehrer und unser pädagogisches Handeln auf dem Fels der menschgewordenen Weisheit errichten": Die christliche Weisheit über Jesus sei „ein unerschöpfliches Potenzial der Vermenschlichung, der Steigerung des Menschseins und des Aufbaus einer neuen Gesellschaft".[116]

Es wurde in diesem eben beendeten Absatz der Papst so ausgiebig zitiert, um den eklatanten Unterschied, ja die riesige Kluft zwischen seiner Jesuspropaganda und dem aufzuzeigen, was man historisch und wissenschaftstheologisch begründeterweise von dem so hoch Gepriesenen sagen kann. Bergoglio/Franziskus ist selbstverständlich nicht der erste Propagandist Jesu, aber ihm gebührt das zweifelhafte Verdienst, die 2000 Jahre lange Betrugsgeschichte über diesen Menschen ohne Rücksicht auf jegliche Kritik weiterhin am Leben zu erhalten.

Der fromme Betrug beginnt bereits bei den vier Evangelisten und dem Briefeschreiber Paulus, also den allerersten, die uns ein Bild von Jesus überliefern. Sie bemühen sich zwar schon redlich, Jesus zu erhöhen, zu idealisieren, aber so raffiniert wie die späteren Theologen waren sie noch nicht, so dass wir aus den ersten Zeugnissen des Christentums immerhin noch einen Menschen mit Widersprüchen und Unvollkommenheiten herauszulesen vermögen, während die Späteren jeden kleinsten Fleck auf Jesu weißem Gewand radikal auslöschten. „Da bei der Abfassung der ältesten Urkunden über Existenz und Lehre des besagten Christos, in den Paulus-Briefen, in den Evangelien des *Neuen Testaments* und in der Apostelgeschichte, bereits ein Interesse an heiliger Täuschung und frommer Stilisierung die Feder führte, wird es für alle Zeit unmöglich sein, sich vom >Original< der jesuanischen Erscheinung ein realistisches Bild zu machen – ungeachtet der Tatsache, dass der Fachbereich der >Neutestamentler> bis heute seine Daseinsberechtigung auf die Überwindung des philologisch Unmöglichen gründen möchte, um von den jüngsten Wanderungen des Theologen-Papstes Benedikt durch das Reich des reinen Ungefähr in drei Bänden nicht zu reden".[117]

Aber während wir es in Ratzingers drei Jesus-Bänden mit einer sprachlich eleganten, literarisch anspruchsvollen, wenigstens von Zeit zu Zeit sich auch mit den „Niedrigkeiten" der Exegese und Detailanalyse auseinandersetzenden Arbeit zu tun haben, stülpt Bergoglio/Franziskus die Dogmatik, die dogmatische Christologie, die er in den Jesuitenschulen gelernt hat, den Aussagen der Evangelien über Jesus in simpelster Weise einfach über und verfälscht sie damit bis zur Unkenntlichkeit. Allerdings: Die seit zwei Jahrtausenden betriebene Verfälschung Jesu, seine Umgestaltung zum kirchlichen Christus mit allen Hoheitsattributen eines Gottes setzen die beiden Päpste gleichermaßen fort, wiewohl mit unterschiedlichen Begabungen, Mitteln und Akzenten.

Aber es geht jetzt und hier konkret nur um die Verfälschung Jesu durch Papst Franziskus. Zwar hat er etliche seiner Bücher noch vor der Besteigung des Papstthrones geschrieben, aber er beruft sich auch als Papst auf sie und hat ihre Übersetzungen in verschiedene Sprachen noch nach Antritt des höchsten Amtes in der Kirche gebilligt. Ohne jegliche Textanalyse, geschweige denn Textkritik, zitiert Bergoglio/Franziskus Stellen aus dem Neuen Testament so, als ob das unumstößliche, ewige Wahrheiten sind.

Nicht einmal erwähnt er, dass die vier von der Kirche als kanonisch anerkannten Evangelien keine historisch exakte Beschreibung Jesu sein können, weil sie erst mehrere Jahrzehnte nach dessen Tod entstanden und auch untereinander nicht widerspruchsfrei sind.

Wenn er schon keine minimalsten wissenschaftlichen Kriterien entsprechende Textexegese betreibt, könnte er doch wenigstens so ehrlich sein und auf die Stellen in den Evangelien verweisen, die dem von ihm gezeichneten Bild der totalen Vollkommenheit Jesu widersprechen. Denn der Jesus der ersten drei sog. synoptischen Evangelien weiß nichts von seiner absoluten sittlichen Vollkommenheit, die ihm doch die Kirche offiziell-dogmatisch und auch der jetzige Papst attestieren. Er weiß nichts von seiner totalen Sündenlosigkeit. Vielmehr lässt er sich im Jordan von Johannes dem Täufer wie alle anderen Sünder und Buße Tuenden taufen (Mk 1,1-9). Er herrscht den Mann, der vor ihm auf die Knie fällt und ihn mit „Guter Meister" anredet, schroff an: „Warum nennst du mich gut? Niemand ist gut außer Gott, dem Einen" (Mk 10,17f).

Gar nicht dem Bild eines großen Humanisten entspricht Jesus, wenn er brutal und rücksichtslos die Städte verflucht, die ihn nicht willkommen heißen, obwohl sie im Grunde nichts Böses getan haben. Sie hatten sich lediglich „erfrecht", ihn, den Gesandten Gottes, nicht aufzunehmen. „Amen, das sage ich euch: Dem Gebiet von Sodom und Gomorra wird es am Tag des Gerichts nicht so schlimm ergehen wie dieser Stadt" (Mt 10,15; 11,24). „Und du, Kafarnaum, meinst du etwa, du wirst bis zum Himmel erhoben? Nein, in die Unterwelt wirst du hinabgeworfen" (Matth 11,23; ähnlich Lk 10,15). Gehässig, aber feierlich deklariert der Gottgesandte: „Selbst den Staub eurer Stadt, der an unseren Füßen klebt, lassen wir euch zurück" (Lk 10,11).

Es ist nun einmal so, dass der Jesus, wie ihn die Evangelien zeichnen, aus Licht und Schatten, aus positiven und negativen Eigenschaften besteht, wie das für jeden Menschen, auch für andere Religionsstifter wie Moses, Buddha, Mohammed usw. gilt, weswegen sich eine pyramidenförmige Hierarchisierung der vollkommensten Exemplare der Spezies Mensch absolut verbietet.[118] Das vollkommenste, alle anderen Menschen ohne jeden möglichen Zweifel überragende menschliche oder gottmenschliche Individuum gibt es nicht und wird es nie geben! Aber natürlich hat fast jede Religion den Versuch unternommen, sich eine makellose Kultfigur zu schaffen und sie an den „wunderbaren gottgefügten" Anfang und Ursprung ihres Daseins zu setzen. Doch wird jedes gründlichere Studium der Vergangenheit immer wieder zeigen können, dass kein Anfang einer geschichtlichen Entwicklung so wunderbar und perfekt war, wie das die Späteren hinzustellen bemüht waren.[119] Kein Beginn innerhalb der verschiedenartigen Aufbrüche in der Menschheitsgeschichte war über jeden Zweifel erhaben. Ohne diesen Zweifel gäbe es gar keine Aufklärung. Man muss ihn geradezu zum heuristischen Prinzip bei der Erforschung jedes Neubeginns erheben! Das sollte sich auch Papst Franziskus zu Herzen nehmen und keinen Göttlich-Vollkommenen an den Anfang seiner Christentumsideologie setzen.

„So deutlich wie bei keiner anderen Religion hat die wissenschaftliche Erforschung der Anfänge des Christentums und des Lebens Jesu beispielhaft gezeigt, wie das geht, wenn sich Menschen einen Gott erschaffen. Wie ein einzelner Mensch, ein religiöser Enthusiast oder Extremist eine Anhängerschar sammelt und diese durch entscheidende Propagandisten und natürlich eine Fülle von geschichtlichen Zufälligkeiten sich selbst dem Vergessen entreißt und dauerhaft wird. Wie die entscheidenden Inhalte des neuen Glaubens aber nicht von seinem vermeintlichen Gründer gewonnen werden, sondern sich in den ersten Generationen autonom und vielfach auch im Widerspruch zu ihm bilden. Wie das Karussell der religiösen Verehrung sich immer schneller dreht, die religiöse Phantasie immer Größeres fordert und die Dogmatik der Kirche ihr diese Wünsche erfüllt. Am Ende wird aus einem Menschen ein Gott, aus dem Geschöpf ein Schöpfer und aus einer jüdischen
Sekte eine Weltreligion. Jesus von Nazareth ist die am meisten überschätzte Person der Weltgeschichte, die sich auf ihn berufende Kirche tanzt um das goldene Kalb".[120]

Diese Überschätzung macht auch der Papst mit, wie seine Ausstattung des Jesus mit allen Hoheitstiteln des Christus beweist.

Vielleicht stehen wir hier sogar vor einer der schlimmsten Usurpationen der Weltgeschichte: Man hat einen diesbezüglich völlig Unschuldigen für einen ganz anderen Zweck vereinnahmt, letztlich und im Endeffekt für eine von unfehlbarem Größenwahn und Herrschsucht besessene Kirche, eigentlich und umfassender gesagt: für alle „christlichen" Kirchen, denn diese machen ja das Welttheater um Jesus munter weiter mit. So tönt beispielsweise der ehemalige Ratsvorsitzende der Evangelischen Kirche Deutschlands (EKD) Nikolaus Schneider in einem SPIEGEL-Interview[121] genau wie der Chef aller Katholiken: „Gott ist Schöpfer. Er hat sich uns in Jesus Christus offenbart". Im ganzen langen Interview kein Wort des Ratsvorsitzenden über die Mängel, Fehler, Unvollkommenheiten, Defizite in Charakter, Handlungen und Aussagen Jesu, die ja auch einen schweren Schatten auf den Schöpfergott werfen, wenn dieser Jesus dessen Offenbarung ist. Dabei kann man einem Spitzenvertreter des Protestantismus in Deutschland wie Schneider seine alle Negativa Jesu in den Evangelien verschweigende Kirchenpropaganda noch viel weniger verzeihen als dem Italo-Argentinier Bergoglio, dem man die Kunde von der atemberaubenden Entmythologisierung der biblischen Schriften gerade durch hervorragende evangelische Gelehrte vom Schlage David Friedrich Strauß', Harnacks, Bultmanns usw. usf. auf seinem jesuitischen Bildungsweg wahrscheinlich nie nahegebracht hat.

Schneider lobt sich damit, dass jeder evangelische Kirchentag „jeden Morgen mit einer Bibelarbeit losgeht". Aber was bringen seine Bibel-„Experten" den Kirchentagsbesuchern nur bei, wenn sie in ihrer Bibelarbeit Jesus bloß als Saubermann oder tollen Pfundskerl präsentieren und offerieren, ohne ihnen zu sagen, dass selbst das Neue Testament in all seinen Schriften nicht so dick aufträgt wie die heutigen Propagandisten eines Jesus ohne Fehl und Tadel. Nein, alles Negative wird großzügig, in Wirklichkeit frech verschwiegen. Es wird im Gegenteil sogar der angesichts der negativen Sachlage arrogante Anspruch vom ehemaligen Chef der Protestanten in Deutschland erhoben, „dass wir mit dem Evangelium die Welt gestalten und verändern wollen". Die Heuchelei kennt schon fast keine Grenzen mehr, wenn er „die Bibel auch als ein Buch" preist, „in dem es Gott darum geht, die Welt barmherziger und gerechter zu machen".[122] Die über hundert Völkermorde, die Jahwe laut der Bibel angeordnet hat, finden natürlich keine Erwähnung durch den früheren Ratspräsidenten, um so weniger die Drohung Jesu mit den Höllenstrafen für den Fall, dass man seine Botschaft nicht annimmt. „Wer nicht glaubt, wird verdammt werden"! (Mk 16,16f).

Wie kommt es, dass die Chefs der beiden Großkirchen, Bergoglio und bis vor kurzem Schneider, unberührt von den Resultaten wissenschaftlicher Jesus-Forschung, diesen fälschlich zum Christus erhöhten Jesus als Offenbarung des Vatergottes, als dessen adäquates Abbild und als das vollkommenste Exemplar der ganzen Menschheit präsentieren und offerieren können? Darf man sie für wissentlich Handelnde, wissentlich ein falsches Jesusbild Liefernde und Propagierende, somit für Scharlatane halten? Wie sieht es in ihrem Gewissen aus? Haben sie zwei streng voneinander getrennte Schubladen in ihrer Psyche: eine mit ihrem mehr oder weniger fundierten Wissen über den Stand der Jesus-Forschung, die andere, davon völlig unberührt, mit ihrer Mythologie des Gottessohnes?

Nun, in ihre Psyche können wir nicht eindringen, wir sind da auf Mutmaßungen angewiesen. Sicher aber ist, dass die Verkündigung eines alle anderen Menschen übertreffenden Jesus und seiner Transzendenz im Sinne natürlicher, nicht adoptierter Gottessohnschaft einen ungeheuren Anziehungs- und Werbeeffekt auf unaufgeklärte Massen ausübt. Die rein emotionsgesteuerte, von nichts eine Ahnung habende Jesus-People-Gemeinde ist weltweit noch immer beachtlich groß.

Dieses Phänomen hat bereits Sigmund Freud analysiert. Er kommt zu folgendem Schluss: Wesentlich für das Zusammengehörigkeitsgefühl der zur Kirche gehörenden Massen sei die „Vorspiegelung (Illusion), dass ein Oberhaupt da ist ..., das alle Einzelnen der Masse mit der gleichen Liebe liebt. An dieser Illusion hängt alles; ließe man sie fallen, so zerfiele sofort, soweit der äußere Zwang es gestattete, Kirche".[123]

Vor allem der Bergoglio-Papst erscheint als die heute lebende Bestätigung, Verkörperung, Personifikation dieser Einsicht Freuds: Franziskus I. als Verkünder der absoluten Güte und Vollkommenheit des Gottessohnes, den er selbst mit seiner universalen, alle Menschen umarmenden Liebenswürdigkeit am vollkommensten abbildet, sozusagen eine Abbildung in zwei Stufen: Jesus Christus bildet als Gottessohn den Vatergott ab, der Papst als Stellvertreter Gottes auf Erden den Sohn. Die perfekte Hierarchie, der gegenüber den gewöhnlichen Menschen scheinbar alternativlos nur noch das Beugen der Knie übrig bleibt!

Freud nennt ehrlicherweise das eben geschilderte Phänomen eine Illusion, eine Vorspiegelung. Denn es überschreitet natürlich bei weitem die Möglichkeiten, selbst die größte Liebeskapazität eines Einzelnen, alle, absolut alle Menschen mit der gleichen Liebe zu lieben. Auch Franziskus I. kann das nicht, müsste sich dessen eigentlich auch bewusst sein, obwohl er auf allen Massenveranstaltungen mit ihm als Mittelpunkt den gegenteiligen Eindruck zu erwecken bemüht ist. Seine Gesten der Liebe, bis zum Überdruss zur Schau gestellt, nannte sogar der unter dem Ratzinger-Papst als Chefhistoriker des Vatikans fungierende Kardinal Brandmüller „oberflächlich". Objektiv müsste man den Papst der zahllosen Umarmungen, Küsse und Liebkosungen demnach als Scharlatan bezeichnen. Subjektiv allerdings könnte er sich als der fühlen, der aus seiner ungeheuren Christusliebe heraus von Gott den Auftrag erhalten habe, alle Menschen für diesen Christus zu gewinnen.

Das Rüstzeug dafür hat er in seiner im ersten Teil dieses Buches ausführlich dargestellten jesuitischen Ausbildung mitbekommen. Psychologisch ist es tatsächlich möglich – und der Ordensgründer hat es in seinen für jede nachfolgende Generation von Jesuiten verbindlichen »Exerzitien« radikal vorgeführt – , dass der Wille eines menschlichen Individuums den eigenen Verstand zwingt, sich nur auf einige Worte, einige Begriffe, z. B. den Begriff Christus, zu konzentrieren und alle anderen Inhalte der Psyche auszuklammern bzw. als marginal und unwesentlich zu degradieren. Fast ununterbrochen sollten ja die Zöglinge des Ignatius von Loyola in möglichst sinnlich massiven Vorstellungen und Bildern sich jedes Detail des Lebens Jesu ausmalen, seine Wanderungen durch die Landschaft Palästinas, die Stationen seines Lebens- und Leidensweges, seine Reden, seine Handlungen, sein Sterben und seine Auferstehung, bis nur noch der Gedanke an ihn die ganze Psyche des Adepten fesselte, ja besetzt hielt. Nicht auf Offenbarungen von oben sollte man warten, wie das die ganze Asketik und Mystik der katholischen Kirche bis dahin gelehrt hatten, sondern mit der Urgewalt des eigenen Willens sollte der Jesuit das Göttliche, also besonders Christus in seine Seele hineinholen, hineinzwängen. Einen Pelagianer, der sich nur auf die eigene Kraft stütze und die Gnade Gottes außer Acht lasse, nannten seine innerkirchlichen Gegner deshalb diesen Ignatius von Loyola. Ein brutaler Seelen-Maschinist war er auf jeden Fall! Sein totales Opfer könnte Bergoglio/Franziskus I. geworden sein.

Tatsächlich gibt es in dessen Schriften fast keine Seite, auf der nicht auf Christus und meist auch auf Ignatius von Loyola Bezug genommen wird, was ganz dessen Order entspricht, den Namen Christus möglichst oft tagtäglich zu wiederholen. Schopenhauers „Die Welt als Wille und Vorstellung" – Ignatius hat dessen These antizipiert, nur dass bei ihm nicht die Welt, sondern Christus durch den eigenen Willen, die eigene Vorstellung erzeugt werden soll. Der durch eine jahrzehntelange Dressur auf Christus geeichte Bergoglio-Papst erscheint derart bestens geeignet, die Welt für Christus zurückzugewinnen. Von Zweifeln wegen des Auseinanderklaffens zwischen seiner Christus-Vorstellung und den wissenschaftlichen Forschungsergebnissen bezüglich der Gestalt Jesu scheint der Papst jedenfalls nicht im mindesten berührt oder gar betroffen zu sein. Aber von einem objektiveren, weniger der Doktrin verhafteten, den diesbezüglichen Forschungsergebnissen ernsthafter Rechnung tragenden Standpunkt aus könnte man die Christus-Dogmatiker aller Couleur mit Papst Franziskus an der Spitze im Sinne Schillers schon als „Falschmünzer der Wahrheit" und „Affen der Gottheit" bezeichnen.

2. Glaube an eine Überirdische
Die Mariologie des Papstes

Seine Mariologie ist wie seine Christologie: völlig unoriginell, dafür aber total und radikal kirchen- und dogmenkonform. Selbst blindeste Fanatiker des restaurativsten, konservativsten, fundamentalistischsten Flügels der Kirche könnten diese Frau Maria, die Mutter Jesu, nicht noch unkritischer preisen, als dies der Papst bzw. (vor seiner Übernahme des Papstamtes) der Kardinal Bergoglio bereits tut bzw. getan hat.

Wiederum wird von ihm geleugnet bzw. total und selbstherrlich verschwiegen, dass diese Frau der Kirche von Anfang an schwerste Probleme bereitet hat, die bis zum heutigen Tag andauern. Darüber wird noch zu reden sein, aber hören wir zuerst, was uns Bergoglio/Franziskus über sie triumphalistisch verkündet.

Keinerlei Probleme hat der Papst, diese Maria „*Gottesmutter*" zu nennen und sie als solche dem Volk als „Schutzpatronin Argentiniens" zur Verehrung zu empfehlen.[124] Man vergegenwärtige sich den Unsinn: Diese Maria ist eine Frau wie jede andere, kann Kinder, Töchter und Söhne, gebären wie jede andere, aber da die Kirche ihren ersten Sohn per Dogma zum Sohn Gottes erhoben hat, darf sie nun, ebenfalls dogmatisch verbrieft, Gottesmutter genannt werden. Ja, ein Katholik gilt als Häretiker, wenn er die Gottesmutterschaft Mariens leugnet. Wieso dann die weiteren Söhne, die Maria noch bekam, keine Gottessöhne sein sollen, entzieht sich jeder rationalen Logik.

Aber es kommt noch absurder. Denn diese Frau ist nach Franziskus zugleich „heilige Jungfrau"[125], die zwar ihre späteren Kinder nicht ohne Beteiligung eines Mannes bekommen hat, aber ihren ersten Sohn allein dem Wirken des Heiligen Geistes in ihrem Unterleib verdankt. Man kann verstehen, dass ein zart besaiteter, etwas femininer Theologe wie Joseph Ratzinger wenig Geschmack an dieser Konzeption hatte und in seinem Buch „Einführung in das Christentum" erklärte, dieses göttliche Geschehen müsse man metaphysisch, nicht so grob physisch auffassen, womit er wahrscheinlich zum ersten und letzten Mal über die dogmatischen Stränge der Kirche schlug, weil diese ebenso wie der jetzige Papst stur an der Physikalität der das Wirken eines Mannes adäquat ersetzenden Aktivität des Heiligen Geistes festhält. Sie denkt halt materialistischer als Ratzinger.

Aber das sind theologische Feinheiten oder Spitzfindigkeiten, die für Bergoglio/Franziskus gar nicht existieren, im Horizont seines Denkens gar nicht auftauchen. Jedenfalls hat er in all seinen schriftlichen Äußerungen nicht das geringste Problem, die Attribute der Maria als Jungfrau und (Gottes-)Mutter „harmonisch" parallel nebeneinander herlaufen zu lassen. Vielleicht denkt er ja im Stillen, dieser Ratzinger habe eben doch nicht ganz die rechte Frömmigkeit, habe zu viele weltliche Autoren gelesen, denn *„unsere Theologie muss fromm sein, wenn sie grundlegend sein will*, wenn sie im Herrn ihren Ankergrund finden will". Ratzinger versteht sicher etwas anderes unter Hermeneutik, aber für Franziskus ist Frömmigkeit der Schlüssel zum Verständnis der biblischen Texte. Deshalb tönt er: „Die Frömmigkeit, die ich meine, ist sozusagen die grundlegende Hermeneutik unserer Theologie und Lehre". Man müsse „die Gegenwart Gottes spüren", und wenn das der Fall sei, „wenn Gott da ist, dann können wir uns auf die Knie werfen. Erst später kommt dann der menschliche Intellekt ins Spiel und versucht sich an vertiefenden Erklärungen..."[126] Im Klartext: Wer fromm, wahrhaft fromm ist, hat keine Probleme mit »Mutter und Jungfrau zugleich sein«

in ein und derselben Person. Den anderen fehlt halt die rechte Frömmigkeit, weshalb sie die Mysterien Gottes nicht verstehen können. (Übrigens: Dass Maria nach ihrem ersten Sohn noch weitere Söhne und Töchter bekam, leugnet Franziskus auch, obwohl das Zeugnis der Bibel in diesem Punkt eindeutig ist. Aber auch da kann er sich ja auf seine Übereinstimmung mit der offiziellen Lehre seiner Kirche berufen).

Bergoglio/Franziskus I. hat die richtige Frömmigkeit und damit den hermeneutischen Schlüssel zum Verstehen Marias: Diese Frömmigkeit genügt ihm, er braucht sich dann nicht mehr um historische Wahrheit und Genauigkeit zu kümmern, weder für sich selbst noch in Bezug auf die Gläubigen, denen er ein falsches Marienbild darbietet, ein derart falsches, dass seine Darstellung dem Schwindel und dem Betrug gefährlich nahekommt.

Aber hören wir zuerst, was er selbst über Maria sagt, und vergleichen wir das dann in einem zweiten Schritt mit den höchst widersprüchlichen Angaben, die die Bibel über diese Frau macht. Wenn der Bergoglio-Papst über sie redet, haben wir es nicht einmal mehr mit normaler Frömmigkeit zu tun, sondern mit Frömmigkeitsminne, -mystik, -ekstase. Wir wissen aus all dem bisher Gesagten, wie wichtig dem Papst die Missionierung aller Völker ist mit dem Ziel, sie alle zu Christus zu bekehren. Auf Grund seines Frömmigkeitsrausches aber weiß er ganz genau, dass „Maria die Mutter der Evangelisierung", „die Mutter der missionarischen Kirche" ist. Diese Frau hat geradezu magische Kräfte. Als solche hat sie „die missionarische Explosion zu Pfingsten möglich gemacht" und „ohne sie können wir den Geist der neuen Evangelisierung nie ganz verstehen". Sie ist „die Mutter von uns allen" (wie schafft sie das nur?) und als solche „Zeichen der Hoffnung für die Völker", ist „die Missionarin, die uns nahe kommt, um uns im Leben zu begleiten und dabei in mütterlicher Liebe die Herzen dem Glauben öffnet ... eine Mutter für alle Völker ... ein kirchliches Vorbild für die Evangelisierung": Allen, die heute der Frau andere Aufgaben zuteilen, sei das Gegenbild Marias vor Augen gestellt, wonach sie sich „vom Heiligen Geist ... zu einer Bestimmung des Dienstes und der Fruchtbarkeit führen ließ". Ihr „mütterliches Wirken" bringe ständig „für Gott neue Kinder hervor". „Sie ist die betende und arbeitende Frau", verkörpert die „Dynamik der Gerechtigkeit und der Zärtlichkeit", trägt wesentlich dazu bei, „dass die Entstehung einer neuen Welt möglich werde". Wichtig sei „ein marianischer Stil bei der missionarischen Tätigkeit der Kirche", der uns helfe, „wieder an das Revolutionäre der Zärtlichkeit und der Liebe" zu glauben.[115]

In unverkennbar religiöser Erotik, die so mancher Priesteramtskandidat bald nach Eintritt ins Priesterseminar in Ermangelung anderer Frauen auf die ihm dort als einzige zur Verfügung stehende Frau Maria richtet, singt auch der Papst seine Hymne auf sie:

„Jungfrau und Mutter Maria,

vom Heiligen Geist geführt

nahmst du das Wort des Lebens auf ...

ganz dem ewigen Gott hingegeben.

Hilf uns, unser >Ja< zu sagen

angesichts der Notwendigkeit, die dringlicher ist denn je, die Frohe Botschaft Jesu erklingen zu lassen ...

Du, von der Gegenwart Christi erfüllt ... verharrtest standhaft unter dem Kreuz in unerschütterlichem Glauben ...

Du, Jungfrau des hörenden Herzens und des Betrachtens, Mutter der Liebe, Braut der ewigen Hochzeit, tritt für die Kirche ein, deren reinstes Urbild du bist ...

Stern der neuen Evangelisierung,
hilf uns, dass wir leuchten ...
damit die Freude aus dem Evangelium bis
an die Grenzen der Erde gelange...
Mutter des lebendigen Evangeliums,
Quelle der Freude für die Kleinen,
bitte für uns. Amen, Halleluja!"[128]

Der Papst liefert hier ein Musterbeispiel für die Art und Weise, wie eine überkompensatorische Zölibatserotik und –lyrik negativ kreativ, d. h. illusionsbildend sein und aus einem Minus ein Mega-Plus generieren kann. Denn nichts ist historisch wahr an der von ihm ganz im Sinne seiner Kirche getätigten Mystifikation einer jungen Israelitin mit Namen Mirjam, die als Maria Kultobjekt wurde. Sie soll dem Papst zufolge immerwährende Jungfrau gewesen sein, ihren Sohn Jesus als Gottessohn durch eine jungfräuliche Empfängnis unter Einwirkung des Heiligen Geistes bekommen haben. Aber die ältesten schriftlichen Zeugnisse des Christentums, d. h. die Briefe des Paulus um das Jahr 50 unserer Zeitrechnung und das sog. Markusevangelium, wissen absolut nichts von solch einer Geburt Jesu aus einer Jungfrau. Und selbst das sog. Johannesevangelium, irgendwann zwischen 100 und 130 entstanden, erwähnt nichts dergleichen. Nur die zeitlich dazwischen liegenden Evangelien des Matthäus und des Lukas, die ausschmückende und erweiternde Interpretationen des Markusevangeliums sind, tischen die Heldensage der Geburt Jesu aus einer vom Heiligen Geist befruchteten Jungfrau auf. Die sind zwar noch nicht zölibatsmotiviert und –erotisiert, aber sie müssen die Lüge von Jungfrauschaft und Heiligem Geist aus einem anderen Grund erfinden, nämlich um dem Dilemma zu entkommen, dass der „Übermensch" Jesus, der

Messias und Heiland der Welt, der vermeintliche Gründer des Christentums, in Wirklichkeit unehelich war, auf Grund eines Seitensprungs seiner Mutter zur Welt kam. Zwar sind die ersten Leidtragenden dieses Umstands nicht die Autoren des Mt- und Lk-Evangeliums, sondern Joseph, der Verlobte der Maria. Der weiß genau, dass er deren Schwangerschaft nicht verursacht hat. „Weil indessen Joseph, ihr Mann, rechtschaffen war und sie nicht in Schande bringen wollte, gedachte er sie heimlich zu entlassen" (Mt 1,19).

Irgendwann muss Jesus selbst von seiner unehelichen Herkunft erfahren haben. Während der Papst vom überaus innigen Verhältnis zwischen Maria und Sohn Jesus schwelgt, sie im Gegensatz zu den Berichten der drei ersten Evangelien sogar bei der Kreuzigung Jesu anwesend sein lässt, und sie als sein Vermächtnis entgegennehmende, heiß geliebte Mutter zeichnet, verschweigen die Evangelien noch nicht gänzlich die tiefsitzende Aversion des Sohnes gegen seine Gebärerin. Sie sind noch nicht so raffiniert im Verschweigen bzw. Weglassen unangenehmer Eigenheiten im Charakter Jesu wie die späteren Theologen und an der Bibel herummurksenden „Begradiger" derselben.

Es könnte durchaus sein, das Jesu Aversion gegen seine Mutter vor allem dem Umstand entsprang, dass er mit seiner unehelichen Herkunft nicht ins Reine zu kommen vermochte. Er, der besondere Gottesgesandte, der vermeintliche Messias des jüdischen Volkes, ein uneheliches Kind, vielleicht sogar kein Nachkomme Davids, da möglicherweise von einem Nichtjuden gezeugt? Dieser Zwiespalt musste ihm schwer zusetzen. Es liegt jedenfalls ein Dunkel über der leiblichen Herkunft Jesu. Im Talmud gibt es die sogenannte Pandera-, Pantera- oder Panthera-Tradition. Nach dieser hat ein römischer Söldner oder Offizier eine Mirjam, die Verlobte des Joseph, verführt und geschwängert. Die Frucht dieses Aktes soll Jesus gewesen sein. Jesus wäre also Jeschu ben Pantera, der Sohn des Pantera.[129]

Das ihm offenbar peinliche Wissen um seine illegitime Herkunft könnte der Grund dafür gewesen sein, dass Jesus seiner Mutter stets sehr distanziert, teilweise sogar schroff-verächtlich gegenüberstand, dass er sie nie anders als mit dem kaltherzig-herabsetzenden Wort „Weib" anredete.

Es wäre psycho-logisch, im Rahmen der psychischen Entwicklung des jungen Jesus konsequent und verständlich, dass der von seinen Eltern Enttäuschte, seiner Mutter die Schande seiner dunklen Herkunft nie Verzeihende sein ganzes Vertrauen nur noch dem einzig idealen Vater im Himmel schenkte, von der Familie, von Vater, Mutter, (Halb-)Geschwistern aber nichts mehr wissen und halten wollte. Wobei man ja wohl hinzufügen müsste, dass Jesus seinen eigentlichen Vater, diesen römischen Offizier oder wer immer es war, wahrscheinlich nie zu Gesicht bekommen hat, es immer bloß mit seinem „Ziehvater" Joseph zu tun hatte, den selbst die lateinische Kirchensprache stets etwas abwertend als „pater putativus", also als „vermeintlichen" Vater anredet.

Vielleicht hat sogar dieser Joseph selbst, der mit der „Schande" seiner Verlobten ja zunächst auch nicht zurechtkam und sie „entlassen" wollte (Mt 1,19), dem Jesusknaben irgendwann die Geschichte von seiner Herkunft erzählt. Von irgend jemandem muss sie Jesus doch erfahren haben. Oder hat Jesus von sich aus seinen Ziehvater daraufhin angesprochen, nachdem er die beharrlich umherschwirrenden Gerüchte, er sei ein uneheliches Kind, zu Ohren bekommen hatte?

Ein Schicksalsschlag war's ja zunächst für Joseph selbst. Wir können das heute noch gut nachfühlen: Ein junges Mädchen in Nazareth, einer kleinen galiläischen Stadt, im damals dort üblichen Verlobungsalter von zwölf bis zwölfeinhalb Jahren, wird schwanger. Joseph, der Verlobte dieses Mädchens namens Mirjam (latinisiert Maria), weiß eines ganz genau, nämlich, dass er diese Schwangerschaft nicht verursacht hat. Das ist die Lücke, die Leerstelle, die christliche Schriftsteller dann mit der Befruchtung der Jungfrau durch den Heiligen Geist füllen werden, und zwar, wie bereits erwähnt, noch nicht Paulus, der älteste christliche Autor, und auch nicht das älteste, das Markusevangelium, wohl aber der anonyme Verfasser des Matthäusevangeliums und noch weit ausführlicher der des Lukasevangeliums.

Es fällt schwer, die Sache ganz ohne Ironie zu behandeln. Es verhält sich mit ihr ja ungefähr so, wie wenn Eltern ihre schwanger gewordene Tochter nach dem Vater ihres noch nicht geborenen Kindes fragen, diese sich aber beharrlich weigert, dessen Namen zu nennen. Frustriert sagt dann vielleicht ein Elternteil: „Dann hast du's wohl vom Heiligen Geist bekommen?!" Auf diese Idee sind also auch schon Matthäus und das Lukasevangelium gekommen: Sie proklamieren den Sohn Marias als Sohn keines irdischen, sondern des himmlischen Vaters, als gezeugt von dessen Heiligem Geist.

Hat etwa schon die junge Mirjam selbst die Weichen für diese Legendenbildung gestellt? Was macht ein verängstigtes Menschenkind nicht alles in der Gefahr? Und die Gefahr war ja real. Die Untreue einer Verlobten galt im alten Israel als Ehebruch, weil die Verlobung ein erster Teil der Eheschließung war und rechtlich wie eine Ehe behandelt wurde. Nach jüdischem Recht galt eine Verlobte bereits als die Frau des Mannes, so dass sie seine Witwe wurde, wenn er in dem Zeitraum eines Jahres, das zwischen der Verlobung und der sogenannten Heimführung lag, starb. Verlangte der betrogene

Verlobte vor Gericht die Bestrafung seiner Verlobten, drohte ihr im Falle der Überführung die Schwerststrafe: Sie wurde mit ihrem Liebhaber gesteinigt, wenn sie zwölf Jahre plus ein Tag bis zu zwölfeinhalb Jahre alt war. War sie älter, wurde sie erdrosselt. Nur noch nicht zwölfjährige Mädchen gingen straffrei aus (vgl. 5 Mose 22,13-29). Priestertöchtern erging es noch schlimmer: „Wenn sich die Tochter eines Priesters durch Unzucht entweiht, so entweiht sie ihren Vater; man soll sie verbrennen". (3 Mose 21,9). Freilich wurde auch damals nichts so heiß gegessen, wie es gekocht wurde. An die Beweisführung für die Untreue einer Verlobten waren ziemlich schwer zu erfüllende Bedingungen geknüpft: Zwei Zeugen waren mindestens nötig, die nachweisen mussten, dass sie die Verlobte und ihren heimlichen Lover gewarnt und auf die möglichen Folgen hingewiesen hatten und dass die beiden trotzdem bei ihrem ehebrecherischen Verhalten geblieben waren. Dass die Strafvorschriften aber nicht bloß so in den Wind geschrieben waren, beweist die Tatsache, dass noch in der Regierungszeit des Königs Herodes Agrippa I. (41-44 n. Chr.) solch eine Hinrichtung durch Verbrennung stattfand.

Nach allem, was die Evangelien von Joseph, dem Verlobten der Mirjam, berichten, war er kein Kämpfertyp, kein aggressiver, eher ein etwas passiver, introvertierter Charakter. Er wäre also sicher nicht gegen seine Verlobte vor Gericht gegangen, vielmehr fraß er den Kummer wegen ihrer offensichtlichen Untreue in sich hinein. „Weil indessen Joseph, ihr Mann, rechtschaffen war und sie (doch) nicht in Schande bringen wollte, gedachte er sie heimlich zu entlassen" (Mt. 1,19). Entweder begeht hier der Evangelist einen sachlichen Fehler, indem er sich in einen Widerspruch verwickelt, oder Joseph war doch nicht so „rechtschaffen", d. h. in diesem Falle so großzügig und großherzig, wie das diese Stelle nahelegen möchte. Denn gerade wenn er sie entließ, überantwortete er sie doch der Schande. Es musste ja einer Reihe von Leuten bekannt sein, dass er mit dieser Mirjam verlobt war. Behielt er sie bei sich, dann konnte man ihre Schwangerschaft ursächlich auf ihn zurückführen. Entließ er sie aber, löste er seine Verlobung, dann wusste doch der Dümmste, dass das, was sich da in ihrem Schoß ankündigte, nicht von ihm sein konnte. Auch konnte Joseph doch wohl keineswegs annehmen, dass der wirkliche Erzeuger noch einmal auf der Bildfläche erscheinen würde. Was also Mirjam/Maria drohte, war keine Steinigung oder Erdrosselung, wohl aber die Schande, von ihrem Verlobten verstoßen worden zu sein, und auch die Gefahr, eine alte Jungfer zu werden, da sich nach der Entlassung sicher kein Mann mehr finden würde, der sie heiraten mochte. Die Schande, um die es hier geht, ist heutzutage gering oder gar keine mehr. Damals jedoch, noch dazu in einer kleinen Ortschaft in der Provinz, in Untergaliläa, musste es dieser Mirjam und ihren Eltern wie der gesellschaftliche Todesstoß erscheinen.

Es liegt also nahe, anzunehmen, dass unsere Maria oder Mirjam alles tat, um diesen Todesstoß abzuwenden. Ihrem gutmütigen, ein wenig unbedarften, einfältigen, aber tief frommen Verlobten die Mär vom göttlichen Geist als Erzeuger ihres Kindes beizubringen, kann ihr nicht sehr schwergefallen sein. Zumal es auch ihm, dem stets Kompromissbereiten, nie den Konflikt Suchenden, daran gelegen sein musste, die Sache so schnell und so still wie möglich zu bereinigen, denn einem gehörnten Mann dürfte auch damals der zumindest heimliche Spott der Nachbarschaft sicher gewesen sein. Vielleicht beschwichtigte ihn die Verlobte so lange, bis er einschlief und sie ihm laut und deutlich die Worte einhämmern, einsuggerieren konnte, die er dann als Offenbarung des Engels des Herrn im Traum deutete bzw. erlebte und gerne glaubte. „Joseph, Sohn Davids, scheue dich nicht, Maria, dein Weib, zu dir zu nehmen; denn was in ihr gezeugt ist, das ist vom Heiligen Geiste" (Mt 1,20).

Es wäre, wie gesagt, gut möglich, dass Joseph dem jungen Jesus die Geschichte in seiner Sicht erzählt hat, seine Vermutungen, wer die Verlobte wohl geschwängert haben könnte, seine marternden Zweifel und dann die erlösende Auflösung des Rätsels: Es war gar kein irdischer Erzeuger, sondern der Geist Gottes. Wahrscheinlich nahm Jesus dem Joseph die Geschichte nur zur Hälfte ab. War er, Jesus, doch nicht so einfältig wie Joseph, um an die Version mit dem Heiligen Geist als Erzeuger zu glauben. Dann aber musste er diese Version für einen Trick, für eine Lüge seiner Mutter halten, die er dann gerade deswegen so verachtete, so herabsetzend, so von oben herab behandelte. Tatsache ist, dass Jesus selbst nicht im entferntesten irgendwelche Andeutungen darüber macht, von einer Jungfrau geboren, vom Heiligen Geist gezeugt worden zu sein; dass ihm solche Gedankengänge offenbar völlig fremd sind. Wären sie es nicht, dann müsste er ja auch seiner Mutter mit großer Ehrerbietung, höchster Achtung und Ehrfurcht begegnen. Aber das Gegenteil ist der Fall: Er fährt ihr immer wieder über den Mund, redet sie mit „Weib", niemals mit „Mutter" an, spricht und predigt nie von Mutterliebe, unterhält „verwandtschaftliche" Beziehungen einzig und allein zu einem transzendenten, überirdischen Wesen, zu Gott im Himmel, den er vertraulich und etwas infantil mit „Papi" (Abba) anredet, weil ihm offenbar schon als Kind die Atmosphäre des Vertrauens, der Geborgenheit, der seelischen Wärme im Haus der Mutter fehlte, woran nicht unbedingt diese schuld sein musste, sondern seine eigene Einstellung zu ihr und den Geschwistern. Was hatte sie denn schon Schlimmes als blutjunges Mädchen begangen? Vielleicht war sie gegen ihren Willen von den Eltern dem viel älteren, etwas langweiligen Joseph versprochen worden, so dass sie sich mit ihm verloben musste, ohne ihn je geliebt zu haben. Sie hatte das alles – die Entscheidung ihrer Eltern, die Verlobung, das Eheversprechen – über sich ergehen lassen; sie nahm es wie eine blinde Fügung des Schicksals entgegen, aber irgendwelche positiven Gefühle der Freude, der Lust, der Liebe konnten dabei in ihr nicht aufkommen. Und dann stand da plötzlich dieser junge, fesche römische Offizier vor ihr, umwarb sie, flirtete mit ihr, entfachte ein Gefühl in ihr, das sie vorher nicht gekannt hatte, das ihr irgendwie unheimlich, aber dennoch ungemein verlockend und süß vorkam. Und dann traten eben die Naturgesetze oder die Hormone in Aktion, oder wie immer man das bezeichnen will.

Vielleicht war es aber auch anders. Vielleicht war es kein eleganter, sympathischer Offizier, sondern ein einfacher, brutaler Soldat der römischen Besatzungsmacht, der sich nahm, was er wollte, der sie ganz oder halb vergewaltigte, gegen den Widerstand ohnehin zwecklos war.

Doch wie auch immer, das, was Maria „verbrochen" hatte, war nichts Gravierendes, Böses, Schlimmes. Schlimm konnte es nur im Rahmen der Weltuntergangsstimmung im jüdischen Milieu ihrer Zeit sein, denn damals träumte wohl jede junge Israelitin davon, den Messias Israels zu gebären. Der aber musste Vollisraelit, musste aus dem „Hause Davids" sein. Diese Chance hatte Maria durch ihre Einlassung auf den römischen Mann vertan. Das konnte ihr Jesus nicht verzeihen. Nicht, dass seine ehrgeizig-starke Persönlichkeit deswegen vom Glauben, er sei der Messias, abgelassen hätte. Er betonte jetzt um so mehr das geistige Moment in der Nachkommenschaft Davids. Nicht „Fleisch und Blut" (siehe Mt 16,17), nicht die leiblichen, blutsmäßigen Verwandtschaftsbeziehungen, die er, wie wir bereits sahen, verachtete, sondern allein der Geist, aus dem man neu wiedergeboren werde (Joh 3,3–13), könne über die Zugehörigkeit zum Reich Gottes und über den Gottgesandten, den Messias als Führer zu diesem Gottesreich bestimmen und entscheiden (vgl. Mt 16,17). Ein leiblicher Nachkomme Davids oder Abrahams zu sein bedeute gar nichts. Als die Juden ihm immer wieder stolz entgegenhalten, sie hätten „Abraham zum Vater" (Mt 3,9), seien „Abrahams Nachkommen" (Joh 8,33; 39), betont Jesus die Nichtigkeit dieser leiblichen Nachkommenschaft, indem er sogar auf den toten Stoff, die leblose Materie hinweist, aus der Gott Nachkommenschaft herbeischaffen könnte: „ ...ich sage euch: Gott vermag dem Abraham aus diesen Steinen Kinder zu erwecken" (Mt 3,9). Der Geist sei es, „der lebendig macht, das Fleisch hilft nichts" (Joh 6,63). Deshalb helfe es nichts, von Abraham oder David dem Fleisch nach abzustammen, es müsse einem geistig vom Vater im Himmel gegeben sein (Joh 6,65).

In Anspielung auf seine uneheliche Herkunft sagen seine Gegner über Jesus: „Von diesem wissen wir nicht, woher er ist" (Joh 9,29). Hämisch fragen sie ihn: „Wo ist denn dein Vater?" und fügen sogleich zynisch hinzu, dass sie selbst „nicht aus Unzucht geboren" seien, sondern im Gegensatz zu ihm einen Vater hätten (Joh 8,19; 41). Sie machen sich lustig über einen solchen „Propheten aus Galiläa" (Joh 7,52). Jesus lässt sich gar nicht auf ihre „fleischliche" Ebene herab oder ein, versucht gar nicht, seinen leiblichen Vater zu finden oder ins Spiel zu bringen, wirft ihnen vielmehr vor, „nach dem Fleische zu richten" (Joh 8,15), weil sie eben „von unten her" kämen, während er „von oben her" komme (Joh 8,23). Jesus gesteht ihnen zwar zu, seinen Vater nicht zu kennen (Joh 8,19), aber dieser leibliche, irdische Vater interessiert ihn gar nicht. Er diskutiert mit seinen Gegnern nur auf der Ebene des himmlischen Vaters, den er genau kenne und dessen besondere Vaterschaft in Bezug auf seine eigene Person ihm klar bewusst sei: „Ich kenne ihn, denn ich bin von ihm her, und er hat mich gesandt" (Joh 7,29). Was spiele es da schon für eine Rolle, ob ihn auf der terrestrischen Ebene ein Jude oder Nichtjude gezeugt hat? Wichtig sei für ihn, genau zu wissen, woher er in Wirklichkeit gekommen sei und wohin er gehe (Joh 8,14), welches Wissen seinen Gegnern abgehe. „Ich bin", so Jesus, „von Gott ausgegangen und gekommen; und nicht von mir aus bin ich ja gekommen, sondern jener hat mich gesandt" (Joh 8,42).

Aber den Gegnern, die ihm gerade die Nachkommenschaft Davids (Joh 7,42) streitig machen und nur auf diese Frage nach der leiblichen Herkunft eine Antwort erhalten wollen, müssen die abstrakt-transzendenten Antworten Jesu wie Halluzinationen vorkommen. Sie und auch ein Teil des Volkes halten ihn deshalb für „verrückt", für besessen von einem Dämon (Joh 7,20; 8,48,52; 10,20f). Wie wir bereits sahen, taten das auch seine Mutter und seine Brüder. Es war schließlich ein schwerer Brocken, den er ihnen da vorsetzte: „Ihr seid aus dieser Welt, ich bin nicht aus dieser Welt", und in Umkehrung aller Nachkommenschaftsabfolge: „Ehe Abraham war, bin ich" (Joh 8,23; 58). Kein Wunder, dass da die gottesfürchtigen Israeliten Steine auf den Größenwahnsinnigen werfen wollten, der sich eine ewige Präexistenz zuschrieb.

Wie gesagt, Jesu messianisches und göttliches Selbstbewusstsein war durch das Wissen um seine illegitime Herkunft nicht zu erschüttern. Im Gegenteil, er scheint deshalb um so schärfer und stärker die irdischen, weltlichen, leiblichen, fleischlichen, blutsmäßigen, familiären Bande verurteilt und verachtet zu haben. Besonders richtete sich diese Haltung gegen seine Mutter, die ihn in diese dunkle, niedrige Sphäre, in dieses „unten" hineingeboren hatte. Ihretwegen musste er sich mit den Anspielungen und Verleumdungen seiner Feinde herumschlagen. Seiner „haltlosen" Mutter wegen hatte er es so viel schwerer, seinen messianischen Anspruch vor der jüdischen Öffentlichkeit zu beweisen.

Einer Ehebrecherin, auch einer seine Füße küssenden Dirne zu vergeben, fiel ihm leicht. Das verletzte im Grunde nicht seinen messianischen Stolz, im Gegenteil, der Umstand, dass er ihnen ihre Sünden verzieh, verstärkte bei manchen den Glauben an seine Göttlichkeit. Aber den schlimmstenfalls jugendlichen Leichtsinn seiner Mutter zu verzeihen, war ihm offenbar unmöglich. Hier blieb er hart, unnachgiebig, unnachsichtig, uneinsichtig. Sie hatte seine Person, seine Messianität in Misskredit gebracht, dafür gab es kein Pardon!

Somit stehen wir hier vor dem monströsen Gegensatz zwischen der Israelitin Mirjam und der kirchlichen Marienverehrung, ja auch der Verehrung durch Franziskus I.. Man kann sich kaum einen größeren Gegensatz denken als den zwischen der faktischen Mutter Jesu und dem Gegenstand des katholischen oder auch des orthodoxen Marienkultes. Hier die Frau mit den vielen Töchtern und Söhnen, von denen der erste einem Seitensprung entstammt, die Frau, die ihren Erstgeborenen für religiös überspannt, für verrückt hält und an seine messianische Sendung nicht glaubt - dort die Frau, die als Gebärerin des Christus, der zweiten Person der Gottheit, als Gottesmutter und Gottesgebärerin, göttlich verehrt wird. Sie soll als ewige, ewig sündenlose Jungfrau, als unbefleckt Empfangene, von der Erbsünde Freie, mit Leib und Seele in den Himmel Aufgefahrene die Hauptgarantie für die Durchsetzung der Weltmission ihres Sohnes und der Kirche darstellen. Die Frau, die das Patronat, die Schirmherrschaft über alles übernommen hat, was ihr „geliebter" Sohn durch die Vermittlung der Kirche in der Welt tut.

Allen Päpsten, auch dem jetzigen, ist natürlich bekannt, was man mit Maria veranstaltet hat! In den Anfängen des Christentums musste dem farbigen, bunt schillernden Himmel der vielen Göttinnen des Heidentums eine Frau entgegengesetzt werden, die es mit ihnen aufnehmen konnte. Damit war die unvorstellbar steile Karriere der einfachen, kleinen Mirjam aus Nazareth grundgelegt: der Aufstieg von der unscheinbaren, in Misskredit geratenen jüdischen Mutter eines in ihren Augen missratenen, religiös in die Irre gehenden Sohnes zur numinosen Königin des Universums, zur Wärme und Geborgenheit spendenden Allmutter des Lebens, zur neuen Eva. Die alten Herren in Rom, der Weltzentrale des Katholizismus, stricken auch weiterhin bis zum heutigen Tag am Modell, am Archetypus Maria, um sie jeder, auch unserer Zeit als Ideal, als übermenschliche Chimäre vorzusetzen. Diesem Bemühen dienen die von der offiziellen Kirche geförderten Marienerscheinungen, die sie als echt und authentisch erklärt hat: im Jahr 1830 die vor Cathérine Labouré in der Rue du Bac, 1846 die in La Salette, 1858 in Lourdes, 1879 in Knock in Irland, 1917 in Fatima, 1933 in Banneux in Belgien. In der permanenten Weltumarmungsstrategie der Päpste spielt die göttlich erhöhte Übermutter und Jungfrau Maria eine zentrale Rolle. Deshalb weihen sie periodisch die ganze Welt ihrem „Unbefleckten Herzen", zuletzt noch Papst Johannes Paul II. am 24. März 1984, also jener Papst, der die Re-Evangelisierung Europas und der Welt mit Hilfe der Gottesmutter Maria zum höchsten programmatischen Ziel seiner Amtszeit erklärt hat. „Vor einer riesigen Menge und einem Fernsehpublikum von Millionen weihte er feierlich den gesamten Planeten dem Unbefleckten Herzen Mariä. Nur ein Papst konnte etwas so Komisches tun - oder etwas so atemberaubend Unsinniges, je nachdem, was man glaubt oder nicht glaubt. Auf jeden Fall betonte es die Tatsache, dass die Macht des Papstes wie die Marias sich auf alle Enden der Welt erstreckt, und bis in den Himmel".[130]

Aber noch viel atemberaubender ist doch der Umstand, dass die Mutter eines unehelichen Sohnes, dazu noch von vier weiteren Söhnen und mindestens drei Töchtern (Mt 13,55ff; Mk 6,3), zur unbefleckten, unberührten, sündelosen und allerreinsten Jungfrau hochstilisiert wurde, die außer vom Heiligen Geist nie von einem Mann berührt worden sei. Mit dieser Erhöhungsstrategie Marias trat die Kirche im Laufe der jahrhundertelangen Herausbildung ihrer Theologie auch dem Vorwurf der illegitimen, unehelichen Geburt Jesu entgegen. Das war demnach ebenfalls eine Kompensation, nein: eine Überkompensation ungeheuren Ausmaßes, denkt man an die entgegengesetzte Ausgangssituation. Dahinter stand eine ungeheure Angst, die Angst davor, den Stifter des Christentums vor den Augen der Weltöffentlichkeit aller künftigen Jahrtausende als uneheliches Kind bloßzustellen. Der Stifter des Christentums ein illegitimer Sohn Marias – unmöglich! Dagegen musste der Mythos der Jungfrau und Gottesmutter Maria aufgebaut werden. Und, wie wir sehen, strickt auch Papst Franziskus unvermindert intensiv an diesem Mythos weiter.

Oder noch genauer: Er bereichert diesen Mythos noch um ein paar komische Nuancen. Ohne Maria, so Franziskus, seien wir „Waisenkinder". „Eine Kirche ohne Maria ist eine Kirche der Waisenkinder". Der Papst hält die Christen auch für unreif, solange sie Maria nicht zu ihrer himmlischen Mutter erkoren haben. „Niemand ist so reif, dass er Maria nicht brauchen würde". Diese Worte sprach Franziskus im Rahmen einer Privataudienz für 8000 Mitglieder der Schönstatt-Kongregation am 10. November 2014 in Rom. Die Schönstätter sind eine innerkirchliche Sekte, in der der Kult Mariens oft geradezu hysterische Züge annimmt. Offenbar fühlte sich der Papst sehr wohl in dieser Gesellschaft, in der viele fanatisch darum kämpfen, der Maria zu all ihren bereits bestehenden, dogmatisch proklamierten Attributen noch das Dogma der Miterlöserin anzuhängen. Ohne die Mitwirkung Marias hätte ihr Sohn die Menschheit angeblich nicht erlösen können. Der Psychoanalytiker und Therapeut C. G. Jung hatte recht, als er behauptete, dass das Christentum nicht bloß eine Trinität dreier Männer, sondern eine Quaternität mit Einschluss einer Frau, nämlich Marias, brauche, um für die Emotionen der Masse anziehend zu wirken. Papst Franziskus realisiert dieses Postulat auf vortreffliche Art und Weise!

3. Wert des Menschen – Wertlosigkeit des Tieres
Die theologische Anthropozentrik
und Pädagogik des Papstes

Auch in seiner Anthropologie, seiner Lehre über den Menschen, ist der Papst absolut kirchenkonform. Seit dem Jahwe-Befehl zur Untertanmachung der Erde und ihrer Geschöpfe im ersten Buch der Bibel bis hinauf ins 21. Jahrhundert sieht der Hauptstrang jüdischer wie christlicher Theologen den Menschen als alles beherrschende »Krone der Schöpfung«. Von diesem Konzept weicht auch Bergoglio keinen Fingerbreit ab. Alle Macht, Werthaftigkeit und Würde auf Erden gesteht er dem Menschen auf Grund von dessen Gottes- und

Christusbezogenheit zu, dem Tier, der gesamten übrigen Natur gewährt er keinerlei Wert, keinerlei Rechte, keinerlei Transzendenz. Fast schlimmer noch: Sie kommen in seinen diversen theologischen, anthropologischen Ausführungen praktisch kaum vor. Die Natur, die außermenschliche Schöpfung, die ganze mannigfaltige Organismenwelt sind Bergoglio/Franziskus gleichgültig, irrelevant, bedeutungslos, er kümmert sich nicht um sie. Seine Theologie ist naturlos und tierfremd.

Auch diesbezüglich hinkt der Mann der Zeit hinterher. Denn die ökologische, insbesondere die Tierschutzbewegung sind ja schon fast ein knappes Jahrhundert alt, und selbst in der katholischen und protestantischen Theologie gibt es – noch vereinzelt, aber immer öfter – Kritik an der überheblichen anthropozentrischen Doktrin der Amtskirchen. Doch der Papst hält seinen päpstlichen Vorgängern die unerschütterliche Treue. Schließlich hat er noch kürzlich den politisch umtriebigen, dogmatisch aber starrsinnigen Wojtyla-Papst Johannes Paul II. heiliggesprochen, der die unverrückbare Linie der Amtskirche im Hinblick auf Tier- und Pflanzenwelt nochmals bestätigt und bekräftigt hatte. Wojtylas Dekretierungen bezüglich unseres Verhältnisses zur außermenschlichen Natur sind eine Katastrophe, ein Dokument einer überaus verengten, hybriden Anthropozentrik. „Tiere, Pflanzen und leblose Wesen sind von Natur aus zum gemeinsamen Wohl der Menschheit von gestern, heute und morgen bestimmt ... Gott hat die Tiere unter die Herrschaft des Menschen gestellt", den er allein nach seinem Bild geschaffen habe. „Somit darf man sich der Tiere zur Ernährung und zur Herstellung von Kleidern bedienen". Schlachthäuser und Textil- wie Pelzindustrie können dem Papst dankbar sein! Man darf die Tiere der Papstdoktrin zufolge auch „zähmen, um sie dem

Menschen bei der Arbeit und in der Freizeit dienstbar zu machen". Auch Tierversuche erlaubt der Papst großzügig: „Medizinische und wissenschaftliche Tierversuche sind in vernünftigen Grenzen sittlich zulässig, weil sie dazu beitragen, menschliches Leben zu heilen und zu retten". Allerdings widerspreche es „der Würde des Menschen, Tiere nutzlos leiden zu lassen und zu töten". Aber wenn dies zum Wohl und zum Nutzen der Menschen geschieht, wenn es „der Sorge um die Lebensqualität des Nächsten" und „einer gerechten Befriedigung menschlicher Bedürfnisse dient", leiden und sterben sie dem Papst zufolge ja nicht nutzlos. Deshalb ist es des Menschen auch nicht würdig, „für sie Geld auszugeben", und man soll ihnen auch nicht „die Liebe zuwenden, die einzig Menschen gebührt".[131]

Zu seiner kaum anders denn als überheblich und arrogant zu charakterisierenden Einstellung zu den Tieren, die auf Eigenwerte und Eigenrechte derselben (wie auch der Pflanzen), auf ihre Empfindungs- und damit Leidensfähigkeit überhaupt keine Rücksicht nimmt,[132] fühlte sich der Wojtyla-Papst durch die Bibel absolut legitimiert. Gott habe „die Tiere dem Menschen unterstellt". Der biblische Text (Gen 1,28) „legt die Weite und Tiefe der Herrschaft an den Tag, die Gott dem Menschen schenkt. Es geht zunächst um die *Herrschaft über die Erde und alle Tiere*", wie das auch das Buch der Weisheit (Weish 9,1.2–3) und der Psalmist (Ps 8,7–9) betonten.[133]

Das also war Wojtylas Vision einer „Kultur des Lebens", in der Tiere und Pflanzen im positiven Sinn nicht vorkommen, in der sie zu totalen Sklaven des Menschen, zu Nutz- und Ausbeutungsobjekten desselben desavouiert und degradiert sind, keinerlei ästhetische, sozial-kommunikative, emotionale, kognitive Eigenwerte und keinerlei Eigenrechte besitzen. Der polnische Papst hinkte mit seinem Mitarbeiterstab den modernen wissenschaftlichen Erkenntnissen über Intelligenz, Leistungen und Sozialleben der Tiere und Pflanzen erschreckend hinterher, was mit seiner Abneigung gegen die Naturwissenschaft und seiner häufigen Berufung auf Thomas von Aquin teilweise erklärt, aber keineswegs entschuldigt werden kann. Bekanntlich hatte dieser mittelalterliche Denker, für den Vulkane noch die Schlote der Hölle waren und Planeten von Engeln bewegt wurden, den Tieren nur eine sensitive und vegetative Seele zugesprochen, die mit dem Tod der Tiere verlösche.

Wojtylas Tier-, Pflanzen- und Umweltethik servierte der „technokratischen Vernunft" eine willkommene biblisch-theologische Rechtfertigungsbasis für die weitere Ausplünderung der Natur. Aber wie soll auch das Papsttum glaubwürdig und konsequent eine echte Kultur des Lebens, eine wirkliche ökologische Abkehr von den festgefahrenen und unser Raumschiff Erde unweigerlich in die Katastrophe befördernden Bahnen der großkapitalistischen Ausbeutung aller Lebenselemente verkünden und praktizieren, wenn es selbst – wie noch zu zeigen sein wird – am Status der Alles Habenden in besonders privilegierter Weise teilhat, mit den entscheidenden Machern und Instanzen in Wirtschaft, Staat und Gesellschaft derart verflochten ist?

Der Bergoglio-Papst stimmt mit dem, was die Amtskirchen, insbesondere Wojtyla über die Tiere sagen, völlig überein, beschränkt sich aber auf gelegentliche Hinweise bezüglich dieser Übereinstimmung. Vielleicht hat er ja doch etwas von der wachsenden Zahl ökologisch Interessierter in der Kirche mitbekommen und scheut sich davor, sie durch weitere lange Exkurse über das fatale Verhältnis der Amtskirche zu den Tieren vor den Kopf zu stoßen. Stattdessen singt er in seiner theologischen Anthropologie und Pädagogik um so kräftiger und fast exklusiv das Hohelied von der Einzigartigkeit und Vormachtstellung des Menschen allen Geschöpfen gegenüber. In seiner Anthropologie und Pädagogik kommt die Natur, kommen Tiere und Pflanzen kaum, schon gar nicht system- oder strukturrelevant, vor.

An zahlreichen Stellen seiner Schriften fabuliert er beispielsweise über die Notwendigkeit der Erziehung des Menschen zur feineren Wahrnehmung der Schönheit. Da drängen sich Hinweise auf die Schönheit der Natur geradezu auf, doch der Papst kennt und betont immer nur „die Schönheit des Evangeliums, des Dienstes, des Glaubens bis hin zur ‚Schönheit Gottes'". Selbst Jesus, den „guten Hirten", möchte er noch lieber als „schönen Hirten" bezeichnen. Eine „Theologie der Schönheit" im Anschluss an entsprechende Äußerungen des großen Augustinus am Ausgang der Antike schwebt dem Papst vor.[134]

Hier erkennen wir trotz aller äußeren Erscheinungsdifferenzen wieder einen Aspekt der tiefen Übereinstimmung auch zwischen dem Ratzinger- und dem Bergoglio-Papst. Denn auch für Ratzinger ist Augustinus der maßgebliche Theologe. Maßgebend für Ratzinger und Bergoglio ebenfalls in der Abwendung von der Natur bzw. der Gleichgültigkeit ihr gegenüber. Hatte doch Kirchenvater Augustinus, der die Geschichte der Theologie und die ideologische Entwicklung der Kirche so sehr beeinflusst hat, gewarnt: „Und die Menschen gehen hin und bewundern die Bergesgipfel, die gewaltigen Meeresfluten, die breit daherbrausenden Ströme, des Ozeans Umlauf und das Kreisen der Gestirne und vergessen darüber sich selbst". Er war es auch, der bekanntlich den geschichtsträchtigen, aber verhängnisvollen Satz prägte: „Gott und die Seele allein begehre ich zu kennen, nichts sonst".[135] Hätten die Menschen die von Augustinus als nicht verehrungswürdig angesehenen Bergesgipfel, die gewaltigen Meeresfluten usw., also die Natur in ihrer Gesamtheit, in ihren Zyklen und ihren Wechselwirkungen, ihren Feinheiten und Feinstrukturen nur tiefer bewundert, sich mehr in sie eingefühlt, dann wäre es nicht zu jener immer groberen und roheren – eben unökologischen – Missachtung der Lebewesen und aller Naturdinge überhaupt gekommen. Diese Missachtung trug dann vor allem in der Neuzeit maßgeblich dazu bei, dass totaler Industrialismus und Technokratie ihre Herrschaft ohne größeren Widerstand antreten konnten, zugleich setzte aber auch die Verödung der Außenwelt und der menschlichen Innenwelt ein, und der heute fast unaufhaltsam erscheinende Todesmarsch unseres Umfeldes hat längst begonnen.

Von dem von ihm so hochgeschätzten Kirchenvater Augustinus dürfte der Bergoglio-Papst auch die Mär von der Empfindungs- und Vernunftlosigkeit der Pflanzen und Tiere übernommen haben, weshalb er nun selbstverständlich überhaupt keinen Grund mehr sieht, sie in seinem Konzept einer »Theologie der Schönheit« zu berücksichtigen. Hatte doch der Kirchenvater in seiner Schrift „Vom Gottesstaat" selbstsicher proklamiert: „Wenn wir lesen: ‚Du sollst nicht töten', nehmen wir nicht an, dass sich dies auf Sträucher bezieht, und zwar weil sie keine Empfindung besitzen, und ebenso wenig auf vernunftlose Lebewesen, ob sie nun fliegen, schwimmen, laufen oder kriechen, weil sie uns durch den Mangel an Vernunft, die ihnen nicht mit uns gemeinsam gegeben ist, nicht zugesellt sind. Darum hat auch die gerechteste Anordnung des Schöpfers ihr Leben und ihr Sterben unserem Nutzen angepasst". Dem Kirchenvater kann man es verzeihen – er lebte an der Schwelle vom 4. zum 5. Jahrhundert. Aber dass Papst Franziskus im 21. Jahrhundert von den die mannigfachen und vielfältig abgestuften Gefühlsregungen von Pflanzen und Tieren registrierenden Forschungsresultaten einschlägiger Wissenschaftsdisziplinen nichts weiß bzw. sie jedenfalls nicht zum integralen Bestandteil seiner Anthropologie und Pädagogik macht, ist ein Armutszeugnis sondergleichen.

Und nicht nur das. Durch den Ausfall jeglichen Engagements für die Tiere in seinen Schriften ist er mitbeteiligt am Weiterbestehen und Weiterwachsen der alle Epochen des Christentums belastenden Erbschuld am makabren Leiden der Tiere, an den Orgien der Fleischfresserei, die gerade auf den jährlich wiederkehrenden kirchlichen Hochfesten ständig ihren Höhepunkt erreichen. „Zwar gerieren sich die christlichen Großkirchen als die berufenen Verwalter und Linderer menschlichen Leids und Elends – zumindest verbal". Aber „ohne den Tod von Millionen ‚Mitgeschöpfen' (wie sie im deutschen Tierschutzgesetz genannt werden), die gut durchgebraten die Festtagstafel krönen, sind hierzulande weder Weihnachten noch Ostern denkbar. Von zynischer Symbolkraft ist die Tatsache, dass ausgerechnet an einem 25. Dezember (1865) das Zeitalter der industriellen Massentötung von Tieren begann – mit der Eröffnung der Union Stock Yards, der Schlachthöfe von Chicago".[136]

Wahrlich, auch dies ein Triumph des Christentums, das außer in einigen auch wegen ihres Vegetarismus noch verfolgten kleinen Sekten dem Kannibalismus an den Tieren nie Einhalt gebieten konnte und in seinen Hauptströmungen auch gar nicht wollte!

Zwar hat auch Papst Franziskus trotz seiner fast totalen Fokussierung auf Christus inzwischen immerhin bemerkt, dass es ein „ökologisches Problem" gibt, ja dass dieses „sich verschärft", „die Umweltsituation sich zusehends verschlechtert", aber die Einsicht, dass dies alles auch mit unserer Ausbeutungsmanie gegenüber der Tierwelt zu tun haben könnte, kommt ihm nicht. Er sieht einen Grund für die ökologische Krise darin, dass „die traditionellen Energieressourcen zur Neige gehen".[137] An einer, soweit ich sehe, einzigen Stelle, nämlich in seinem Päpstlichen Rundschreiben *Evangelii gaudium*, gibt er wenigstens zu, dass „wir als Menschen nicht bloß Nutznießer, sondern Hüter der anderen Geschöpfe sind. Durch unsere Leiblichkeit hat Gott uns so eng mit der Welt, die uns umgibt, verbunden, dass die Desertifikation des Bodens so etwas wie eine Krankheit für jeden Einzelnen ist, und wir können das Aussterben einer Art beklagen, als wäre es eine Verstümmelung. Lassen wir nicht zu, dass an unserem Weg Zeichen der Zerstörung und des Todes zurückbleiben, die unserem Leben und dem der kommenden Generationen schaden".[138] Aber, wie der letzte Satz zeigt, beklagt der Papst die Schäden an der außermenschlichen Natur letztlich nur deshalb, weil sie am Ende wieder den Menschen schaden.

Aber von unseren natürlichen Kräften zur Bewältigung der Krise hält der Papst ohnehin nicht viel. Die einzige wirklich »revolutionäre« Kraft ist ihm zufolge der Glaube, und der „Ursprung" von dessen „befreiender Kraft" ist „nicht ideologisch, sondern stammt aus seiner Verbindung zum Heiligen. Unser Glaube ist *hierophantisch*, kann also das Heilige im Profanen erkennen."[139]

Wer nun aber denkt, dass in theologischer Sicht ja auch die Natur zum Profanen gehört, somit mindestens an dieser Stelle der Papst auf sie, auf die Welt der Pflanzen und Tiere mit deren Rechten eingehen müsste, der sieht sich wiederum arg enttäuscht. Stattdessen springt der Gedanke des Papstes sofort wieder zur Sphäre des Heiligen zurück. Schließlich müsse man „sich darüber im Klaren sein, dass in einem Leben ohne Transzendenz die Dinge zu Götzen und die Götzen zu Dämonen werden, die ihre vermeintlichen Nutznießer letztlich aussaugen und verschlingen",[140] womit dann die ökologische Krise ohnehin beendet wäre, d. h. im totalen Chaos, der apokalyptischen Weltkatastrophe endete.

Schlimmer noch als die ökologische Krise und deren allertiefste Wurzel sei doch der „Betrug an der Person. Denn letztlich kann eine Anthropologie nicht darauf verzichten, die menschliche Person zu jener einen Person in Bezug zu setzen, die transzendent ist und den Menschen in ebendieser Transzendenz erst eigentlich begründet". Insofern kann „reine Vernunft, reine Wissenschaft, reine Kunst, die reine Staatsform" allein aus sich heraus die ökologische Problematik nicht meistern, ihre „vermeintliche Reinheit" von aller Transzendenz, also ihre absolute Autonomie führe „letztlich immer in den Nihilismus"[141] und damit auch in die ökologische Katastrophe.

Wie normal und realitätsnah im Vergleich zu diesem abstrakten Gerede des Theologen Franziskus erscheint dagegen die Charakterisierung unserer Rolle im Gesamtgefüge der Natur durch Friedrich Engels. In „Dialektik der Natur" betont er, dass wir „bei jedem Schritt daran erinnert werden, dass wir keineswegs die Natur beherrschen, wie ein Eroberer ein fremdes Volk beherrscht, wie jemand, der außer der Natur steht, sondern dass wir mit Fleisch und Blut und Hirn ihr angehören und mitten in ihr stehen, und dass unsere ganze Herrschaft über sie darin besteht, im Vorzug zu allen anderen Geschöpfen ihre Gesetze erkennen und richtig anwenden zu können."[142] Das stimmt mit dem berühmten Diktum des Biologen Julien Huxley, Begründer des »Evolutionären Humanismus«, überein, wonach „der Mensch die zum Bewusstsein ihrer selbst gelangte Evolution" ist. Da der Papst so viel von seiner Sympathie für die Armen redet und so mannigfache Gemeinplätze gegen den Kapitalismus vom Stapel lässt, hätte er sich in diesem Zusammenhang wenigstens doch die Frage des neo-marxistischen Philosophen Wolfgang Harich zu eigen machen können. Der fragte nämlich, „ob eine Gesellschaft, deren Hauptmotiv der materielle Profit ist, in einer homöostatischen Welt unbedingt noch einen Platz haben kann".[143]

Gerade auch im Zusammenhang mit dem Versagen des Papstes bezüglich der Notwendigkeit der Aufwertung der Tiere in der katholischen Kirche und Theologie stellt man sich unwillkürlich die Frage: Ist er ein großer Mensch? Sicherlich ist er ein charismatischer Priester, ein Seelenfänger, ein den Sehnsüchten der Gläubigen und dem von vielen empfundenen Mangel an Zuwendung gnädig entgegenkommender Allesumarmer, Allesumfasser, Allesversöhner (wie gesagt, unter »Alles« sind immer nur Menschen, nicht der übrige Teil der Schöpfung gemeint). Aber verglichen mit wirklich großen Persönlichkeiten, groß auch und gerade im Hinblick auf ihr Eintreten für den außermenschlichen Teil der Schöpfung, ist Bergoglio/Franziskus eine kleine Nummer, eine unbedeutende Erscheinung in der Geschichte des Verhältnisses der Menschheit zum Tier, zur Natur.

Man denke nur an Albert Schweitzer, der die Berücksichtigung der gesamten Natur geradezu zum Kriterium einer Ethik, die diesen Namen verdient, erhoben hat. „Ethisch ist der Mensch nur, wenn ihm das Leben als solches, das der Pflanze und des Tieres wie das des Menschen, heilig ist ... wenn er der Nötigung gehorcht, allem Leben, dem er beistehen kann, zu helfen, und sich scheut, irgend etwas Lebendigem Schaden zu tun ... Das Leben als solches ist ihm heilig".

Ethik ist bei Schweitzer nicht wie bei Bergoglio/Franziskus eine regionale, provinzielle, partielle, ausschnitthafte, nur auf den Menschen zugeschnittene Disziplin, sondern hat ihren Hauptgegenstand in der weitesten und umfassendsten Auffassung von Leben als einer universalen Wirklichkeit. Die »Ehrfurcht vor dem Leben« als Grundprinzip der Ethik basiert auf dem Sachverhalt, dass alles Leben, jedes Lebewesen eine Erscheinung des „geheimnisvollen universellen Willens zum Leben" ist. Wer ergriffen ist „von dem unendlichen, unergründlichen, vorwärtstreibenden Willen, in dem alles Sein gegründet ist", der hat jene „kosmovitale Einfühlung", die es ihm nicht mehr erlaubt, Lebendes zu verletzen oder zu töten, der weist eine naturhafte Spiritualität auf, die die eigenen Schwestern und Brüder, die Tiere, die die Stafette des Lebens in der Evolution an uns weitergereicht haben, nicht mehr verzehren, nicht mehr verspeisen kann. „Ethik ist ins Grenzenlose erweiterte Verantwortung gegen alles, was lebt". Der Mensch müsse sich begreifen als ein Wesen in unzertrennlicher Solidarität mit allem, was da west und lebt, als ein Wesen, das von sich sagen kann: „Ich bin Leben, das leben will, inmitten von Leben, das leben will".[144]

Schweitzers Ethik der Ehrfurcht vor dem Leben wäre ein geeignetes Fundament, auf dem eine endlich in Angriff zu nehmende „Theologie der Natur" errichtet werden könnte. Aber von einer solchen Theologie sind Papst Franziskus und seine Hoftheologen meilenweit entfernt, sie kommt ihnen in ihrer anthropozentrisch amputierten Sicht der Wirklichkeit nicht einmal in den Sinn. Und während die große Persönlichkeit des genialen Philosophen, Theologen, Ethikers und Musikers Schweitzer ihre theoretischen Maximen auch in die Praxis umsetzte, indem er als Arzt von Lambarene in einem Teil Afrikas aufopferungsvoll und selbstlos Leben rettete und heilte, beschränkt sich Franziskus I. auf Aktionssymbolismus, auf symbolische Gesten, die die allzu glaubensbereiten, allzu glaubenssüchtigen Massen zu der Illusion verleiten, diese Gesten seien bereits reale Taten der Hilfeleistung und Notlinderung. Showmaster Franziskus macht es sich leicht und triumphiert trotzdem!

Auch mit einem anderen Großen, dem Physiker Albert Einstein, kann der Papst nicht mithalten. Trotz seiner Zeit und Kraft absorbierenden Fokussierung auf die wichtigsten theoretischen Probleme der Physik bewahrte Einstein stets Verstand, Gefühl und Engagement für das von Menschen verursachte Elend der Tiere, das die meisten Herren der Kirche inklusive Papst absolut kalt lässt. Die mit dem Fleisch von Tieren überreich gedeckten Tafeln der Oberschicht der Kirche, der Päpste, Kardinäle, Bischöfe, Prälaten usw. bei ihren diversen internen, Laien fernhaltenden Feiern bezeugen diese Kälte zusätzlich. Auch Papst Franziskus lässt sich natürlich, wie sein Spitzenbiograph Englisch vermeldet, gern mal einen Kalbsbraten servieren. Wie hoch über dem Bild, das uns die Führungsschicht der Kirche bietet, steht doch der geniale Schöpfer der Allgemeinen und der Speziellen Relativitätstheorie, wenn er betont: „Nur das Leben im Dienst andrer ist ein lebenswertes Leben", wobei er den Bereich dieses Dienstes auf alles Leben ausweitet: „Leben des Individuums hat nur Sinn im Dienst der Verschönerung und Veredelung des Lebens alles Lebendigen. Leben ist heilig, d. h. der höchste Wert, von dem alle Wertungen abhängen". Wichtig sei „die Heiligung des über-individuellen Lebens", also des Lebens, das über das individuelle Ego hinausgehe und auch die Tiere und Pflanzen umfasse. Nur so sei auch die fortschreitende Vergeistigung der Menschheit möglich.[145]

Während die hohe Geistlichkeit beider Konfessionen mit feierlichen Hubertusmessen[146] das Gemetzel an den wildlebenden Tieren segnet, umrahmt und gutheißt, verurteilte Einstein auch die „Lust am Töten", die mit der Jagd verbunden ist, „empfindet er beim Gedanken an eine Jagdpartie einen starken und unmittelbaren Abscheu, während ich doch bei so vielen meiner Mitmenschen ... eine ganz entgegengesetzte seelische Reaktion vorfinde. Ich weiß, dass diese tiefgehende Diskrepanz von Menschen meiner Art als tragisch empfunden wird". Einstein konstatiert einen Einfluss der seelischen Haltung gegenüber der Tierwelt „auch auf das gefühlsmäßige Verhalten der Menschen gegeneinander".[147] Kurz und prägnant hat es der von Einstein hochverehrte Philosoph Arthur Schopenhauer auf den Punkt gebracht: „Wer gegen Tiere grausam ist, kann kein guter Mensch sein".[148]

Eindeutig erklärt sich Einstein zugunsten einer vegetarischen Ernährungsweise: „Nichts wird die Chance auf ein Überleben auf der Erde so steigern wie der Schritt zur vegetarischen Ernährung".[149] Aber er meint es nicht bloß ökologisch-ökonomisch, sondern auch in dem Sinn, dass die fleischlose Kost vergeistigend, humanisierend wirkt: „Rein durch ihre physische Wirkung auf das menschliche Temperament würde die vegetarische Lebensweise das Schicksal der Menschheit äußerst positiv beeinflussen können".[150]

Einstein hat recht. Fleischkonsum verdunkelt, verhärtet, desensibilisiert den inneren Menschen, unser tiefstes Selbst. Wie kann man aber auch eine wirkliche Humanität, eine echte Mitmenschlichkeit und überhaupt die eigene Vervollkommnung ansteuern und halbwegs verwirklichen, wenn man zugleich weiß, dass man seine Schwestern und Brüder, die Tiere tötet? Es ist unmöglich, eine höhere geistige Note seiner Persönlichkeit zu erreichen, wenn man Tiere quält, verletzt, ausbeutet, jagt, schlachtet, in welcher Form auch immer misshandelt.

Aber Kirche, das beweist auch der Bergoglio-Papst, der sich zu Unrecht den Namen des tierliebenden Mönchs Franz von Assisi zugelegt hat, will den Menschen im Grunde gar keine höhere Humanität, Spiritualität, Ethik beibringen, denn das könnte ja dazu führen, dass sie ihre »Hirten« einerseits, ihren Status als gehorsame »Schafe« andererseits in Frage stellen. Nein, Kirche ist und bleibt primär *Kirche für die Masse*, und deshalb wird ihr auch der Papst keinen Verzicht auf Fleischkonsum nahelegen, weil dieser Konsum geradezu konstitutiv zur Definition der Masse gehört. Unter diesem Aspekt der zügellosen Fleischgier sind allerdings auch die meisten Herren der Kirche Massenmenschen!

Noch ein dritter Großer, wahrscheinlich der Größte unter ihnen, sei hier erwähnt, weil er ebenfalls, ja ganz besonders durch seine Theorie und Praxis die Kleinheit jeder kirchenabhängigen Persönlichkeit und die Beschränktheit ihrer anthropozentrischen Sicht der Welt anschaulich werden lässt: Mahatma Gandhi. Von ihm sagt Einstein: „Künftige Generationen werden es kaum glauben können, dass ein Mensch wie er jemals in Fleisch und Blut auf dieser Erde wandelte".[151] Kraft seines gewaltfreien, auch langjährige Haft, Schläge und Folterungen in Kauf nehmenden Widerstandes gegen das britische Empire zwang er dieses zur Aufgabe seiner Herrschaft über Indien. Er brachte das uralte hinduistische und buddhistische Prinzip der *ahimsa*, der Nicht-Gewalt, des Nicht-Tötens, Nicht-Verletzens von allem, was lebt, durch sein selbstloses Handeln und Leiden zu neuer, alles überstrahlender Leuchtkraft (wiewohl auch er wusste, dass selbst der Unschuldigste sich, wenn auch relativ minimal, schuldig macht, wenn er Pflanzenkost, ohne die er nicht leben kann, zu sich nimmt).

Seine unerhörten Anstrengungen für die Versöhnung von Hindus und Moslems, sein Einsatz für die Kastenlosen, „Unberührbaren", und gegen das ganze, ständig bitterste Ungerechtigkeit generierende Kastensystem Indiens, seine Bemühungen um die Gleichberechtigung der Frau, um die Abschaffung der Kinderheirat und gegen die Prostitution, seine allerdings missglückten Versuche zur Erneuerung der indischen Dorfgemeinschaften – man fragt sich, wie dieser schmächtige Mann dies alles und vieles mehr schaffen, meistern, bewältigen konnte. Er selbst sah die Quelle seiner Kraft in der schon erwähnten *ahimsa* und der *satjagrah*, dem liebenden, entschlossenen, mutigen Ergreifen (agrah) der radikalen Wahrheit (satja), das auch nicht davor zurückschreckte, unpopuläre Entscheidungen zu treffen, die im Extremfall dann auch zum Tod führen können.

Bekanntlich hat Gandhi seine unbestechliche Prinzipienfestigkeit mit dem Leben bezahlt. Ein verblendeter Fanatiker tötete ihn. Mit seinem Leben und Sterben bewies Gandhi die von ihm verwirklichte Einheit von Theorie und Praxis. Kein Wort kam von ihm, das er nicht durch die Praxis seines Lebens bestätigt hätte. Er starb für die Wahrheit seiner Überzeugung, dass *„ein Mensch nicht wahr sein kann, wenn er nicht alle Geschöpfe Gottes liebt"*, dass „Wahrheit und Liebe daher zusammen die vollständige Selbstaufopferung sind".[152]

Zwar redet auch Papst Franziskus immer wieder von totaler Liebe und Bereitschaft zur Selbstaufopferung.[153] Aber wenn das mehr als Worte sein sollten, müsste er sofort die Strukturen der absolutistischen päpstlichen Monarchie inklusive der total korrupten Kurie und die mit allen kapitalistischen Cliquen und mafiosen Korporationen kollaborierende Vatikanbank abschaffen, bzw. auflösen. Damit riskierte er zwar auch Attentat und Tod, was man keinem zumuten kann, ausgenommen dem, der ständig wie der Papst davon spricht, dass wahre Liebe zu Gott und seiner Kirche auch den Tod in Kauf nehmen müsse, der als schlagendster Beweis dieser Liebe zu gelten habe.

Und damit sind wir wieder bei der Heuchelei der frommen Phrasen, der großen Worte, die durch keine Tat gedeckt werden und dem christlichen Klerus so leicht von den Lippen rutschen. Genau das hat Gandhi angeprangert: „Ich bin davon überzeugt, dass das Europa von heute nicht den Geist Gottes oder des Christentums verwirklicht, sondern den Geist Satans. Und der Satan hat den größten Erfolg, wo er mit dem Namen Gottes auf den Lippen auftritt. Europa ist heute nur noch dem Namen nach christlich. In Wirklichkeit betet es den Mammon an: ‚Leichter kommt ein Kamel durch ein Nadelöhr, als ein Reicher in das Reich Gottes'. Das sind Worte Christi. Seine sogenannten Anhänger messen ihren moralischen Fortschritt an ihrem materiellen Besitz".[154] Einer der Kommentatoren dieser Aussage Gandhis bekräftigt noch: „Es ist der christlich geprägte Kulturkreis, der die Welt an den Abgrund der Selbstvernichtung geführt hat".[155]

Zwar macht der Papst viel Aufhebens um seine »Armutstheologie«, die dem Eindruck, die Kirche diene dem Mammon, entgegenwirken soll, aber wir werden im Kapitel, das dieser Theologie gewidmet ist, sehen, dass auch in diesem Punkt die Phraseologie die Herrschaft über die tatsächliche Praxis behält.

4. Wie der Papst die Kirche sieht
Seine Ekklesiologie

Katholiken sind brave Leute. Das Vatersein Gottes, das des Papstes als seines Stellvertreters auf Erden und ihr eigenes Kindsein im Verhältnis zu diesen höchsten väterlichen Autoritäten sind den meisten Katholiken derart in Psyche und Hirn eingebrannt, dass sie in Dingen, die Glaube, Religion und Kirche betreffen, nie etwas ohne Genehmigung, Beschluss, Dekret, mit einem Wort ohne den Segen von oben, d. h. konkret des Papstes tun würden. Selbst wenn einer von ihnen dann doch mal über die vom Vatikan festgezurrten Stränge schlägt, hat er, manchmal lebenslang, ein schlechtes Gewissen. Keineswegs sind alle Katholiken fortschrittsfeindlich, keineswegs gegen die Beseitigung der zahllosen Missstände in der Kirche, manche wären sogar für radikale Reformen in ihr, geradezu für eine innerkirchliche Revolution, um das Übel endlich an der Wurzel zu packen – das alles unter *einer Bedingung*: Der Papst muss mitmachen, muss zumindest die Erlaubnis dafür erteilen, muss für jede wichtige Aktion grünes Licht geben.

Jeder Außenstehende weiß: Kein Papst wird das je tun. Aber Katholiken haben die unauslöschliche Kraft, wider jede Hoffnung zu hoffen. Und da sie keine Taten des Papstes in Bezug auf die Herbeiführung echter Reformen sehen, erblicken sie in der minimalsten Andeutung in einer Rede des Papstes oder in der harmlosesten Geste desselben schon den Ansatz, den ersten Schritt, die leise Ingangsetzung einer „weltbewegenden" Reform.

Das geht nicht bloß dem einfachen Katholiken so. Auch Journalisten und Biografen des Papstes unterliegen dieser Illusion. Einer von ihnen ist Andreas Englisch, Autor des Bestsellers: „Franziskus – Zeichen der Hoffnung". Der möchte natürlich auch endlich Reformen sehen, und da diese ausbleiben, konstruiert er ebendiese. Das macht er auf ganz pfiffige Weise. Er erfindet z. B. einen radikalen Gegensatz zwischen Franziskus und seinem Vorgänger, dem Ratzinger-Papst. Ach, was sage ich „radikal", für Herrn Englisch ist dieser Gegensatz geradezu revolutionär. Deshalb lautet auch der Untertitel seines Buches: „Vom Erbe Benedikts XVI. zur Revolution im Vatikan".

Papstbiograf Englisch regt sich sogar heftig auf über jene, die im Pontifikat Bergoglios nur eine Fortsetzung der Regierung Benedikts XVI. sehen. „... viele Kardinäle und Bischöfe hatten geglaubt, Papst Franziskus führe einfach den Weg fort, den Papst Benedikt XVI. eingeschlagen hatte. Franziskus gebe sich zwar ein wenig exzentrisch mit seinem Tick, sich dauernd für die Armen einzusetzen, aber im Großen und Ganzen lägen Benedikt XVI. und Franziskus sehr nahe beieinander... Sein erstes eigenes Opus, so vermuteten viele Theologen, würde ganz nah an seinem Vorgänger sein. Doch weit gefehlt: Mit der Veröffentlichung der Konstitution >Evangelii Gaudium< war die Epoche Ratzinger endgültig zu Ende. Eine neue Zeit hatte begonnen".[156]

Beim besten Willen: Ein radikaler, gar revolutionärer Gegensatz zu Ratzingers Überzeugungen und schriftlichen Ausführungen ist in dieser „Konstitution" des neuen Papstes nirgendwo feststellbar. Hier ist der Wunsch des Lieblingsbiografen Bergoglios der Vater des Gedankens!

Die „neue Zeit", die mit Papst Franziskus angebrochen sei, sieht sein Biograf Englisch vor allem darin, dass dieser Papst einfach das Evangelium an *alle* Menschen herantragen möchte, während Theoretiker Benedikt abstrakte Theologie treibe, den Glauben nach allen Richtungen hin analysiere und im Grunde einen gewissen »Elitarismus« vertrete, nach dessen theologischer Vorstellung nur ein eher kleiner Teil der Menschheit gerettet, d. h. erlöst werden könne. Benedikt gehe es „um ein Konzept, das des Lichts des Glaubens, um eine abstrakte Idee. Franziskus hingegen wendet sich ... unmittelbar an die Menschen. Es geht ihm nicht um ein Konzept, es geht ihm um die Probleme der Menschen".[157]

Wenn das die „revolutionäre" Neuerung sein soll, die mit Papst Franziskus begonnen habe, dann kann es mit ihr nicht weit her sein. Der Ratzinger-Papst wollte mit seiner in Büchern und Enzykliken verbreiteten Theologie vornehmlich die Gebildeten bzw. Halbgebildeten unserer Zeit erreichen. Das ist richtig. Papst Franziskus geht es mehr um den einfachen Menschen, vor allem um die Armen im Geiste wie „dem Fleische" nach. Auch das stimmt. Aber wenn der Troubadour des neuen Papstes dies als radikalen Gegensatz zu Ratzingers Konzept, als revolutionären Anbruch einer neuen Zeit in der Geschichte des Papsttums, anpreist, dann sind mit ihm die Rosse der viele Menschen erfasst habenden Bergoglio-Begeisterung durchgegangen, dann hat er eine minimale Akzentverschiebung, eine geringe Schwerpunktverlagerung, wie sie in der seelsorgerlichen Praxis der Kirche in jedem Jahrhundert stattgefunden hat, zu einem Popanz aufgebaut. Halten wir fest: Die kirchliche Strategie der Menschengewinnung, an der es beiden Päpsten ganz wesentlich liegt, differiert bei ihnen ein wenig, aber in der inhaltlichen Substanz ihrer Lehre und Predigt gibt es keine Unterschiede.

Selbst in puncto *Glaubensanalyse* besteht keine Differenz zwischen den beiden. Behauptet Ratzinger, dass eine gewisse Pattsituation zwischen Glauben und Unglauben bestehe, dass weder der Glaube noch der Unglaube seiner selbst je sicher sein könne, dass letzterer den ersteren überall wie ein unheimlicher Gast begleite, so behauptet Franziskus in seinem ersten eigenen Rundschreiben im Prinzip ganz Ähnliches: „Der Glaube behält immer einen Aspekt des Kreuzes, eine gewisse Unverständlichkeit, die jedoch die Festigkeit der inneren Zustimmung nicht beeinträchtigt. Es gibt Dinge, die man nur von dieser inneren Zustimmung her versteht und schätzt, ... jenseits der Klarheit, mit der man ihre Gründe und Argumente erfassen kann".[158] Das ist zwar von Franziskus etwas frömmer und nebulöser ausgedrückt, aber der Sache nach genau das, was auch Ratzinger meint.

Und auch in dem, was den beiden Päpsten das Hauptanliegen ist, die *Kirche*, stimmen sie restlos überein. Jeder, der Ratzingers Schriften einigermaßen kennt[159], wird mir zustimmen, dass die sogleich zu zitierenden Aussagen von Franziskus auch die tiefste Überzeugung seines Vorgängers ausdrücken (wiewohl beide in Bezug auf die Gründung der Kirche durch Jesus irren oder die Unwahrheit sagen): „Jesus *gründet* die Kirche und *verankert uns im Grund der Kirche* ... >unsere heilige Mutter, die hierarchische Kirche<, hat sie der heilige Ignatius gerne genannt ... Diese Formulierung verweist auf drei Aspekte, die sehr eng miteinander zusammenhängen: *Heiligkeit, Fruchtbarkeit und Disziplin*. Wir wurden zur *Heiligkeit* in einem heiligen Leib – dem Leib unserer heiligen Mutter Kirche – geboren. Ob wir gemäß unserer Berufung >heilig und ohne Tadel vor ihm sind< und ob unser Apostolat Früchte trägt, hängt davon ab, wie diszipliniert wir uns in diesen Leib einfügen. Die Kirche ist heilig ... Sie führt Christi Gegenwart ununterbrochen fort ... wir erfreuen uns zu wenig an der Heiligkeit, die uns mit unserer Kirche versöhnt, weil in ihr Gott selbst seinen Leib besucht ... Die Kirche ist Mutter; sie gebiert Kinder mit der Kraft des ihr anvertrauten Glaubensguts (depositum fidei). Sie ist >Hüterin der Frohbotschaft<, die es zu verkündigen gilt. Die Verheißungen des neuen Bundes in Jesus Christus, die Predigt des Herrn und der Apostel, das Wort des Lebens, die Quellen der Gnade und der Güte Gottes, der Weg des Heiles: *all dies ist der Kirche anvertraut worden* und bildet den Inhalt ihrer Verkündigung, den die Kirche *als lebendigen und kostbaren Schatz hütet, nicht um ihn verborgen zu halten, sondern um ihn mitzuteilen* ... , das heißt, um zu gebären, um Leben zu schenken. Und sie gebiert ihre Kinder in ungebrochener Treue zu ihrem Bräutigam ... Lieben wir das Geheimnis der Fruchtbarkeit der Kirche ebenso, wie wir das Geheimnis der Jungfrau und Mutter Maria lieben ... Unsere Liebe zur Kirche ist eine Liebe zu einem Leib, in den wir uns eingliedern, und das erfordert *Disziplin*".[160]

Papst Franziskus verurteilt „mangelnde Disziplin im Priesterleben". Diese mangelnde Disziplin eines Priesters kann nach dem Papst auch darin bestehen, dass er nicht versteht oder akzeptiert, „dass der Auftrag, der uns anvertraut worden ist, die Evangelisierung, niemals das individuelle und isolierte Tun eines Einzelnen, sondern immer ein zutiefst kirchliches Tun ... ein Akt der Kirche ist. Sein Tun ist durch institutionelle Beziehungen, aber auch durch unsichtbare Bande und die verborgenen Wurzeln der Gnadenordnung eng verbunden mit der Glaubensverkündigung der ganzen Kirche. Dies setzt voraus, dass er nicht aufgrund einer Sendung, die er sich selber zuschreibt, oder aufgrund einer persönlichen Anregung tätig ist, sondern in Verbindung mit der Sendung der Kirche und in ihrem Namen ... Hierin wurzelt unsere Disziplin in der Tatsache, dass kein Verkünder des Evangeliums absoluter Herr seiner Glaubensverkündigung ist, so dass er darüber selbst nach seinen persönlichen Maßstäben und Ansichten entscheiden könnte. Er muss es vielmehr tun in Gemeinschaft mit der Kirche und ihren Hirten. Unsere Zustimmung zum Reich kann nicht abstrakt und körperlos bleiben, sondern offenbart sich konkret durch einen sichtbaren Eintritt in eine Gemeinschaft von Gläubigen; diese Gemeinschaft ist die Kirche, das sichtbare Sakrament des Heiles ... und sichtbares Zeichen der Begegnung mit Gott ... Unsere Zustimmung zum Reich muss sich hineinkauern in die Seite des am Kreuz entschlafenen Christus, aus der seine Braut geboren wird, die fruchtbare Mutter eines disziplinierten Leibes, den sie mit den Sakramenten nährt. >Es besteht daher eine enge Verbindung zwischen Christus, der Kirche und der Evangelisierung. Während dieser Zeit der Kirche hat die Kirche die Aufgabe zu evangelisieren. Diese Aufgabe wird nicht ohne sie, noch weniger im Gegensatz zu ihr, durchgeführt< ... Es ist >absurd<, wenn jemand beteuert, >Christus zu lieben, aber ohne die Kirche; auf Christus zu hören, aber nicht auf die Kirche; mit Christus zu sein, aber außerhalb der Kirche<".[161]

Die Leserin, der Leser verzeihe mir diesen in den zwei letzten Absätzen zitierten überlangen und nervtötenden Text aus dem Mund des Papstes. Aber dieser Text stellt im Kern *das ganze Kirchenkonzept und Regierungsprogramm* von Franziskus I. dar, und man sieht ohne die geringsten Schwierigkeiten, dass diese Lobeshymne auf die Kirche als Braut Christi, Mutter der Gläubigen usw. ohne jeden Abstrich auch die Lehre der Kirche ist und ebenfalls der Überzeugung des »Glaubenswächters par excellence« Joseph Ratzinger voll entspricht.

Gerade von dem, was viele Kirchenmitglieder erhofft und Papstbiograf Englisch sogar zu sehen glaubt, nämlich insbesondere von einem *Kurswechsel in Bezug auf die exklusive Ein-*

zigartigkeit der katholischen Kirche und die daraus logisch folgende streng autoritäre Kirchendisziplin kann keine Rede sein. Hatte Ratzinger in seiner Spitzenfunktion als Chef der vatikanischen Glaubenskongregation, also noch ehe er Papst wurde, jedoch mit dem höchsten Segen des damals noch regierenden Johannes Pauls II., das kirchenamtliche Schreiben »Dominus Jesus« veröffentlicht, in dem er allen nicht römisch-katholischen Gemeinschaften absprach, „Kirchen im eigentlichen Sinne" zu sein, weil sie „den gültigen Episkopat und die ursprüngliche und vollständige Wirklichkeit des eucharistischen Mysteriums nicht bewahrt haben", so verschärfte Papst Franziskus diese Erklärung noch mit den oben zitierten Bestimmungen, dass nichts, aber auch nichts im Bereich des Religiösen ohne „Gemeinschaft mit der Kirche und ihren Hirten", ohne „institutionelle Bindung" an Rom, ohne „Verbindung mit der Sendung der Kirche"; ohne „ihren Namen und Auftrag" geschehen dürfe.

Beide, der Ratzinger- wie der Bergoglio-Papst, sind absolute Hardliner, wenn es darum geht, „die Einzigartigkeit und die Heilsuniversalität Jesu Christi und der Kirche"[162] hervorzuheben. In diesem einen eminent wichtigen Punkt sind die beiden ungleichen Glaubensbrüder, der eine eher von kühler Höflichkeit, der andere von herzerwärmender Liebenswürdigkeit, plötzlich alle Masken fallenlassend, rabiate, intolerante Fanatiker und eiskalte Dogmatiker! Es geht hier bei diesem Zentralpunkt schließlich um die Monopolstellung im gesamten Bereich des Religiösen, und da hat die Amtskirche noch nie Gnade oder Dialogbereitschaft walten lassen. Die Geschichte der Inquisition, die Verbrennung von Ketzern und Schismatikern beweist es.

Trotzdem werden mir Fans von Franziskus I. die Behauptung seiner Intoleranz nicht so ohne weiteres abnehmen.

Also bitte konkreter! Z. B. im Fall der Frau Dr. Martha Heizer. Sie ist Leiterin der Plattform WSK („Wir sind Kirche") in Österreich. Die tiefgläubige Katholikin sah sich durch die Tatsache, dass viele Pfarreien keinen Priester mehr haben, dass zahlreiche Gemeinden ohne Feier der Eucharistie bleiben, ermutigt, selber solche Feiern zu veranstalten! Eine Konsequenz: Sie wurde exkommuniziert, und Papst Franziskus ist nicht bereit, diese Kirchenstrafe aufzuheben. Warum auch? Sie hatte ja keine Legitimation, keine Ermächtigung durch die Herren der Kirche, insbesondere durch ihn, der in solchen Fällen die letztentscheidende Instanz ist.

Der Papst, der in seinen Schriften ständig Bibelzitate verwendet, ist plötzlich blind und taub, wenn sich ein Bibeltext gegen ihn wendet. Denn er müsste ja die Stelle 18,19 im Matthäusevangelium kennen, die ihm Dr. Haas im österreichischen Magazin *Kirche In* (KI) entgegenhält: „Jesus verspricht in Mt 18,19 (der christlichen Gemeinde): ‚Alles, was zwei von euch auf Erden gemeinsam erbitten, werden sie von meinem Vater im Himmel erhalten'. ‚Zwei von Euch', nicht mehr und nicht weniger, heißt, gleichgültig ob Mann oder Frau, ob geweiht oder nicht, also jeder Getaufte. Und nun erbitten diese ‚zwei' die Wandlung von Brot und Wein. Damit wäre doch die Eucharistiefeier voll gültig, auch ohne Priester, denn warum sollte der Gott diese Bitte nicht erfüllen? ... Mt 18, 19 ist doch ein Teil der Perikope Mt 18, 15–20. In dieser befasst sich Jesus mit der *GEMEINDE*; er zeigt ihr den Weg der Behandlung von Sündern (15–17), er erteilt der Gemeinde die BINDE- und LÖSEGEWALT (18), er offenbart sich der Gemeinde als Vermittler und Fürsprecher (19) und er verspricht ‚unter ihnen zu sein, wenn zwei oder drei von Gläubigen beisammen sind' (20). Es ist unerklärlich, warum ... Mt 18,19 bei der

Argumentation von ‚Eucharistie ohne Priester' nicht herangezogen wird".[163]

Nun, der Papst und seine beamteten Vasallen werden es nicht tun. Es wäre ja die „Entbeamtung" des Klerus, die Pleite des Geschäfts der hochoffiziellen Vermittler zwischen Erde und Himmel, zwischen den Gläubigen da unten und dem Gott da oben mit den Seelen. Noch Papst Paul VI. hat in seiner »Priesterenzyklika« den Priester offiziell zu einem höheren Wesen erhoben: er sei zwar weniger als Gott, aber mehr als die gewöhnlichen Gläubigen und daher befugt, die Vermittlerrolle zu spielen. Und diesen Papst, noch berüchtigter durch seine intolerante »Pillen-Enzyklika«, hat Franziskus vor kurzem seliggesprochen! Die Heiligsprechung erfolgt mit Sicherheit auf dem Fuß. Bewundernswert, wie sich die Päpste die Bälle zuspielen! Hauptsache, ihr Monopol in Sachen Religion bleibt erhalten.

Der armen Frau Heizer hilft das alles nichts. Zu viele Feiglinge beherbergt die Kirche. Selbst innerhalb der Plattform „Wir sind Kirche" macht sich ein Teil der „Reformer" dafür stark, sie abzusetzen. Es käme, so Frau Heizer, „einer zweiten Exkommunikation gleich". Wie weiter oben gesagt: Die meisten Katholiken fühlen sich nicht wohl, können nicht leben ohne die Verbindung mit der Hierarchie, und schon gar nicht ohne die gefühlte Einheit mit dem jetzt in Rom schaltenden und waltenden „Heiligen" Vater, der doch so „gütig" ist.

Doch es gab wenigstens ein paar in den Printmedien publizierte Stimmen für Frau Heizer. In einer heißt es: „Die einzige Möglichkeit, die in Hochmut und Selbstgerechtigkeit erstarrte und verkrustete Hierarchie zu bekehren, kann einzig und allein mit den Mitteln von Frau Heizer erreicht werden: Einfach Eucharistie feiern, einfach Sakramente spenden...

keine Exkommunikation, keine Suspension, kein Kirchenbann darf Ihnen noch etwas bedeuten. Denn die Strafmaßnahmen waren immer nur Instrumente der Herrschaft von Menschen über Menschen. Eine Legitimation durch die ‚Herren der Kirche' braucht es nicht".[164]

Die Eiseskälte des Bergoglio-Papstes im Fall der Frau Heizer ist kein einmaliger Ausrutscher. Man denke nur an die etwa zweihundert Frauen, die um die volle Gleichberechtigung in der Kirche kämpften und kämpfen und exkommuniziert wurden, weil sie die in den Augen der Herren der Kirche unverzeihliche „Unverschämtheit" besaßen, zu dieser Gleichberechtigung auch das Recht zum weiblichen Priestertum zu zählen und sich deshalb zu Priesterinnen weihen zu lassen.

Hier fühlte sich die Hierarchie, egal ob mit Wojtyla, Ratzinger oder Bergoglio an der Spitze, im innersten Kern ihrer männlichen Vorherrschaft angegriffen, denn diese steht seit der Entfernung weiblicher Apostel vor 2000 Jahren aus der Führungsspitze der frühen Kirche bis zum heutigen Tag unter der Devise: Die Macht in der Kirche haben nur Männer, die Herrschaft der Kirche hat *maskulin, patriarchalisch,* nicht matriarchalisch zu sein.

Wohlgemerkt: Es handelt sich bei den Frauen, die sich zu katholischen Priesterinnen weihen ließen, um tiefreligiöse, kirchentreue Menschen. Und das ist ihr Dilemma, das wir eingangs dieses Kapitels behandelt haben: Viele von ihnen leiden unter dieser Exkommunikation, können nicht ganz glücklich sein, wenn der oberste Herr im Vatikan die Strafe nicht feierlich und in aller Form aufhebt. Sie wollen ja *in* der Kirche bleiben, wollen ihr mit ganzem Herzen dienen, könnten den Mangel an Priestern, unter dem so viele Pfarrgemeinden leiden, beheben. Aber der Herr in Rom, von dem

sie sich gerade nach der Papstwahl Bergoglios so viel erhofft hatten, bleibt unerbittlich, weicht keinen Zentimeter ab von den rigorosen Vorgaben seiner beiden unmittelbaren Vorgänger bezüglich des Verbots der Priesterweihe von Frauen.
Ein weiterer Aspekt dieses Dilemmas der eingetrichterten Kirchentreue in jüngeren Jahren, der in die Gehirne eingehämmerten Überzeugung, nur diese Kirche sei die wahre und ohne sie könne der Mensch nicht zum Heil gelangen, ist die Mutlosigkeit dieser Frauen, die Angst, eine eigene Kirche zu gründen, diesen ganzen hybrid-arroganten Hierarchieapparat hinter sich zu lassen, ihn für irrelevant zu erklären. Stattdessen hoffen auch sie – wie viele Reformkatholiken – wider alle Hoffnung, der Papst werde irgendwann doch ein Einsehen haben, den Kirchenbann aufheben und ein weibliches Priestertum genehmigen.
Dabei, die Vision ist nicht ohne: Eine katholische Kirche der Frauen, mit Frauen an der Spitze, demokratisch gewählt, sich als Helferinnen, nicht Herrinnen aller Mitglieder ihrer Kirche verstehend. Eine Kirche, zu der mit der Zeit alle katholischen Frauen gehören würden, weil sie in der alten Kirche stets nur zweite Kategorie waren und diese Missachtung, Verachtung, Gängelung durch den Klerus endlich voll durchschaut hätten. Die Verwirklichung dieser Vision bedeutete den Einsturz der undemokratischen, hierarchischen Männerkirche, in der paradoxerweise die Frauen stets die Mehrheit stellten. Ihr kollektiver Auszug wäre praktisch das Ende der Macht der Kleriker.
Aber bleiben wir bei der tristen Realität: Fakt ist, dass eine ganze Reihe der Frauen, die wegen ihres Empfangs der Priesterweihe durch einen abtrünnigen, aber gültig geweihten katholischen Bischof bzw. durch von diesem geweihte Bischö-

finnen vom Bergoglio-Papst oder von dessen Vorgängern exkommuniziert sind, darunter leidet, schwer leidet. Allein dieses Faktum wäre für einen Menschen, dem wie keinem anderen in unserer unmittelbaren Gegenwart eine unbegrenzte Güte zugesprochen wird, Grund genug, sich dieser Frauen zu erbarmen, ihre Exkommunikation zu annullieren. Aber der Papst zeigt nicht das kleinste Anzeichen von Mitgefühl für diese Frauen.

In Anbetracht dessen erweisen sich viele Aussagen von Franziskus I. als *pure Heuchelei*. Zu Gott, zu Christus und seiner Kirche, sagt z. B. der Papst, „lade ich *jeden Christen ein, gleich an welchem Ort und in welcher Lage er sich befindet* ... Es gibt keinen Grund, weshalb jemand meinen könnte, diese Einladung gelte nicht ihm, denn *niemand ist von der Freude ausgeschlossen,* die der Herr uns bringt ... Die Freude aus dem Evangelium ist für das ganze Volk, *sie darf niemanden ausschließen*".[165] Tja, die betreffenden Frauen schon! Sie haben das wichtigste Privileg der Männerwelt in der katholischen Kirche angetastet: deren Alleinherrschaft in ihr. Diesbezüglich kennt auch der neue Papst kein Pardon.

Wie gesagt, schöne, seinem negativen Handeln widersprechende Worte trägt der Papst immer wieder mit einem die Öffentlichkeit täuschenden großen Pathos vor, und zwar massenweise sowohl in seinen Schriften als auch in seinen Predigten. Da macht er tatsächlich oft keine Ausnahmen, da schließt er explizit niemanden aus der Gemeinschaft mit Gott, Christus und der Kirche aus. Aber da fungiert er eben in seiner Lieblingsrolle als Populist und Missionar, der alle Seelen für die Kirche einfangen möchte. Da lässt er klugerweise alle kirchenamtlichen Einschränkungen, mit denen er sich sonst total identifiziert, unerwähnt: „Die ganze Geschichte der Welt ist im Kreuz enthalten", sagt er z. B., und dieses Kreuz sei das Symbol für „Gnade ... Erbarmen und Reue ... Der Kirche klingt die Stimme Gottes in den Ohren, der durch seinen Propheten spricht: Fürchte dich nicht, denn ich habe dich ausgelöst ... und werde dich wieder auslösen ... der Herr, dein Gott ist es, der mit dir spricht! Er wird seine Hand nicht von dir lassen und dich nicht im Stich lassen ... Fürchte dich nicht und verzage nicht".[166] In der weltumfassenden Gemeinschaft der Kirche finden sich alle zusammen: „der Spanier und der Indio, der Missionar und der Conquistador".[167] Den Conquistadoren, die die von ihnen geraubten Schätze Südamerikas – wenigstens zu einem bedeutenden Teil – dem Papst zu Füßen legten, hat die Kirche schon immer leichter verziehen als den Ketzern, Schismatikern, Dissidenten aller Art, die eine Gefahr für das Monopol ihrer alleinigen Autorität in Sachen des Glaubens und der Moral darstellten.

Schön kann der Papst auch über die *Gleichheit* von Frau und Mann in der Kirche schwelgen, solange die Frauen daraus keine praktischen Forderungen ableiten. „*Unsere Identität als Männer und Frauen des Glaubens*", schwärmt der Papst, „beruht auf unserer *Zugehörigkeit zu einem Leib* und nicht auf der Behauptung unseres isolierten Selbstbewusstseins. Die Taufe bedeutet Zugehörigkeit zur institutionellen Kirche. Das *Sein misst sich an der Zugehörigkeit*".[168] Also die Taufe muss man schon über sich ergehen lassen, um zugehörig zu sein. Aber in Bezug auf die Frauen reicht nicht mal die Taufe, alle Privilegien der Kirche sind den Männern vorbehalten. Diesbezüglich sind diese in den Augen der Hierarchie identischer!

Wenn die Frauen sich auf den *klaren Menschenverstand* berufen, der die exklusiven Privilegien für die Männer als Gegensatz zu der vom Papst doch behaupteten Gleichheit von Frau und Mann erkennt, dann sind sie bereits einem *Irrglau-*

ben zum Opfer gefallen. In so einer Situation lässt Franziskus dann alle Masken der Toleranz und Güte fallen und erklärt schroff und unnachgiebig: „Das Schlimmste, was einem Menschen passieren kann, ist, dass er sich von den >Irrlichtern< der Vernunft führen lässt. Ein solcher Mensch ist ein intellektueller Ignorant".[169] „Der Verstand wirkt zerstörerisch, wenn man ihn sich selbst überlässt".[170] „In einem Leben ohne Transzendenz" werden „die Dinge", auch der Verstand, die Vernunft, „zu Götzen und die Götzen zu Dämonen, die ihre vermeintlichen Nutznießer letztlich aussaugen und verschlingen",[171] hörten wir den Papst auch schon sagen.

Wenn Theologen »Transzendenz« sagen, meinen sie dabei nicht die Transzendenz der Philosophen, die eine ganze Fülle von Möglichkeiten des Hinausgehens über die sinnlich wahrnehmbare Realität bedeuten kann, sondern kurz und bündig, aber eben verschleiert: *Gott*, bei katholischen Theologen noch enger: den *Gott der Kirche*, und bei Bergoglio/Franziskus im jetzigen Zusammenhang noch einmal enger: *Gott, Christus und die Kirche*. Frauen sind also „ohne Transzendenz", d. h. ohne Gott, Christus, Kirche, wenn sie ihrem gesunden Menschenverstand vertrauen und, auf ihn pochend, gleiche Rechte in der Kirche einfordern!

Fast auf jeder Seite seiner Publikationen lobt und preist der Papst die Größe, Herrlichkeit und Heiligkeit der Kirche überschwänglich. Diese Kirche ist jedoch an sich weiblich, ist eine Frau, „die Braut des Herrn" Jesus[172], „seine heilige und makellose Braut",[173] wie der Papst nicht müde wird zu betonen! Das müsste für ihn Grund genug sein, nach dem Vorbild der Kirche als *Frau*, als ständig neue Kinder des Glaubens „gebierende *Mutter*",[174] als „*Braut* Christi" auch vor *allen* Frauen Hochachtung zu hegen und ihnen keinerlei Rechte in dieser Kirche vorzuenthalten. Frauen könnten ja tatsächlich in vielen Menschen Glauben und Liebe erwecken, also als Priesterinnen tätig sein, wie das in vielen „heidnischen" Religionen der Fall war.

In Wirklichkeit überzeugt auch dieses Argument die Herren der Kirche, insbesondere den Papst Franziskus nicht. Denn als Braut des *Herrn* Jesus ist ihr dieser dennoch vor- und übergeordnet, überragt er sie auch an Heiligkeit und Reinheit. Deshalb kann der schwärmerisch-romantische Minnesänger der „makellosen" Kirche Franziskus dann doch plötzlich mal in den an sich ununterbrochenen Fluss seiner Lobpreisungen dieser Institution die Bombe einschmuggeln, sie sei auch eine „Hure", eine „keusche Hure" freilich, eine „casta meretrix".[175]

Das Kunststück, eine keusche Hure, Hure und zugleich keusch zu sein, hat zwar noch keine Frau fertiggebracht, höchstens in der Phantasie, aber Frau Kirche schafft das, es ist halt, so Franziskus, das „Mysterium ihrer Heiligkeit".[176] Und gegen das Mysterium kommt der Rationalist nicht an, er sollte an dieses Geheimnis glauben.

Wir wollen es aber doch lieber mit der einfachen Logik halten, und der zufolge gilt die Alternative: Entweder keusch oder Hure. Beides in einer Person geht nicht! Wenn Papst Franziskus trotzdem an der Kirche als »keuscher Hure« festhält, dann vielleicht deshalb, weil er sich in seltenen Momenten radikaler Aufrichtigkeit doch eingesteht, dass die Kirche in allen Epochen ihrer Geschichte, spätestens aber seit dem 4. Jahrhundert, seit Kaiser Konstantin, den Mächten und Herren dieser Welt stets als Hure zu Diensten war, dass sie immer und immer wieder „zu den Potentesten ins Bett schlüpfte" (K. H. Deschner). Anpassung um jeden Preis, ohne Rücksicht auf die Moral, war ihre höchste Devise, wenn es ums eigene Überleben im Angesicht brutaler Diktaturen ging oder Vorteile aus der Partnerschaft mit ihnen zu erwarten waren. Der langjährige Korrespondent von WDR und NDR in Rom, Hansjakob Stehle, hat diese hurenhafte Strategie der Kirche in Bezug auf das 20. Jahrhundert treffend charakterisiert: Die Päpste suchten „vor Freimaurern und Freidenkern ... Zuflucht bei den Faschisten, angesichts der Bolschewiken schienen ihnen die Nazis vorübergehend als kleineres Übel, schließlich setzten sie auf christliche, versöhnten sich mit den liberalen und sozialistischen Demokraten, mit dem Judentum und mit der Feuerbestattung. Der theologische Waffenstillstand mit Orthodoxen und Protestanten, der Dialog mit regierenden Marxisten und die milde Bewunderung für islamische, buddhistische, ja hinduistische Spiritualität – all dies war nur die Konsequenz einer neuartigen, doch uralten Tendenz zu universaler Weltumarmung".[177] Zu nutzen wussten die Päpste jede Wendung der großen Weltpolitik: „Die russische Hungersnot, die deutsche Rapallopolitik, Hitlers Antikommunismus, Stalins Niederlagen und Siege, den Kalten Krieg und die Entspannungspolitik von Kennedy bis Ford, von Adenauers Moskaureise bis Brandts Warschauer Kniefall".[178] Stehle erwähnt sogar, dass er dem Vatikansprecher und langjährigen antikommunistischen Leitartikler des *Osservatore Romano*, Professor Frederico Alessandrini, die Frage gestellt habe, „ob der Heilige Stuhl, der ... in den zwanziger Jahren durch Eugenio Pacelli lange Zeit mit den Sowjets verhandelte, dann mit Mussolini und Hitler Konkordate schloss, auch mit Stalin eine Abmachung geschlossen hätte, wenn dieser je dazu bereit gewesen wäre. Die Antwort Alessandrinis: ‚Ich glaube ja. Vergessen Sie nicht, dass der Heilige Stuhl auch mit der Französischen Revolution schließlich konkordatseinig wurde!'"[179]

Es ist klar, dass bei so enormer Anpassungsfähigkeit im Dienste der Aufrechterhaltung der Zentralgewalt des Papsttums über alle Phänomene des kirchlichen, ja letztlich auch des gesamten religiösen Lebens in allen Staaten der Erde die Moral auf der Strecke bleiben muss.

Auch in dieser Hinsicht hat sich Papst Franziskus als treues Abbild der Kirche erwiesen. Im Verhältnis zur seinerzeitigen argentinischen Militärregierung hat der vom rechten Flügel des Peronismus herkommende Bergoglio sich »typisch kirchlich« verhalten, hat er mit geradezu schlangenhaft-jesuitischer Schläue alle Klippen dieser bestialisch mit Menschenleben umgehenden Diktatur umschifft und dabei niemals das übergeordnete Ziel, die Existenz der Kirche zu sichern, aus den Augen verloren. Allerdings gibt es Stimmen, die behaupten, er habe ein heimliches Netzwerk aufgebaut, um Verfolgte vor der argentinischen Militärregierung zu schützen bzw. aus ihren Klauen zu befreien.

Aber kehren wir nochmals zur Kirche als der „keuschen Hure" zurück. Franziskus weiß offenbar gar nicht, welch ein fatales Kuckucksei er da seinem von ihm doch so hochgelobten Christus ins Nest gelegt hat. Denn wenn die Kirche eine Hure, zugleich aber auch die „Braut Christi" ist, dann ist dieser der Bräutigam einer Hure! Franziskus I., der den armen Jesus aus Nazareth als natürlichen, nicht etwa gnädiglich adoptierten Gottessohn und zweite Person der trinitarischen Gottheit, ausgestattet mit allen Hoheitstiteln derselben, ganz im Sinne der kirchlichen Dogmatik hochjubelt, ihn zum Größten der gesamten Weltgeschichte macht, ihn also himmelhoch erhöht, erniedrigt ihn gleichzeitig in der schmählichsten, blamabelsten, skandalösesten Weise, indem er diesen Christus zum Bräutigam einer Hure macht, einer Mega-Hure, wenn man den ganzen klebrigen Schleim der charakterlosen Anpassungen der Kirche an alle Verbrechenssysteme der Geschichte der letzten 2000 Jahre berücksichtigt. So stößt der Papst als selbsternannter Stellvertreter Christi auf Erden diesen in einer Art und Weise vom Sockel, wie das kein noch so fanatischer Feind des Christentums schlimmer machen könnte!

Es ist, bildlich gesprochen, wie wenn ein hochangesehener Prinz zur feierlichen Vermählungszeremonie in die Kirche kommt, um eine unberührte Jungfrau zu ehelichen und sozusagen im letzten Moment, bereits vor dem Traualtar, mit der Nachricht überrascht wird, dass die Angehimmelte längst defloriert ist. Peinlich! Das hat Papst Franziskus nicht bedacht, als er, soweit ich sehe, ein einziges Mal in seinen Schriften die Kirche als Hure bezeichnete. Da ist er einmal radikal wahrhaftig, und schon blamiert er sich und seine Kirche bis auf die Knochen!

Allerdings: Wem werden solche Blamagen bzw. überhaupt all die Widersprüche im Denken des Papstes schon auffallen? Den Armen dieser Welt bestimmt nicht, die haben andere Probleme. Auch aus diesem Grund liebt der Papst die Armen, hat er sich seine Armentheologie zurechtgelegt, die nicht nur auf die Priorität der Armen in der Kirche setzt, sondern auch ihre »Armut im Geiste« lobt. Wie bereits erwähnt, sieht der Papst diese Priorität bereits in der Lehre Jesu: „Deshalb wird die Fülle der Zeiten und die Fülle der Botschaft Gottes ebenjenen verkündet, die, rein menschlich betrachtet, *wenig Fülle vorzuweisen haben: einfachen Leuten*, solchen, die *demütig die Gebote halten* (Joh 14,21), *armen Fischern* (vgl. Mt 5,3) ... Ich preise dich, Vater, Herr des Himmels und der Erde, dass du dies *vor Weisen und Klugen verborgen, Unmündigen aber offenbart hast. Ja, Vater, so hat es dir gefallen ...* (Lk 10,21–23)".[180]

„Ein deutliches Zeichen für die Echtheit eines Charismas ist", so der Papst, „seine Kirchlichkeit, seine Fähigkeit, sich harmonisch in das Leben des heiligen Gottesvolkes einzufügen zum Wohle aller".[181] Das gelingt den »Armen im Geiste« wahrlich besser als den Intellektuellen, die sich das maßlose Autonomiestreben der Moderne „leichter" zu eigen machen, weil sie „den Halt verloren – den Halt im Transzendenten" und deshalb „oftmals entwurzelt und schutzlos" seien. Die Folge sei oftmals eine zu sehr erregte „Impulsivität", ein „Übermaß an Originalität". Der die Transzendenz verlierende Intellektuelle entferne „sich von den Wurzeln seiner Identität", fühle sich „gespalten", „von sich selbst geschieden", verwechsle „die eigene Sehnsucht nach dem Ruf der Transzendenz mit dem Bedürfnis nach immanenten Vermittlungen, die selbst entwurzelt sind."[182]

Daher breite sich in den intellektuellen bzw. gebildeteren Kreisen ein „neuer Nihilismus" aus, der in einer globalisierenden, von der „totalen Internationalisierung des Kapitals und der Medien" abhängigen Verallgemeinerung alle „Besonderheiten", auch die der Religion und Kultur, „einstampft und ignoriert", sie der „Achtlosigkeit" überlässt in Bezug auf „die soziopolitischen Verpflichtungen und die wirkliche Beteiligung an der örtlichen Kultur und Wertetradition".[183]

Während die Masse, auch die Volksreligiosität, eher mythisch-bildlich denke, fehlten vielen rationaler Denkenden das Symbol und dessen Kraft. Denn „das ist echte symbolische Erfüllung: die Erfüllung der Sehnsucht nach dem Einen, den wir nicht erklären können, den wir aber gesehen haben, weil wir uns von ihm haben finden lassen … Und das Symbol schafft bekanntlich Kultur". Noch präziser: Das Zentralsymbol der Kirche ist „eine nicht als allmächtig, sondern als gekreuzigt verstandene Wahrheit – die aus jeder realen Begegnung mit Jesus Christus erwächst".[184]

Wir ersparen uns die zahlreichen weiteren Charakterisierungen des Intellektuellen, allgemeiner des modernen bzw. postmodernen Menschen durch den Papst. Klar ist, dass der kein Intellektueller sein wollende Seelsorgertypus Bergoglio/Franziskus das Heil (des Überlebens und Wachstums der Kirche) in den Armen, dem Kontakt mit den Massen und der Volksreligiosität sieht und sucht. Weg also mit einer Theologie oder Philosophie, die „sich im Reich der reinen Ideen aufhalten", mit einem Glauben, der sich „auf die Rhetorik beschränkt",[185] her muss alles, was das Volk magnetisch anzieht, alles Bildhafte und sinnlich Greifbare, wonach sich die Volksseele sehnt, alle Rituale, also Symbole, Ikonen, Prozessionen, Wallfahrten, Bekreuzigung und Besprengung mit Weihwasser, Besprayung mit Weihrauchschwaden, Rosenkränze, die jeder Arme haben und herunterleiern sollte (macht auch täglich der Papst!), Singen, Tanzen, Klatschen, Umarmen im Gottesdienst. Die neue antielitäre Botschaft von Papst Franziskus heißt: Gebt der Masse, den Armen, dem gläubigen Volk ihre Devotionalien, Ritualien, Sakramentalien, Zeremonien, alle Arten von Gebärden und Ausdrucksformen ihrer Stimmungen zurück, wenn das nur – dies die einzige Bedingung – im Rahmen der Oberhoheit der Kirche geschieht und die Leute nicht in die evangelikalen Gemeinden abwandern.

Denn hier steckt einer der Gründe für diese Hinwendung des Papstes zu den Armen, ihren Sitten und Gebräuchen: die Furcht vor der evangelikalen Konkurrenz, die ihrerseits keine Angst vor Ausdrucksäußerungen aller Art in ihren mehr oder weniger frommen, mehr oder weniger exotischen bzw. esoterischen Veranstaltungen kennt und vor allem einen Vorteil gegenüber der Papstkirche aufweist: sie spart nicht mit

Geldzuwendungen an die Bekehrten, während der Papst und seine Klerisei eines nun gar nicht mögen, nämlich das Herausrücken von irgendetwas, das einmal in ihren Besitz gelangt ist. Also gebt dem Volk alles, was es will, nur kein Geld!

Überaus aufschlussreich war diesbezüglich ein Detail des Papstbesuches in Brasilien, genauer in Rio de Janeiro, wo er eine Favela der Ärmsten der Armen besuchte, jedoch nicht einmal daran dachte, ihnen irgendeine Art materieller Hilfe zukommen zu lassen oder auch nur zu versprechen. Dieser wichtige Aspekt seiner Begegnung mit den Armen während seiner Auslandsreisen wird in einem späteren Kapitel, das die Armentheologie des Papstes unter die Lupe nimmt, noch ausführlicher behandelt werden müssen.

Wie gesagt, um so freigebiger ist der Papst dafür in Dingen, die ihn nichts kosten. Wie kein anderer Papst der neueren Kirchengeschichte wendet er sich gegen elitäre Spiritualität und Religiosität, gegen „Gnostizismus" und „Innerlichkeitskult", gegen die „Privatisierung" des religiösen Lebensstils und dessen Individualisierung, ruft er im Gegenteil zur Rückkehr und Wiederbelebung der *Religion der Masse*, der *primitiv-abergläubischen Volksreligion* auf. Das Volk hat nach Überzeugung des Papstes eine eigene „Volksspiritualität", ja „Volksmystik". Es handle sich um „eine wahre >in der Kultur des Einfachen verkörperte Spiritualität<". Diese sei nicht etwa ohne Inhalte, „sondern sie entdeckt und drückt diese mehr auf *symbolischem Wege* als durch den Gebrauch des funktionalen Verstandes aus". Das „Volk Gottes" ist mit seinen „unzähligen Gesten und Zeichen ein *kollektives Subjekt*", das den Glauben in jede Gesellschaft inkulturieren kann. Bergoglio/Franziskus I. denkt da beispielsweise an den „festen Glauben jener Mütter am Krankenbett des Sohnes, die sich an einen *Rosenkranz* klammern, auch wenn sie die Sätze des *Credo* nicht zusammenbringen" oder an „den enormen Gehalt an Hoffnung, der sich mit einer *Kerze* verbreitet, die in einer bescheidenen Wohnung angezündet wird, um Maria um Hilfe zu bitten, oder an jene von tiefer Liebe erfüllten Blicke auf den gekreuzigten Christus".[186]

Fast muss es in den Ohren dogmenbewusster, dogmenfester Bischöfe und Kardinäle, die den Prozess der Offenbarung christlicher Wahrheiten mit dem Tod des letzten Apostels für abgeschlossen halten, geradezu häretisch klingen, wenn der Papst erklärt: „Die Ausdrucksformen der Volksfrömmigkeit haben vieles, das sie uns lehren können, und für den, der imstande ist, sie zu deuten, sind sie ein *theologischer Ort*".[187]

Dem Laien, der die Terminologie der Theologen nicht kennt, wird der Terminus »theologischer Ort« nicht viel sagen. Aber er bedeutet in der Theologie den Ort, die Basis, auf der zumindest neue Interpretationsmöglichkeiten der geoffenbarten Wahrheit gefunden werden können. Und tatsächlich versteigt sich der Papst sogar zu einer Art *Unfehlbarkeitszuweisung* an das fromme Volk, wiederum ohne bei seiner Anbiederung an dieses zu bedenken, dass er damit die Einzigartigkeit seiner eigenen Unfehlbarkeit, wie sie ihm laut Dogma exklusiv zusteht, beeinträchtigen könnte. Sagt er doch, dass das Volk, „wenn es glaubt, sich nicht irrt, auch wenn es keine Worte findet, um seinen Glauben auszudrücken. Der Geist leitet es in der Wahrheit…" Ja, der Papst überbietet auch noch diese Erhöhung des frommen Volkes, indem er es in gewisser Weise sogar vergöttert: „Die Gegenwart des Geistes gewährt den Christen eine gewisse Wesensgleichheit mit den göttlichen Wirklichkeiten".[188]

Mit seiner Aufwertung der Volksreligiosität wird der Papst kaum in Europa punkten können. Selbst in den katholischsten Ländern unseres Kontinents, Irland und Polen, gibt es schon Anzeichen einer rationalen Herangehensweise an die tradierten Riten und Mythen der eigenen Kirche. Noch mehr gilt das für die Staaten im Norden des Globus, die Niederlande, Belgien, die skandinavischen Länder und Kanada. Das weiß auch der Papst. Er setzt vielmehr ganz bewusst auf einen neuen Schwerpunkt der Missionierung, nämlich auf die Massen in Südamerika, Afrika und Asien, die, durch das „Gift" der Aufklärung noch nicht „verdorben", ihre abergläubische Naivität noch nicht ganz verloren haben. „Das Volk", betont er mit Nachdruck, „ist die Kirche. Jesus sagt den Aposteln nicht, eine exklusive Gruppe, eine Elitetruppe zu bilden".[189]

Wegen der Angst vor dem Vormarsch der Evangelikalen in Südamerika und der Islampropaganda in Afrika ist der Papst sogar zu Zugeständnissen an die Volksfrömmigkeit bereit, die von seinen Gegnern in der Kirche unschwer als häresieverdächtig beanstandet werden könnten. „Das Volk", sagt er, „evangelisiert fortwährend sich selbst" (wo doch die Pfaffen aller Zonen, Religionen und Konfessionen seit Anbeginn der Entstehung ihrer Zunft predigen, dass ohne ihre Vermittlung ein Kontakt zwischen Himmel und Erde, zwischen dem „gemeinen" Volk und den Göttern bzw. Gott unmöglich sei). „Die Volksfrömmigkeit" sei ein „authentischer Ausdruck des spontanen missionarischen Handelns des Gottesvolkes", in dem „der Heilige Geist der Protagonist ist". Und deshalb, so der Papst plötzlich ganz ungewohnt und fast antidogmatisch, dürfe man „nicht meinen, die Verkündigung des Evangeliums" durch Leute aus dem Volk „müsse immer mit bestimmten festen Formeln oder mit genauen

Worten übermittelt werden, die einen absolut unveränderlichen Inhalt ausdrücken. Sie wird in so verschiedenen Formen weitergegeben, dass es unmöglich wäre, sie zu beschreiben oder aufzulisten".[190]

Durch die Taufe ist „jedes Mitglied des Gottesvolkes ein missionarischer Jünger geworden ... Jeder Getaufte ist ... aktiver Träger der Evangelisierung, und es wäre unangemessen, an einen Evangelisierungsplan zu denken, der von qualifizierten Mitarbeitern umgesetzt würde, wobei der Rest des gläubigen Volkes nur Empfänger ihres Handelns wäre. Die neue Evangelisierung muss ein neues Verständnis der tragenden Rolle eines jeden Getauften einschließen."[191]

Im Klartext bedeutet das eine weitere ideologische Schizophrenie: Alle Getauften sollen nach der Missionsvorstellung des Papstes zwar möglichst alle naiven Schafe dieser Erde zur katholischen Kirche bekehren. Doch wenn sie einmal im Pferch der Kirche untergebracht sind, werden sie feststellen, dass doch nicht alle Getauften gleich sind, weil der Klerus seine exklusiven Vorrechte behält, sein Herrschaftsmonopol als Hirten der Schafe eisern für sich reserviert hat. Wiederum ist Papst Franziskus liberal, partiell sogar undogmatisch in seinen Worten, aber restriktiv in seiner tatsächlichen Vorgehensweise, seiner Strategie und Methode, die Macht der Hierarchie zu konservieren.

Eines muss man allerdings Franziskus I. lassen: er ist nicht so Europa- und Romfokussiert wie die Mehrheit der Kardinäle, glaubt nicht, dass der Vatikan trotz seiner Befehlsgewalt das Zentrum des Katholizismus bleiben wird: Europa kann man charakterisieren wie man will, kann man als säkularistisch, a-religiös, irreligiös, agnostisch, atheistisch, metaphysiklos oder sogar wieder als frei fluktuierend religiös bezeichnen, katholisch ist es nicht mehr und wird es nicht mehr sein! Daher der Drang des neuen Papstes zum Außereuropäischen, das Bemühen, die afrikanischen, asiatischen, insbesondere aber seine geliebten südamerikanischen Massen zu missionieren bzw. zu rekatholisieren. Denn ihn treibt auch die Angst, selbst dort die Herrschaft des Katholizismus zu verlieren. In Brasilien beispielsweise, dem volkreichsten Land auf dem lateinischen Subkontinent, sank die Zahl der Katholiken im Laufe von nur 20 Jahren von 170 Millionen auf 120 Millionen herab. In Argentinien, der Heimat des Papstes, in Mittelamerika, der Karibik usw. – überall das gleiche Phänomen des Katholikenschwunds, der Abwanderung der Massen zu den aus Nordamerika eindringenden Freikirchen, die der Papst nun gar nicht mehr in christlicher Toleranz und Nächstenliebe umarmt oder gutheißt, sondern schroff apodiktisch als »Sekten« verurteilt, weil sie ihm eben seine Schafe stehlen.

Da kann der Papst, der Journalisten gegenüber gern den grenzenlos Liberalen mimt, vor einem von ihnen plötzlich den atemberaubenden Spruch tun, Gott sei „nicht katholisch", er sei also, wie zu folgern wäre, wenn es der Papst ernst meinte, auch islamisch, jüdisch, buddhistisch, hinduistisch, indianisch, taoistisch oder sonstwie – den christlichen, mehr oder weniger protestantischen Freikirchen aus den USA gilt seine liberale Weitherzigkeit keineswegs. Sie können christlich-caritativ noch so aktiv sein (sind es auch tatsächlich in weit größerem Maß als die katholische Kirche in Südamerika), das Sektenverdikt gegen sie hebt der Papst nicht auf!

Er verurteilt sie, weil sie angeblich eine „Religiosität ›à la carte‹", eine „einseitige Subjektivierung der Religion" mit sich bringen, „im Großen und Ganzen in die zahlreichen ›Wellness-Angebote‹ esoterischer, magischer oder pseudopsychologischer Prägung" einzureihen seien. Ihr „Reduktionismus" verkenne „den unendlichen Reichtum des Wortes Gottes"[192] (da möge mal der oberste Herr aus Rom in den Religionsunterricht oder die Predigt eines seiner klerikalen Confratres gehen, um zu sehen, wie „reduktionistisch" diese Brüder über alles Mögliche schwafeln, nur nicht über Gott und sein Wort. Aber auch der Papst macht es ja nicht anders: er umarmt die Menschen, tätschelt sie, liebkost die Kinder, aber die dogmatischen Verrücktheiten seiner Kirche lässt er wohlweislich weg!).

Auch dass der Papst den evangelikalen Freikirchen vorwirft, „sich inzwischen sogar die Marketingstrategien immer häufiger zunutze zu machen, um Gewinne zu erzielen", muss angesichts der Tatsache, dass das die beiden Kirchen in Deutschland ebenfalls ganz massiv tun, pharisäisch erscheinen. Am Ende verrät sich der Papst: er wettert gegen die „Sekten", weil sie „religiöse Massenphänomene" sind, die nicht „im Bewusstsein der Zugehörigkeit zur heiligen Mutter Kirche wurzeln".[193] Als Massenphänomene würde er sie ja gern vereinnahmen, aber sie „wurzeln" halt nicht, wurzeln nicht in der katholischen Kirche als der vermeintlich allein seligmachenden. Die Gewinne der Freikirchen fließen in alle möglichen Kanäle, in die Mammut-Tresore der katholischen Kirche fließen sie nicht. Da fällt es auch dem so „gütigen" Papst schwer, diesen Kirchen zu vergeben.

Mit den „verflixten" Freikirchen und Sekten tun sich die Kirche und ihr Papst wesentlich schwerer als mit beinahe allen Staaten der Welt. Die hält die „keusche Hure Kirche" längst in tödlicher Umarmung, so dass sie kaum atmen können, aber ewig blechen müssen. Auch Franziskus I. wird dieser Umarmung kein Ende bereiten, wahrscheinlich merkt er nicht mal, dass damit auch der Religion schwerer Schaden zugefügt wird. Denn der Religion als *Staatsreligion* geht dann „ihre innere Unschuld verloren, und sie wird so öffentlich stolz wie eine deklarierte Mätresse" (Heinrich Heine[194]). Wenigstens in einem Punkt stimmt also der Freigeist Heine mit dem dogmatischen Fundamentalisten Bergoglio/Franziskus überein: Kirche als „deklarierte Mätresse" und als „keusche Hure" – das deckt sich, das deckt sich fast ganz und gar![195]

Teil III
Was tut der Papst?
Was versäumt er?

1. Die Armentheologie des Papstes Franziskus

Entgegen dem überwältigenden Anschein, der sich den ihn bejubelnden Massen am tiefsten eingeprägt hat, ist Papst Franziskus in Wirklichkeit kein Mann der Spontaneität, der unwillkürlich aus der Stimmung einer Augenblickssituation heraus etwas Sympathisches sagt oder tut, sondern ein Mensch des Kalküls, der nüchtern-rationalen Berechnung seiner Wirkung auf die Menge.

Sehr deutlich zeigte sich das im Zusammenhang mit seiner *ersten Pressekonferenz*, die er als Papst gab. Viele hatten den Eindruck, dass der berühmte Satz, den er auf dieser Konferenz aussprach, ein Augenblicksprodukt aus einem Herzen voller Mitleid für die Armen dieser Welt war und gerade deshalb zur entscheidenden Devise seines Pontifikats werden sollte. Der Satz, der so berühmt wurde und den die Medien tausendfach wiederholten, lautete: „Ach, wie möchte ich eine arme Kirche für die Armen!"

Der Ausspruch erscheint einem tatsächlich wie ein unmittelbarer Gefühlsausbruch. In Wirklichkeit war er das Ergebnis eines gut vorbereiteten Planes. Der Papst wusste, dass sehr viele Journalisten zu dieser Pressekonferenz kommen würden (tatsächlich waren es dann etwa zweitausend!), und er machte seinen Ordensbruder Pater Federico Lombardi, den Chef des vatikanischen Presseamtes, und die anderen PR-Leute im Vatikan vorher nachdrücklich darauf aufmerksam, dass er auf dieser Pressekonferenz Bedeutsames zu sagen haben werde, das sie dann auch sorgfältig zu notieren hätten.

Das Bedeutsame war dann diese vermeintlich spontane Aussage des Papstes, dass er sich eine arme Kirche für die Armen wünsche. Aber das war nicht die einzige „spontane", in Wirklichkeit gut vorbereitete Überraschung für die Journalisten. Da der Papst sein all seinen Gedanken und Verhaltensweisen übergeordnetes jesuitisches Ideal, die Missionierung der ganzen Menschheit, ihre Heim- bzw. Rückkehr in die katholische Kirche, nie aus den Augen verliert, hatte er noch einen besonderen Spruch für die unter den Presseleuten befindlichen Atheisten parat: „Weil viele von Ihnen nicht der katholischen Kirche angehören und auch Nichtgläubige unter Ihnen sind, richte ich meinen von Herzen kommenden Segenswunsch im Stillen an Sie und zwar an jeden von Ihnen; denn obgleich ich das Gewissen jeder Person achte, weiß ich auch, dass jeder von Ihnen ein Kind Gottes ist".[196] Wie die Angesprochenen, immerhin reife, erfahrene Menschen, sich fühlten, als sie als »Kinder« apostrophiert wurden, während der Papst als Stellvertreter Gottvaters auf Erden sich nicht Kind, sondern »Papa«, Vater, ja Heiliger Vater nennen lässt, ist nicht berichtet.

Der Satz, in dem sich der Papst eine arme Kirche für die Armen wünscht, entfachte aber nicht nur eine Debatte bezüglich der Frage »spontanes Mitgefühl mit den Armen oder Kalkül«, er bereitete auch eine Menge Probleme im Hinblick auf seine Logik bzw. Widersprüchlichkeit und Vieldeutigkeit. Sofort ging eine ganze Heerschar von Theologen an die Arbeit, um herauszutüfteln, was der oberste Meister des Glaubens mit diesem Satz ganz genau und konkret gemeint haben könnte. Bei all ihrer Ergebenheit dem Chef gegenüber musste da auch Kritik aufbrechen, weil der getreu seinem Vorbild, dem Ordensgründer Ignatius, sich fast immer so ausdrückt, dass stets ein weiter Raum für Interpretationen, Spekulationen und sowohl-als-auch-Floskeln übrigbleibt.

Hier also einige Stimmen aus dem Lager der Theologen und der Kirche nahestehender Journalisten, die sich zwar alle Mühe geben, Ihrer Heiligkeit nicht auf die Füße zu treten, aber dennoch nicht verhindern können, dass bei ihren Erwägungen zur Armentheologie des Papstes deren Unklarheiten, Unausgegorenheiten, ja Widersprüche und Unmöglichkeiten ans Licht gelangen. Die Theologin Magdalena Holztrattner, Leiterin der Katholischen Sozialakademie Österreichs, stellt z. B. drei grundsätzliche Fragen: „Kann denn eine arme Kirche den von Armut Betroffenen helfen? Ist eine Kirche der Armen selbst nicht arm dran? Wollen Arme selbst überhaupt in einer armen Kirche der Armen leben und feiern?" Eine Antwort bleibt die Theologin in ihrem ganzen Beitrag schuldig. Aber sie weist auch auf die Schwierigkeiten hin, die bereits beim Versuch einer Definition der Armen entstehen, denn diese seien „ja keine homogene Gruppe, die mit einer Stimme sprechen." Noch schwerer werde es mit der praktischen Umsetzung der Armentheologie des Papstes, denn selbst für den Subkontinent, von dem er herkommt, gilt: „Eine arme Kirche und eine Kirche der Armen zu sein ist in Lateinamerika jedoch weiterhin nicht der ausdrückliche

Wunsch des Großteils der hierarchisch geprägten Kirche".[197] Im Klartext heißt das: Selbst in seinem Heimatland Argentinien und den benachbarten Ländern verweigert die dortige kirchliche Oberschicht mehrheitlich die Gefolgschaft, wenn es darum geht, durchgreifende Reformen zugunsten der Armen durchzuführen.

Richard Herzinger stellt seinen Aufsatz in „Die Welt" unter die Überschrift: *„Die neue Armut des Papstes ist nur Simulation"*. Und er wirft diesem Vieldeutigkeit vor, weil viele Texte des Papstes Armut vornehmlich als „Ideal eines reinen christlichen Lebens" verstehen und nicht im Sinne materiellen Elends. Heißt also, fragt er, „Glauben, arm zu sein? Und ist nicht gerade das grundsätzlich falsch, wenn Armut doch gar kein Wert an sich ist, sondern bekämpft werden soll und muss?"[198]

In dieselbe Kerbe stößt Gernot Facius, langjähriger Redakteur derselben Zeitung, wenn er behauptet, dass „Armut bei Franziskus mehr eine theologisch-philosophische Kategorie ist. Konkret: Der ‚Reiche' ist der, der sich in seinem Handeln durch die Dinge der Welt bestimmen lässt, das ist, folgt man dem Papst, nicht in Ordnung. Der ‚Arme" ist ... der, der sich von seinem Herzen leiten lässt. So gesehen, können beide materiell reich oder materiell arm sein ... Wer den Lateinamerikaner ... auf das Stichwort ‚Armut' reduziert und seine sonstigen Predigten ignoriert, hat ihn ... nicht verstanden". Richtig sieht Facius auch, dass der Oberbegriff über allem bei Franziskus gar nicht eine Theologie der Armen und der Armut ist, sondern der der *Mission:* „Über die Intention des Apostolischen Schreibens *Evangelii gaudium* ... ist die mediale Euphorie-Walze hinweggefahren. Die Regierungserklärung aus dem Vatikan bejaht die Zielsetzung: Alle Reformen haben einer ‚Kirche mit offenen Türen' zu dienen, die davon beseelt ist, ‚alle zu erreichen'. Mehr als hundertmal kommt das Wort ‚Mission' vor. Ohne Mission keine Kirche, dieser zentrale Satz ist in der Berichterstattung weitgehend ignoriert worden. Die Kirche der Zukunft wird missionarisch sein, oder sie wird nicht mehr sein ... Wie Benedikt ist Franziskus also nicht auf Armut fixiert, sondern auf Jesus Christus. Das ist jeweils der Maßstab ihres Handelns".[199]

Übereinstimmend damit konstatiert Thomas Laubach, Ordinarius für theologische Ethik an der Universität Bamberg, dass Armut bei Franziskus I. „eine ethische Frage ist, die dogmatisch grundgelegt wird".[200] Tatsächlich erklärt ja der Papst in *Evangelii gaudium* ohne Wenn und Aber: „Für die Kirche ist die Option für die Armen in erster Linie eine theologische Kategorie und erst an zweiter Stelle eine kulturelle, soziologische, politische oder philosophische Frage".[201] Das ist eine klare Absage an all die Medienvertreter aus dem linken Spektrum, die in Franziskus I. einen sozialen Revolutionär sehen wollten, dessen Thesen eine deutliche Nähe zu Marxens Kapitalismuskritik und Sozialprogramm zeigten. Die Option für die Armen als theologische Kategorie besagt nach Franziskus I. nämlich konkret, dass „Gott ihnen >seine erste Barmherzigkeit< gewährt"[202] und „wir auf das Fleisch Jesu zugehen müssen, das leidet".[203] Die Option für die Armen ist „zu verstehen als *besonderer Vorrang in der Weise, wie die christliche Liebe ausgeübt wird*".[204]

Das Ganze ist also zwar nicht nur rein *symbolisch*, Nächstenliebe ist schon mehr, etwa wenn der Papst 400 Schlafsäcke in der Weihnachtszeit für Obdachlose in Rom verteilen lässt, aber es ist auch kein *struktureller* Umbau der Gesellschaft, der den Armen zu all dem verhilft, wozu sie als vollwertige Menschen ein Recht haben und der sie vom Status als Almosenempfänger befreit.

Selbstverständlich spricht Papst Franziskus an vielen Stellen seiner Schriften und in zahlreichen Vorträgen und Predigten auch vom sozialen Aspekt der Armut, nicht nur vom theologisch-christologischen. Aber in dieser Hinsicht erschöpfen sich seine Ausführungen in emphatischen Forderungen von Gerechtigkeit und Gleichheit, die der Staat und säkulare gesellschaftliche Initiativen für die Armen herbeiführen sollten, während die Kirche dem Staat und der Gesellschaft lediglich ihre Mithilfe anbieten könne.[205] Dass die Kirche selbst durch und durch ein kapitalistisches System ist, dass sie dementsprechend auch an allen Aktionen und schmutzigen Geschäften des Globalkapitalismus mehr oder minder beteiligt ist, dass sie ihren enormen Besitz an Grund und Boden sowie an Gebäuden aller Art nicht dazu nutzt, den Armen einen realen Anteil an diesem Besitz zu übereignen – all das zeigt und beweist, dass Papst Franziskus letztlich doch nur ein *Simulant* ist, ein *Symbol-Sozialist* der überschwänglichen Phrasen und Gesten. Deshalb stellt selbst ein in Fachkreisen anerkannter Theologe nach eingehender Prüfung der Aussagen des Papstes zur sozialen Frage fest: „Wer allerdings hier einen Neuanfang der Kirche durch den Papst sieht, liegt falsch. Die Rede von der armen Kirche bietet keinen Ansatz für eine totale Veränderung der strukturellen Gestalt der katholischen Kirche oder des christlichen Glaubens".[206]

Selbst wenn Wohlgesonnene dem Papst zur Hilfe kämen und behaupteten, der habe halt in der schwärmerischen, idealistisch-phraseologischen Art und Weise seiner Rede von der armen Kirche etwas zu kurzsichtig nicht alle praktischen Konsequenzen bedacht, die eine echte strukturelle Pauperisation der Kirche nach sich zöge, müsste dennoch ganz nüchtern klargestellt werden: Ob der Papst nun den zur Debatte stehenden Sachverhalt klar durchschaut oder nicht, er *muss*, objektiv betrachtet, *zwangsläufig die Unwahrheit sagen*, wenn er eine »arme Kirche« propagiert, weil die Verwirklichung einer solchen Kirche das definitive Ende der Amtskirche bedeuten würde, was er mit Sicherheit nicht will: „Der Apparat einer solch gewaltigen weltumspannenden Institution wie der katholischen Kirche ist ohne Aufwendung enormer finanzieller Mittel nicht zu unterhalten. Wollte sie eine *arme Kirche* sein, wie sie sich Papst Franziskus wünscht, müsste sie ihre in Jahrhunderten angehäuften Besitztümer aufgeben oder in Gänze zur Versorgung der Bedürftigen ausgeben. Ihre zentralistische Organisation und hyperbürokratische Verwaltung mit einem unfehlbaren *Stellvertreter Gottes auf Erden* an der Spitze und mit universell verbindlichen Dogmen, über die sie wacht, ließen sich dann aber nicht mehr aufrechterhalten".[207]

Wenn jetzt also eine ganze Reihe von Predigern von ihren Kanzeln oder ihren Altären herab des Papstes romantischen Lobgesang auf die arme Kirche nachsingt bzw. verbreitet, sind sie die Öffentlichkeit irreführende *Simulanten*, weil sie, wissentlich oder unwissentlich, bei der blauäugigen Propagierung einer »strukturellen Aporie«, einer strukturbedingten Ausweglosigkeit mitmachen, ohne diese als solche zu benennen oder aufzudecken. Noch deutlicher und einfacher gesagt: Sie verschweigen, „dass die verordnete materielle Armut das ganze System Katholische Kirche zur Strecke bringen würde", dass es „eine arme Kirche ... strukturell gar nicht geben kann". Da die Kirche faktisch weiterhin reich bleibt, „weiterhin umfangreiche finanzielle Ressourcen besitzt",[208] die auch der neue Papst nicht antastet, stellt das von ihm trotzdem allerorten verkündete Ideal einer „armen Kirche für die Armen" in Wirklichkeit eine brutal-zynische Verhöhnung derselben dar!

2. Wo Papst Franziskus versagt – Eine Liste seiner Versäumnisse bei der praktischen Umsetzung seiner Armutstheologie

Sozialromantiker Franziskus I. verkündet trotz nachgewiesener Illusionshaftigkeit und Realisierungsunmöglichkeit einer armen Kirche die Mär von ihr weiter, während ein paar einsichtige und die Schlappe voraussehende Theologen bereits den Rückzug angetreten haben und um Kompromisslösungen zwischen Reichtum der Kirche und kirchlichem Engagement für die Armen bemüht sind. Sie wissen ganz genau: Der Papst wird keine Güter der Kirche „veräußern, Konten auflösen, Besitz verkaufen"[209], aber sie hängen der Illusion an, die Kirche könnte doch auf einem niedrigeren Level zu Verzichten, Abstrichen, Abgaben bereit sein:

a) Z. B. beim *kircheneigenen Arbeitsrecht*, mit dem die Kirche nicht selten „den Anschein erweckt, ein Staat im Staate zu sein oder … Arbeitnehmer deshalb aus ihren Diensten entlässt", weil sie gegen ihren Moralkodex verstoßen. In ihrer „komplexen Verwobenheit" mit dem deutschen Staatswesen weist die Kirche als Institution selbst „strukturelle Ähnlichkeit"[210] zu diesem auf. Aber dann sollten wenigstens die Einschränkungen für Arbeitnehmer in kirchlichen Betrieben abgebaut und die Angleichung an das Arbeitsrecht der staatlichen Institutionen und nichtkirchlichen Gewerkschaften durchgesetzt werden.

b) Z. B. bei der *Kirchensteuer*. Nur in einer pro forma notdürftig verschleierten, in realo aber bestehenden Staatskirche ist so etwas wie die im Auftrag der Kirche vom Staat eingezogene Kirchensteuer möglich. Sie müsste ganz aufgehoben werden. Stattdessen werden Gläubige, die ihre Kirchensteuer nicht zahlen, vom Sakramentempfang ausgeschlossen. So jedenfalls in Deutschland. Es ist absurd, dass die Zugehörigkeit zu einer sich christlich nennenden Kirche von der Zahlung der Kirchensteuer abhängt. In Italien sogar, in des Vatikans sozusagen eigenem Land, gibt es die *Kultursteuer*: Das Kirchenmitglied muss nicht unbedingt die Kirchensteuer zahlen, es kann wenigstens entscheiden, für welche anderen Zwecke es die gleiche Summe entrichtet.

Wird Papst Franziskus mit Hinblick auf die Handhabung der Kirchensteuer in Italien ihre kirchenstaatliche Struktur in der Bundesrepublik Deutschland auflösen? Er wird es mit absoluter Sicherheit nicht tun. Warum nicht? Aus Gründen der Beibehaltung bzw. der Vergrößerung des Reichtums der Gesamtkirche!

Auch diesbezüglich weiß der gegen den Kapitalismus donnernde Reden haltende Pontifex, dass die deutsche Kirche, die einen Teil ihrer Einnahmen an den Papst weiterleitet, von diesem Kapitalismus total abhängig ist: „Das Kirchensteueraufkommen hängt an der Lohnsteuer, die an den Löhnen und die am Wachstum... Die kapitalistische Marktwirtschaft ist ohne Wachstum nicht möglich", und die Kirchen profitieren davon. Des Papstes „arme Kirche für die Armen" müsste sich also vom „Wachstum der Wirtschaft", von der „Steigerung des Bruttoinlandsproduktes über die Lohn- und Einkommenssteuer" und von der „Umverteilung des Wachstums durch den Staat" losreißen, um wirklich arme Kirche für die Armen zu sein. Die logische Konsequenz: „Die arme Kirche für die Armen ist in Deutschland ohne einen Bruch mit dem Staat ... nicht vorstellbar".[211]

c) Z.B. wenn die Kirchen „freiwillig auf die *Kompensationszahlungen für die Enteignungen aus dem Reichsdeputationshaupt-*

schluss von 1803 verzichteten, woraus sich ja unter anderem auch die Bischöflichen Stühle speisen".[212] Der Reichsdeputationshauptschluss war ein Gesetzerlass des »Heiligen Römischen Reiches Deutscher Nation« vom März 1803, vom Kaiser im April desselben Jahres unterzeichnet. Aufgrund dieses Gesetzes wurde die *Säkularisation* kirchlicher Besitztümer angeordnet. Es handelte sich um ein „korrekt zustande gekommenes Gesetz innerhalb der seinerzeit geltenden Staatsordnung",[213] auch wenn die katholische Kirche mit dem Vatikan als oberster Zentrale das bis heute nicht anerkennt und weinerlich beklagt, dass ihr damals unsägliche Reichtümer geraubt worden seien. Vom jetzigen Papst darf man wohl erwarten, dass er zwar darüber nicht jammern, aber auch nicht bereit sein wird, auf die wegen dieses „Raubes" bis heute getätigten Zahlungen des Staates an die katholische Kirche zu verzichten.

Es ist lächerlich, dass die Kirche auch nach mehr als 200 Jahren auf „Wiedergutmachung" besteht und kein Papst, kein Kardinal oder Erzbischof seine Stimme dafür erhebt, dieser Lächerlichkeit ein Ende zu bereiten. Noch lächerlicher stehen unsere Minister da, die als willfährige Ausführungsorgane einer von der Kirche in Szene gesetzten Absurdität fungieren.

Dabei stellt schon im Jahr 1824 das damalige »Brockhaus Lexikon« unmissverständlich klar: „Die Säkularisation enthält, aus rechtlichem Gesichtspunkt betrachtet, durchaus nichts Ungerechtes, da die geistlichen Regenten nicht durch den Willen der von ihnen regierten Völker, sondern durch bloße Anmaßung zu ihrer Herrschaft gelangt waren, mithin kein wohlerworbenes Recht ... hatten". Aber die Proteste der Kirche wiederholten sich in jedem Jahrzehnt, so dass z. B. im Jahr 1851 »Meyers Conversations-Lexikon« scharf entgegnete, dass die „geistlichen Regenten in der Regel wider den Willen der von ihnen regierten Völker durch Anmaßung, Erbschleicherei, List und Betrug u. dergl. zu ihrer Herrschaft und zu ihren Reichthümern gelangt sind", und daher „für die Herrschaft der Geistlichen weder ein vernunftrechtlicher noch ein positivrechtlicher Grund angeführt werden kann".[214]

Die Kirche verschweigt auch geflissentlich bis heute, dass es sich bei der Säkularisation meist gar nicht um Wegnahme kirchlichen »*Eigentums*« handelte. Waren doch die säkularisierten kirchlichen Territorien „zum größten Teil Reichslehen, die vom Kaiser nach seinem institutionellen Gutdünken verliehen und zurückgenommen wurden. Es war also kein katholisches Eigentum, sondern nur den jeweiligen Besitzern zur Nutzung überlassenes Reichseigentum, das nun neu verteilt wurde".[215] Übrigens wurde am Kirchenbesitz von Pfarreien und Wohlfahrtseinrichtungen gar nicht gerüttelt.

Wie gesagt, das Ganze ist an Komik kaum zu überbieten. Es ist ein kirchenstaatliches Unikum, das weder der Papst und seine deutsche Kirche, über die er doch die dogmatisch verbriefte universale Jurisdiktion hat und ausüben kann, noch die Verantwortlichen in unserem Staat abzuschaffen bereit sind und für das der „brave Bürger" als Steuerzahler die Hauptlast zu tragen hat. Und da wundern sich »die da oben« über dessen Staatsverdrossenheit!

d) Z.B. bei der *Beendigung der staatskirchlichen Verhältnisse* in vielen Staaten der Erde. Man kann absolut sicher sein, und die bisherige Amtszeit von Papst Franziskus beweist es schon: Er wird sich nicht einmal mit Worten, die er doch sonst so schnell und im Überfluss bereithält, für eine saubere und strikte Trennung von Kirche und Staat einsetzen, weil für die Kirche aus der klebrigen Vermischung dieser beiden

Institutionen stets enorme Privilegien und finanzielle Vorteile heraussprangen, ganz besonders in Deutschland, wo es der katholischen Kirche sogar gelang, einem brutalen Diktator wie Hitler in einem hier noch heute weitgehend gültigen Kirchenstaatsvertrag (Konkordat) die Vergabe bedeutsamer Vorteile abzuluchsen.

Eine »Freie Kirche« in einem »Freien Staat« – davon müsste doch der ständig von der Freiheit eines Christenmenschen und der Befreiung der Armen aus ungerechten Verhältnissen faselnde jetzige Papst hellauf begeistert sein. Stattdessen tastet er die staatskirchlichen Vermengungen, wie sie in zahlreichen Staaten bestehen, in keinerlei Weise an, weil dieser schlaue Fuchs in Wirklichkeit ganz genau weiß, dass seine Kirche ohne die gewaltigen Finanzspritzen der Staaten sich fast nur noch auf die Spenden und den Glauben ihrer Mitglieder stützen könnte und sich noch tiefer in die dunklen Machenschaften des Globalkapitalismus stürzen müsste.

So erscheint der Staat unter diesem Gesichtspunkt geradezu als der Garant für das Weiterbestehen der Kirche. Durch seine vielfältige Unterstützung hält er den „kranken Patienten Kirche" (H. Küng)[216] großzügig am Leben. Die Kirche ist in dieser Hinsicht nicht bloß eine „keusche Hure", wie sie Papst Franziskus, soweit ich sehe, ein einziges Mal, vielleicht per Ausrutscher genannt hat, sondern auch eine »alte Hure«, deren Siechtum viele schon bemerkt haben, mit Ausnahme der regierenden Politiker, die immer noch in ihrer ständigen Angst vor Machtverlust annehmen, sie stünden ohne die Kirche noch hilfloser da, als sie es wenigstens in den Augen der Aufgeklärten längst sind.

Was wäre das doch für eine wirklich revolutionäre Tat des Papstes zugunsten der Armen, wenn er erklärte, dass die vom deutschen Staat der katholischen Kirche jährlich zufließenden Milliardensummen von jetzt an restlos für die Armen in Deutschland und der Welt verwendet werden! Mindestens 25 Milliarden Euro jährlich könnten auf diese Weise das Los der Armen nachhaltig verbessern.

Um ganz konkret zu werden, hier eine Aufstellung der milliardenschweren Subventionen unseres Staates an die beiden Kirchen, die evangelische und die katholische:

Verzicht auf Einnahmen
Steuerverluste durch Absetzbarkeit der Kirchensteuer
(lt. Subventionsbericht der Bundesregierung):   2,79 Mrd. Euro
Steuerbefreiung der verfassten Kirchen: 1,50 Mrd. Euro
Verzicht auf Einnahmen insges. ca.:   **4,29 Mrd. Euro**

Direkte Subventionen (unvollständig)
Konfession. Religionsunterricht in doppelter Ausfertigung
(kath. und evang. an allen Schulen):   3,50 Mrd. Euro
Ausbildung der kirchlichen Theologen an staatlichen Universitäten
und Unterhalt kirchlicher Fachhochschulen: 0,65 Mrd. Euro
Kirchliche Ersparnis durch Einzug der Kirchensteuer
durch Staat und Arbeitgeber: 1,01 Mrd. Euro
Denkmalpflege (nur Anteil Bund und Länder):   0,24 Mrd. Euro
Seelsorge bzw. Mission in öffentlichen Einrichtungen
(Militär, Polizei, Gefängnis, Anstalten):   0,08 Mrd. Euro
Weitere Staatszuschüsse aufgrund von Konkordaten
und Kirchenverträgen (Gehälter, Kirchliche
Hochschule Eichstätt u.a.):   0,83 Mrd. Euro
Zahlungen der ca. 15.000 Kommunen in
Deutschland (geschätzt):   4,00 Mrd. Euro

Ausgaben öffentlicher Rundfunkanstalten für kirchliche Sendungen:	0,20 Mrd. Euro
Zuschüsse an kirchliche Hilfs- und Missionswerke:	0,19 Mrd. Euro
Zuschüsse zur kirchlichen Kultur:	0,02 Mrd. Euro
Sonstiges z.B. Orden, Medien, Kirchentage:	0,09 Mrd. Euro
Direkte Subventionen ca.:	**10,81 Mrd. Euro**
Staatliche Subventionen an die Kirchen insgesamt:	**15,1 Mrd. Euro**

Dabei sind in dieser Aufstellung noch nicht einmal die staatlichen Subventionen für kirchliche Sozialleistungen (z.B. Kindergärten, Altenheime, Krankenhäuser usw.) aufgeführt. Diese betragen pro Jahr, minimal geschätzt, wenigstens weitere zehn Milliarden Euro, maximal geschätzt, sogar 20 Milliarden.[217]

Bedenkt man nun außerdem, dass die beiden Kirchen über 8.251.000.000 qm Grundbesitz verfügen (also 8 Milliarden und 251 Millionen qm!), davon über 544.566.000 qm bebaute Grundstücke, 5.767.449.000 qm landwirtschaftliche Flächen, 1.501.682.000 qm Wald, dann müssen einem die ständigen Appelle der deutschen Bischöfe beider Konfessionen an die Gläubigen, mehr Flüchtlinge aufzunehmen, wie Hohn vorkommen. Diese saturierten Großbürger leben meistens in großräumigen Palästen und denken gar nicht daran, in diese irgendeinen armen Flüchtling aufzunehmen oder etwas von den über 8 Milliarden Quadratmetern an kirchlichem Grundbesitz für Flüchtlinge freizugeben. Der Mainzer Kardinal Lehmann, ein Mann, der in seinem Leben nie Askese geübt hat, viele Jahre trotz Zölibatsverpflichtung mit einer Frau zusammenlebte, übte ebenfalls zum Jahreswechsel 2014/2015 „scharfe Kritik" an den Deutschen im Hinblick auf deren Einstellung zu den Flüchtlingen und den Erhalt des Friedens. Diesbezüglich seien sie „erbärmliche Zwerge".[218]

Zweifellos könnte Papst Franziskus auf der Basis seiner durch nichts eingeschränkten Jurisdiktionsgewalt über die ganze Kirche Herrn Lehmann und den anderen deutschen Bischöfen befehlen, die oben angeführten kirchlichen Besitztümer für die Armen, Obdachlosen, Flüchtlinge usw. freizugeben. Er wird es nicht tun!

Rechnet man das, was die katholische Kirche allein in Deutschland besitzt, einmal auf all die Länder auf unserem Globus hoch, in denen die Kirche über Eigentum verfügt, das sie gar nicht oder allerhöchstens geringfügig den Armen zur Verfügung stellt, dann stellt sich Papst Franziskus als der im Weltmaßstab *größte Heuchler und Irreführer der Armen* heraus, als einer, der in der Hinterhand heimlich über ein immenses Vermögen verfügt, öffentlich jedoch den Armen und Bescheidenen mimt und ständig alle Besitzenden dieser Welt zum Verzicht auf ihren Reichtum auffordert. Der Papst an der Spitze einer reichbegüterten Kirche als ihr größter Armutspropagator, der mit ihr absolut solidarisch ist, wenn es um die Sturheit und den Geiz dieser Kirche geht, nie etwas herauszurücken, was sie sich einmal per fas oder nefas angeeignet hat! „Die Kirche hat einen guten Magen, hat ganze Länder aufgefressen. Und doch noch nie sich übergessen. Die Kirch' allein, meine lieben Frauen, kann ungerechtes Gut verdauen". Was Goethe in seinem „Faust" sagt, wird auch Papst Franziskus nicht ändern. Er wird es nur noch um ein paar Varianten bereichern. Denn, so nochmals Goethe: „Unsterblich ist die Pfaffenlist". Eine Variante bietet schon das nachfolgend unter e) Gesagte.

e) *Eine Unterlassungssünde des Papstes beim Besuch der Armen in Rio*

Am 22. Juli 2013 hatte sich der neue Papst zu seiner ersten Auslandsreise aufgemacht. Das Ziel dieser Reise war der Weltjugendtag in Rio de Janeiro. Ganz im Gegensatz zu den Gepflogenheiten seiner Vorgänger nahm es sich der Papst bei seinem Besuch in Brasilien heraus, das offizielle Programm der Veranstaltungen zu durchbrechen und auch einen ganz privaten Besuch zu unternehmen. Er begab sich zu den Ärmsten der Armen in Rio, in eine der 530 Favelas dieser Mega-Stadt, in denen die Menschen in den unwürdigsten Zuständen hausen. Genauer: er lud sich selbst zum Kaffeetrinken bei einer armen alten Frau mit Namen Amara Oliveira und ihrer Tochter ein. Natürlich wusste er, dass sein Besuch nicht geheim bleiben würde, dass also die armseligen Baracken dieser zwei Frauen vom Andrang der Leute fast erdrückt werden würden.

Aber genau das hat ja der Seelsorge-Typus Bergoglio/Franziskus gern: „Ich bin ein Priester der Straße ... die Bischöfe mögen mir verzeihen, aber die Kirche muss auf die Straße".[219] Der Lieblingsbiograf des Papstes beschreibt die nun folgende Szene in der Baracke: „Nie habe ich die Augen von Papst Franziskus so leuchten sehen wie an diesem Tag, als er dort die Menschen umarmte. Menschen wie Amara Oliveira waren seine Leute. Hier, zwischen den aus Abfall errichteten Baracken, fühlte er sich wohl ... unübersehbar war, wie glücklich es ihn machte, bei den Ärmsten in den Favelas zu sein ... Glücklich war er im Nieselregen von Rio de Janeiro inmitten derer, die diese Riesenstadt ausgespuckt zu haben schien, die sich als Abfall fühlten".[220]

Papstfans werden mir sicherlich Zynismus vorwerfen, wenn ich sage, dass es zwar fast unzählige Varianten von Wohlfühl-Therapien gibt und dem Papst seine Art, wohlige Gefühle zu verspüren, durchaus gegönnt sei, aber doch die weit wichtigere Frage erlaubt sein müsse, ob und wie er die von ihm Besuchten, diese Ärmsten der Armen, glücklich gemacht, was er ihnen denn mitgebracht habe. Und da steckt der Pferdefuß in allen Barmherzigkeitsaktionen der Kirche und auch dieses Papstes. Denn die Antwort lautet: Er bringt ihnen kein Geld, keine materielle Unterstützung, keine Schätze aus dem Vatikan. Nein, er bringt ihnen etwas „viel Wertvolleres", nämlich seine päpstliche Person und deren tröstende Worte.

Papstbiograf Englisch gibt sich alle erdenkliche Mühe, diesen Wert der personalen Nähe des Papstes und seines verbalen Trostes für die Armen möglichst hoch anzusetzen, es bleibt trotzdem ein fader Beigeschmack zurück. Selbstverständlich fühlen sich die Armen von Rio auch in ihrer personalen Würde schwer verletzt, wenn ihnen selbst die notwendigsten materiellen Bedürfnisse vom Staat und der Gesellschaft nicht befriedigt werden. Und selbstverständlich werden diese durch die unwürdigsten Lebensbedingungen bescheiden Gewordenen in ihrem Wert erhöht, wenn ein Papst zu ihnen kommt und sie mit guten Worten und Gesten aufmuntert, ermutigt, erfreut.

Er kann es ja auch ganz prächtig: „Als er Amara in die Arme nahm, fragte er sie nach ihren Enkeln und wie alt sie seien, und Amara glaubte, ihr Herz bleibe stehen. ‚Ich musste nachher tatsächlich zu einem Arzt, zu einem, der mit dem Papst gekommen war. Ich dachte, ich überstehe die Aufregung nicht', sagte Amara ... ‚Dabei machte es mir der Papst so leicht. Er war ganz normal. Ich dachte, da kommt ein alter Freund nach Hause'". Und der Papst betont auch noch:

„Ich hätte gern an jede Tür geklopft, ‚Guten Tag' gesagt, um ein Glas frisches Wasser gebeten, einen cafezinho getrunken – nicht ein Glas Schnaps –, wie mit vertrauten Freunden gesprochen, dem Herzen eines jeden, den Eltern, den Großeltern zugehört. ... Aber Brasilien ist zu groß! Und es nicht möglich, an alle Türen zu klopfen! Da habe ich die Wahl getroffen, hierherzukommen, eure Siedlung zu besuchen. Diese Siedlung, die heute alle Stadtviertel Brasiliens vertritt".[221]

Diese Menschen der Favelas sind ja auch tatsächlich äußerst dankbar für jede Geste der Achtung vor ihnen, da sie sich so oft unterbewertet und minderwertig fühlen. Sie „spürten, dass er einer von ihnen war, dass er auf ihrer Seite stand. Die Menschen der Armenviertel bestürmten ihn, sie drängten sich um ihn, beschmutzten seine weiße Soutane, und er wollte das genau so. Er wollte, dass die Menschen ihn wie einen alten Pfarrer sahen, der nach einem langen Ausflug endlich nach Hause gekommen war".[222]

Diese Armen sind vom Papst so hingerissen, dass ihnen in dieser Situation nicht mal der Gedanke kommt, Unmut zu äußern, weil der Papst ihre materielle Lage in keiner Weise erleichtert. Das ehrt sie, aber es ehrt nicht den Papst, der daran hätte denken müssen, ihnen auch materiell unter die Arme zu greifen: „Vielleicht hat er ihnen ja heimlich etwas zugeschoben", wird der eine oder andere Papstverteidiger sagen. Aber, wir erwähnten es schon, bei diesem Papst geschieht nichts, was nicht an die große Glocke gehängt würde: jede Geste, jedes Wort, jede Handlung wird populistisch-medial ausgewalzt. Hätte er etwas gespendet, dann hätte sein Lieblingsbiograf, der nicht die kleinste Kleinigkeit auslässt, die für den Papst spricht, bestimmt nicht geschwiegen. Und hätte der ausnahmsweise geschwiegen, dann hätten es ihrerseits seine jesuitischen Propagatoren im Vatikan in die Welt hinausposaunt.

Nein, der Papst kommt ja als Armer zu den Armen. Das ist sein Markenzeichen, er hatte wie ein Armer bei seinem Besuch in den Favelas sicher kein Geld in der Tasche seiner Soutane. Das Schlimme daran für die wirklich Armen ist der Fakt, dass das Ganze ein *Schauspiel*, ein *Theater*, eine *Illusion*, eine *Täuschung* ist. Der Papst ist eben kein wirklich Armer. Er ist nur *wie* einer von ihnen, er kommt nur *wie* ein alter Pfarrer zu ihnen. Wäre er wirklich ein alter, armer südamerikanischer Pfarrer, dann wäre er in seiner abgeschabten, alten, schwarzen Soutane gekommen und nicht in majestätischem Weiß. Mag Franziskus auch den eitlen Papstprunk Ratzingers abgelegt haben, so muss er doch trotzdem um die majestätische Wirkung seines blütenweißen kostbaren Gewandes auf das einfache Volk wissen. Er würde sich wundern, wie wenig Aufsehen er erregen würde, wenn er wirklich ganz normal aufträte, z.B. in einem gewöhnlichen Straßenanzug daherkäme, meinetwegen noch mit dem weißen Priesterkragen als letztem Überbleibsel seiner klerikalen Abgehobenheit und Besonderheit. Nur als weißgewandete Majestät kann er den einfachen Leuten wie ein Heilsbringer in ihrem Elend erscheinen!

Aber, wie gesagt, er kommt nur als Quasi-Armer zu den Armen, hat in Wirklichkeit im Hintergrund den ganzen Reichtum des Vatikans, ja der Gesamtkirche. Diese Zwielichtigkeit erinnert an Picassos zynischen Ausspruch: „Ich will reich sein, um wie die Armen leben zu können" oder an Erich Kästners köstliche Komödie „Drei Männer im Schnee", in der ein Multimillionär inkognito in sein eigenes Hotel zieht und darin als arm Erscheinender, sich arm Gebender und Gekleideter schlimmste Erniedrigungen durch die ihn nicht erkennende Hoteldirektion auf sich zieht, was er leicht und mit Humor erträgt, weil er doch um seinen Reichtum und das baldige Ende seiner Armutsodyssee weiß. Ein solches glückliches Ende aber haben die wirklich Armen dieser Erde eben nicht vor Augen. Und auch der Papst wird nach seinem „strapaziösen" Besuch bei den Armen und Elenden von Rio wieder in seine geordneten Verhältnisse zurückkehren.

Aber selbst die gespielte Quasi-Armut des Papstes bei seinem Besuch in den Favelas von Rio kann nicht als ganz gelungen und überzeugend gewertet werden. Er kommt dort angeblich als Armer zu den Armen, hat aber seinen Leibarzt dabei, ist und hat also doch etwas Besonderes, was sich kein wirklich Armer leisten kann, einen Arzt, der gegen gute Bezahlung darauf achtet, dass diesem armen Reichen oder reichen Armen nichts passiert.

Weiter: Der „arme" Papst kommt vermeintlich so mir nichts dir nichts und total mutig in eine der 530 Favelas von Rio de Janeiro!? Nein, in Wirklichkeit hat er dafür gesorgt, dass ihm nichts passieren kann und wird! „Aus Sicherheitsgründen war der Teil der Favela Varginha, den er besuchte, ausgewählt worden: Die Welt würde (also) einen Papst in einer der sogenannten gesicherten Favelas sehen. Jorge Mario Bergoglio war einer der wenigen im Tross des Vatikans, der wusste, dass es 530 Favelas in Rio de Janeiro gibt und dass fast alle, immerhin 96 Prozent von ihnen, eben nicht >gesichert< sind, sondern Kriegsschauplätze von Drogendealern und anderen Gangstern, und dass Frauen, Kinder und Jugendliche unter diesem Krieg in den Stadtvierteln, in die sich nicht einmal die Polizei ohne Unterstützung der Armee traut, am meisten leiden".[223] Wo kann sich ein wirklich Armer eine solche Hilfe seitens der Staatsorgane leisten, wie sie dem Papst zuteil wurde? Seinen Herrn haben die Organe des damaligen

Staates gekreuzigt. Sein päpstlicher Nachfolger aber lässt sich von staatlicher Sicherheitspolizei beschützen. Bewunderung, wie weit es die Kirche gebracht hat! „Der Trottel", würde Dostojewskis Großinquisitor heute sagen, „ließ sich noch kreuzigen, wir Herren der Kirche dagegen nehmen den Staat in unseren Dienst."

f) *Keine effektive Hilfe des Papstes für die Flüchtlinge*
Der Papst kann herzzerreißend über das Flüchtlingselend predigen, stattete den geretteten Flüchtlingen auf Lampedusa sogar einen Besuch ab, beschwört die Hilfsorganisationen der Welt, alle wohlhabenden Staaten usw., die Flüchtlinge aufzunehmen. Er selbst aber und seine Kirche organisieren keine systematische Hilfe für sie. Hunderte von *Klöstern* in Deutschland, Italien, in allen Ländern Europas, ebenso in Nord- und Südamerika, oft noch „gesegnet" mit beachtlichen Ländereien, stehen leer oder fast leer. Infolge des Nachwuchsmangels an Ordensleuten werden sie, wenn überhaupt, von einer Handvoll Nonnen oder Mönchen bewohnt bzw. bewirtschaftet. Stellt der Papst die immensen Räumlichkeiten dieser Klöster und Ordensburgen den Flüchtlingen zur Verfügung? Natürlich nicht! Sie könnten ja diese vom Papst bzw. seiner klerikalen Oberschicht geweihten Orte profanieren!

Vor den gerade aus schlimmster Seenot geretteten Bootsflüchtlingen von Lampedusa hatte Papst Franziskus die Lage treffend charakterisiert: „Man kann nicht hinnehmen, dass das Mittelmeer zu einem großen Friedhof wird". Wer die Reise überlebe, so der Papst weiter, müsse in Italien in völlig überfüllten Lagern Unterschlupf suchen. Die Behörden seien überfordert.

Und was macht der *größte Scheinheilige* der aktuellen Gegenwart dagegen? Praktisch vor der Haustür des Vatikans und der zahllosen Klöster und Kirchen in Süditalien befindet sich das Mittelmeer. Aber er denkt gar nicht daran, die Portale, Türen und Tore der kirchlichen Räumlichkeiten für diese Ärmsten der Armen zu öffnen. Er sieht seine „heilige" Aufgabe lediglich darin, den Politikern die Leviten zu lesen, von denen auch noch der Pflichtvergessenste wahrscheinlich mehr für diese Leute tut als der sich in ständigen Mahnreden gefallende Pontifex. Eines seiner wichtigsten Ziele, stets in den Medien präsent zu bleiben, erreicht er ja dabei trotzdem immer.

g) *Der Papst und die leerstehenden Kirchen*
Wie gesagt, viele Kirchen, Pfarrhäuser, der Kirche gehörende Gebäude stehen leer, werden nicht genutzt oder nur noch von ein paar Betschwestern besucht. Oder sie werden zu teuren Preisen verkauft – was sie natürlich nicht könnten, wenn sie vorher von Armen „verdreckt" worden wären. Also auch hier kein Machtwort des Papstes, die Kirchen und z.B. auch leerstehende kirchliche Vortragssäle für die Ärmsten der Armen (und das sind nicht nur Flüchtlinge, sondern alle, die sich heute keine Wohnung mehr leisten können) zur Verfügung zu stellen. Die Macht, dies gegenüber dem kalten, am Vermögen hängenden Establishment der Kirche durchzusetzen, hätte der Papst. Wer in dieser katholischen Herde hätte denn den Mut, dem mit allen kirchlichen Privilegien ausgestatteten, den universalen Jurisdiktionsprimat über alle Teilkirchen besitzenden päpstlichen Alleinherrscher Paroli zu bieten oder einem Befehl von ihm zu widersprechen. Aber er verlangt es ja nicht einmal. Das kirchliche Vermögen darf all

seinen hehren Erklärungen zum Trotz auf keinen Fall angetastet werden.

h) *Der Papst und die Besitzanteile des Vatikans an der Hauptstadt Italiens*
Nicht bloß befindet sich der kleine Vatikanstaat innerhalb dieser Stadt, vielmehr gehört inzwischen *jedes vierte Gebäude Roms dem Vatikan.* Und auch diese Gebäude werden nicht mal zu einem kleinen Bruchteil den Armen dieser Stadt vom Papst zur Verfügung gestellt. Herrliche Patrizierhäuser werden oft nur von einem Erzbischof oder Kardinal bewohnt, allerdings meist nicht ohne eine Equipe von Dienern und Nonnen, die ihm geistig wie leiblich zu Diensten sind. Aber dafür hat es der Papst durchgesetzt, dass sich Obdachlose auf dem Petersplatz kostenlos rasieren lassen dürfen und auch noch Seife und Handtuch erhalten.

i) *Der Papst und die Vatikanischen Museen*
Immens wertvolle Schätze lagern in ihnen. Sie könnten an andere, nichtkirchliche Museen verkauft werden, die sie ebensogut hüten würden wie die vatikanischen Museumswächter. Der Erlös aus dem Verkauf könnte den Armen zugutekommen. Wiederholt nicht der Papst immer wieder den Bibelspruch: „Wo dein Schatz ist, ist auch dein Herz" und „sammelt keine irdischen Schätze!" Das ganze Elend der Armen könnte allein schon mit dem Erlös aus den musealen Kostbarkeiten des Vatikans beseitigt werden. Getan wird nichts!

j) *Der Papst und sein Privatvermögen*
Warum spendet der Papst an die Armen dieser Welt nicht wenigstens aus seinem Privatvermögen? Der hat doch gar keins, werden bereits wegen dieser Frage empörte Papstfans erwi-

dern. Aber ist es nicht merkwürdig, dass Radio Vatikan und das Vatikanfernsehen CTV, beide von Jesuiten geleitet, jeden Auftritt, jede Rede, jede Geste des Papstes, selbst die kleinste, ihn betreffende Bagatelle kommentieren, der Öffentlichkeit brühwarm präsentieren, aber über sein Vermögen eisern schweigen? Mit dem Hinweis auf seine Privatsphäre können sie sich nicht herausreden. Es ist ja den Medien in aller Welt auch nicht die „atemberaubende Demut" des neuen Pontifex vorenthalten worden, die unter anderem darin bestehe, dass er jeden Morgen sein Bett selber in Ordnung bringe und nicht von dienstbaren Nonnen machen lasse. Das ist allerdings eine „revolutionäre" Tat, denn bisher hätte noch jeder seiner Vorgänger und praktisch alle Kardinäle und Bischöfe des orbis catholicus es als Zumutung empfunden, ihr eigenes Bett zu machen.

Wie gesagt, alles nur Mögliche und Unmögliche wird über den Papst berichtet, die Propagandamaschine des Vatikans läuft auf Hochtouren, verschwiegen wird nur sein Privatvermögen. Aber ein Gehalt hat ja doch auch der Papst, er kann als oberster Souverän der Kirche dieses sogar selbst bestimmen. Auf wieviel beläuft es sich? Keine Antwort. Das Geheimnis seines Gehaltes wird besser gehütet als das Beichtgeheimnis! Aber diesbezüglich befindet er sich auch wieder in bester Gesellschaft und Gemeinschaft mit seinen Kardinälen und Bischöfen, die niemals über ihr eigenes Vermögen und das ihrer Diözese genau Bescheid zu wissen behaupten. Die klerikale Oberschicht, ihr Reichtum und die solidarische Mauer des Schweigens – in die wird auch der neue Franziskus keine Bresche schlagen!

Würde er etwas aus seiner eigenen Schatulle spenden, wären doch die Medien voll des Lobes. Nein, der Papst spendet nichts, er unterscheidet sich nicht von seinen Vorgängern, die über ihr Vermögen auch den Mund hielten. Bei Pius XII. wurde es nach seinem Tod dennoch bekannt: es waren „bescheidene" 80 Millionen Dollar!

Trotzdem lässt sich wenigstens ein Teil des Geldbesitzes von Franziskus I. ermitteln. Die Honorare für seine zahlreichen Bücher, die er auf Deutsch im finanzstarken Herder Verlag herausgibt, bringen ihm auf jeden Fall sechsstellige Summen ein. Und seine Bücher erscheinen in vielen Sprachen, also muss da eine beträchtliche Summe zusammenkommen. Spendete er etwas davon an die Armen, bliebe das nicht unter der Decke, wo er doch sonst nichts dagegen hat, dass jedes Detail seines Lebens veröffentlicht wird.

Und was macht er mit den obligatorischen Spenden, die zu jeder der vielen Audienzen beim Stellvertreter Gottes auf Erden gehören? Kürzlich machte auch der FC Bayern seine Aufwartung bei Sr. Heiligkeit und brachte ihm eine Million Euro als „kleine Gabe"! Nicht vergessen werden sollte im Rahmen der Einschätzung des Papstvermögens der sog. *Petersfennig*, die jedes Jahr getätigten Abgaben der Diözesen der Weltkirche an den „armen Vater in Rom". Über die Verwendung der gewaltigen Summe, die auf diese Weise dem „Heiligen" Vater jährlich zufließt, darf dieser autonom und souverän bestimmen. Kein Mensch hat jemals etwas davon gehört, dass auch nur ein kleiner Teil dieses Betrags den Armen und Notleidenden zugutegekommen wäre.

k) *Am Reichtum des Vatikans rüttelt auch der neue Papst nicht*
Selbst der Troubadour des Papstes, sein Lieblingsbiograf Andreas Englisch, gibt in seinem Buch „Franziskus Zeichen der Hoffnung" zu, „dass im Hauptquartier der Christenheit, im Vatikan, ... Geldgier regiert", dass der Papst als Chef des Vatikans über einen „gigantischen Immobilienbesitz" verfügt,

ja dass der Vatikan „einer der größten Besitzer von Immobilien in Italien ist".[224] Das alles verschweigt der Papst eisern, wenn er in seinen Reden die Bankiers und Konzernherren dieser Welt auffordert, die Strukturen des Kapitals zugunsten der sozial Schwachen zu korrigieren.

Aber die wissen schon, wie sie das zu verstehen haben, bestimmt nicht im Sinne eines radikalen Umbruches, einer Revolution, denn sie wissen ja zugleich, dass der Papst als oberster Chef des Vatikans in die „Strukturen des Bösen", des „bösen" Kapitals fast ausweglos selbst involviert und verstrickt ist, dass dem Vatikan schon bald nach dem Weltkrieg Teile der Paramount-Studios in Hollywood, Hunderte von Grundstücken für Ferienwohnungen in Oyster Bay, Long Island, das Stock Exchange Building, der lange Zeit höchste Wolkenkratzer der Welt, gehörten, ebenso der Port Royal Tower in Montreal/Kanada, zahlreiche Hotelanlagen und Golfplätze in vielen Staaten auf diesem Planeten usw. usf. Man kann sich bei Einschätzung des Vatikankapitals fast restlos an die allgemeine Regel halten: Wo immer Kapital gewinnbringend angelegt wird, ist die Kirche dabei, und es interessiert sie dabei nicht im mindesten die Frage der Moral oder Unmoral eines profitverheißenden Geschäfts. Wie sagte es doch der korrupte, von der italienischen Justiz gejagte, vom Wojtyla-Papst im Vatikan versteckte Chef der „Bank für religiöse Werke", Erzbischof Marcinkus höhnisch: „Man kann die Kirche nicht mit Ave Marias in Gang halten".[225]

Da kann der Vatikan, auch der jetzige Papst, Kondome und Verhütungspillen noch so vehement verbieten, an einigen Unternehmen, die sie herstellen, ist er als Großaktionär selber beteiligt. Dasselbe gilt für die Beteiligung des Vatikans am Waffen- und Rüstungsgeschäft. Bei seinem Besuch Jordaniens am 24.05.14 wandte sich der Papst im öffentlichen Gebet an Gott, er möge „diejenigen bekehren, die die Waffen herstellen und verkaufen". Mit Zorn in der Stimme fragte er: „Wer verkauft diesen Leuten die Waffen, um Krieg zu führen?" Denn da, so der Papst, liege „die Wurzel des Übels". Dabei macht der Vatikan, was dem Papst nicht unbekannt sein kann, auch bei Waffengeschäften Profite. Noch heute gibt es Kontakte zum größten italienischen Rüstungskonzern Fiumeccenica, der u.a. durch vatikanische Investitionsgelder zu seiner jetzigen Größe gelangte. Das österreichische Wirtschaftsmagazin „Format" vom 25.03.13 lenkt den Blick auch auf das „Milliardenimperium" des Jesuitenordens, der sogar beim Flugzeughersteller Boeing mitmacht. Er befinde sich wenigstens „zu einem Teil in der Hand der Mönche... Dass damit auch im internationalen Rüstungsgeschäft mitgemischt wird, scheint nicht besonders zu stören". Offenbar auch nicht den Ordensbruder Jorge Mario Bergoglio alias Franziskus I.

Doch wen wundert das alles? Denn man darf bei Papst Franziskus nie vergessen: Er ist durch und durch Jesuit, ein in vielen Erziehungs- und Ausbildungsjahren vortrefflich hergerichtetes sklavisches Produkt des Jesuitenordens, und dessen heute „rund 20.000 Ordenspatres scheint das Bankleben besonders zu liegen. Immerhin gingen durch ihre Schulen zahlreiche Topmanager, wie der Chef der Europäischen Zentralbank Mario Draghi. Auch die Bank of America ging auf eine Jesuitengründung zurück. Erstaunlich: Denn die Jesuiten entsagen kraft ihres Schwurs allen materiellen Versuchungen und streben weder nach Wohlstand noch nach Besitz. Das gilt aber nur für jeden Bruder persönlich – der Orden darf sehr wohl Geld verdienen. Und tut dies auch erfolgreich. Denn, weitere Perlen im Portfolio der Ordensleute sind Aktien des italienischen Energiekonzerns Eni (Agip), des französischen Anlagenbauers Schneider electric und des Chemiekonzerns OM Group".[226]

Als Papst ist Franziskus I. auch der oberste Chef der Jesuiten, steht er noch über dem Ordensgeneral, der ihm gegenüber ebenfalls zu unbedingtem Gehorsam verpflichtet ist. Aber ein Machtwort des Papstes gegen die moralinfreien Bankgeschäfte dieses Ordens wird es nicht geben, ebenso wenig eine päpstliche Order, die Gewinne aus diesen Geschäften auch nur zum Teil den Armen dieser Welt zugutekommen zu lassen. Aber wie kann auch der Papst der „Gesellschaft Jesu" etwas verbieten, was er dem Vatikan nicht verbietet, nämlich die, wie wir bereits sahen, Anhäufung „unübersehbarer Vermögenswerte, Kapitalanlagen, Immobilien und Ländereien, Firmenbeteiligungen, eines immensen Goldschatzes usw."[227]

l) *Was tut der Papst gegen Protz und Prunk der Bischöfe?*
Gegen die Führungsschicht der reichen Nationalkirchen des orbis catholicus wird Papst Franziskus ebenso wenig vorgehen wie gegen Jesuiten- und Vatikanvermögen. Ist doch ihr Reichtum die Voraussetzung dafür, dass sie alle ihre Tributzahlungen an die Zentrale in Rom willig entrichten. Diesen Geldhahn dreht der „Revolutionär" im Vatikan mit Sicherheit nicht zu. Je größer das Vermögen, das ja total in der Verfügungsgewalt des jeweiligen Bischofs liegt, um so fetter die Tributzahlungen, die er an Rom abführt.

Die Frage muss erlaubt sein: Wie steht es um die Paläste der Bischöfe? Keiner von ihnen denkt auch nur im entferntesten daran, in diese Palais, die nur den Bischof und seine Dienerschaft beherbergen, irgendeinen Armen herein zu lassen. Doch sie kritisieren die Kommunen, wenn diese nicht noch mehr Flüchtlinge aufnehmen wollen.

Kürzlich noch hat der Kardinal und Erzbischof Reinhard Marx von München, einer der reichsten Erzdiözesen der Welt, seine Bistumsverwaltung für mehrere Millionen Euro luxuriös renovieren lassen, selbstverständlich hauptsächlich mit dem Geld des Freistaats Bayern! Und dieser sich auch physiologisch deutlich sichtbar als saturierter Herr eines saturierten Erzbistums erweisende Kardinal ist vom Papst in die Kommission für die Reform der Kurie geholt worden! Man kann sich denken, was dabei herauskommt: Nichts, und tatsächlich hat diese Kommission, die seit über einem Jahr im Amt ist, noch nichts bewerkstelligt. Acht Kardinäle bzw. Erzbischöfe holte der Papst für diese Kommission aus allen Erdteilen. Aber da diese Herren ja zugleich als Chefs ihrer Diözesen weiterarbeiten, werden sie sicher ihr Hauptaugenmerk nicht auf Rom fokussieren. Das hat wohl auch der Papst eingesehen, denn inzwischen hat der unermüdlich Kommissionen Schaffende eine neue Kommission aus fünf Personen gebildet, die im Grunde den gleichen Aufgabenkreis wie die Achterkommission hat, freilich mit besonderem Akzent auf die Überprüfung der Vatikanbank.

Papst Franziskus hätte ganz leicht den Beweis erbringen können, dass es ihm an einer schnellen und effektiven Renovierung der Kurie und der Vatikanbank ernsthaft gelegen ist, indem er Bischof Carlo Maria Vigano aus der Verbannung zurückgeholt, ihn auf seinen früheren Posten im Vatikan wieder eingesetzt hätte. Er hat es bis heute nicht getan, und damit ist eine viel zu lange Zeit verstrichen, so dass jetzt auch keine Möglichkeit mehr besteht, die Dinge zurechtzurücken. Wer ist Bischof Vigano, oder wer war er, da er ja kaltgestellt ist? Nun, er war kein Produkt der bürokratischen Gepflogenheiten der Römischen Kurie, sondern als Vatikandiplomat mit unterschiedlichen Aufträgen in zahlreichen Ländern der

Erde unterwegs, als Papst Benedikt ihn am 16. Juli 2009 zum Generalsekretär des vatikanischen Gouvernatorats macht. Als solcher kniete er sich wie keiner seiner Vorgänger in diesem Amt in die zahlreichen seltsam komplizierten und verästelten Geldgeschäfte der Kurie und der Vatikanbank hinein und stellte mit Erschrecken fest, dass alles, was da vor sich geht, vorwiegend mit Korruption zu tun hat. Er beginnt, tatkräftig, unbestechlich, Punkt um Punkt die Korruption abzustellen.

Das ruft seine Gegner auf den Plan, und das ist im Grunde eine ganze Armee, nämlich fast all die hochwürdigen und hochwürdigsten Funktionäre in Vatikan und Kurie, die sich mehr oder weniger korrumpiert haben. „Das System der Korruption im Vatikan betrifft so viele Geschäfte, und Vigano weiß so viel, dass es nicht möglich ist, die Deals vor ihm zu verheimlichen. Es bleibt also nur ein Ausweg: Er muss weg".[228] Die Korrupten intervenieren bei Kardinal Tarcisio Bertone, dem Chef des Staatssekretariats, dem gleich nach dem Papst wichtigsten Mann im gesamten Kirchenregiment. Und der bringt es auch fertig, Papst Benedikt XVI. umzustimmen. Vigano wird total entmachtet, bekommt noch gerade mal einen Posten als Kirchendiplomat in Washington.

Die ganze Affäre sollte heimlich über die Bühne gehen. Nichts fürchten Päpste, Kardinäle und Bischöfe, die ständig die Fassade der Kirche putzen, weil sie vom Dreck hinter der Fassade wissen, so sehr wie Indiskretionen. Aber Vigano hat dem Papst einen Brief geschrieben, einen geheimen Protestbrief, in dem er die Korruption zur Sprache bringt und seine Rückkehr nach Rom fordert. Der Kammerdiener Benedikts, Paolo Gabriele, spielt den Brief einigen Medien zu. Die Konsequenz ist blamabel: „Die komplette Intrige fliegt schlagartig auf. Benedikt XVI. und sein Kardinalstaatssekretär stehen da als Beschützer jener Verbrecher, die die Korruption im Vatikan blühen lassen. Noch schlimmer wiegt, dass jetzt bekannt wird, dass sie den Mann, der hätte aufräumen sollen, beiseitegeschafft haben".[229]

Der in seinen Reden ständig Gerechtigkeit fordernde, jede Ungerechtigkeit anprangernde Papst Franziskus hätte gleich im ersten Jahr seiner Amtszeit den vielleicht einzigen Sauberen, nicht Korrupten im Vatikan rehabilitieren, nach Rom zurückholen, ihn die Korruption weiterhin aufdecken lassen können – er rührte keinen Finger! Das diskreditiert auch ihn, nicht bloß seinen Vorgänger, macht auch den neuen Papst zum Komplizen der Korrupten und lässt seine Einberufung von Kommissionen zur Überprüfung der Machenschaften von Kurie und Vatikanbank weitgehend als Alibi-Aktion erscheinen.

Nun gut oder schlecht, wird mancher Papst-Sympathisant sagen, in diesem speziellen Fall hat Franziskus versagt, aber er ist doch wenigstens ein Vorbild der Bescheidenheit, indem er selbst bei offiziellen festlichen Anlässen seine päpstlichen Insignien, das Tragen der Zeichen seiner Papstwürde auf ein viel kleineres Maß heruntergeschraubt hat. Man sagt, er trage ein Messgewand und eine Mitra aus der Zeit seines Bischofsamtes in Argentinien, einen Fischerring aus vergoldetem Silber, nicht aus purem Gold wie seine Vorgänger auf dem Papstthron, und auch sein Pallium sei nicht neu.[230]

Seine Gegner nennen diese kleinen Abweichungen vom päpstlichen Kleiderstandard „Effekthascherei", und tatsächlich handelt es sich dabei um Kinkerlitzchen. Viel wichtiger und wenigstens einigermaßen radikal wäre es, wenn der Papst und nach seinem Vorbild die Kardinäle und Bischöfe zumindest äußerlich ganz normal auftreten würden, ihre langen, bis zum Boden reichenden Altweibergewänder ablegten, und wie andere Menschen auch, selbst die meisten regierenden Politiker, im Straßenanzug, in Zivil aufträten. Sofort wäre ein gehöriger Teil ihres Nimbus wie weggeblasen. Ein Papst ohne sein weißes Gewand, ohne das Weiß, das Reinheit, Unschuld, vom Himmel herkommende Majestät und Unantastbarkeit symbolisiert – wer würde sich da noch von einem solchen Papst im Straßenanzug tätscheln, liebkosen, umarmen oder küssen lassen? Kleider machen Leute! Kann der Papst auf dieses Eindruckmachen durch sein Gewand verzichten? Er kann und will es offenbar nicht. Und ebensowenig die ganze hierarchische Oberschicht der Kirche auf ihre seltsamen Faschingstrachten. Radikalität selbst in der Kleiderordnung sieht anders aus!

Dabei geht es doch um sehr viel mehr, nämlich um eine Änderung der gesamten Lebensweise der hierarchischen Oberschicht der Kirche. Das ist schon im Zusammenhang mit und unmittelbar nach dem II. Vatikanischen Konzil versucht worden und schlug bereits damals fehl. Eine kleine Gruppe idealistischer Bischöfe – 40 an der Zahl – unterzeichnete im November 1965 kurz vor Abschluss dieses Konzils den sog. *Katakomben-Pakt*. Darin verpflichteten sich diese Bischöfe, so zu leben, „wie die Menschen um uns herum üblicherweise leben, im Hinblick auf Wohnung, Essen, Verkehrsmittel", des weiteren auf „äußere Zeichen des Wohlstands und der Macht … wie Amtskleidung, Amtsinsignien und Titel sowie auf Immobilien und eigenes Mobiliar zu verzichten". Der gesamte bisherige Besitz der Bischöfe sollte der Diözese bzw. sozialen und caritativen Einrichtungen der Kirche überschrieben, die „Finanz- und Vermögensverwaltung in die Hände von Laien übergeben werden, ‚damit wir Apostel und Hirten statt Verwalter sein können'". Die Vierzig wollten ein für allemal darauf verzichten, „als Reiche zu erscheinen wie auch wirklich reich zu sein, insbesondere in unserer Amtskleidung (teure Stoffe, auffallende Farben) und in unseren Amtsinsignien, die nicht aus kostbarem Metall – weder Gold noch Silber – gemacht sein dürfen, sondern wahrhaft und wirklich dem Evangelium entsprechen müssen".[231]

Das alles waren hehre Absichtserklärungen, die von einzelnen Bischöfen wohl auch umgesetzt wurden, aber eben nicht von deren großer Mehrheit, die gar nicht daran dachte, ihren Lebensstil zu ändern. Die meisten Bischöfe gebärden sich weiterhin wie Barockfürsten, lassen sich in Luxuskarossen mit Chauffeur durch die Gegend kutschieren, leben abgeschirmt vom Volk, dem sie sich von Zeit zu Zeit gnädiglich zeigen, in ihren Palästen, die innen längst zu modernen Luxusvillen umfunktioniert sind. Fast schon wehleidig und frustriert tönte es aus dem Mund des Papstes, als er am 6. Juni 2013 Seminaristen, Novizinnen und Novizen ermahnte: „Es schmerzt mich, wenn ich einen Priester oder eine Nonne mit dem neuesten Automodell sehe: Das geht nicht! Das geht nicht! … Nehmt ein bescheideneres Modell! Und wenn dir dieses schöne Auto so gefällt: dann denke daran, wie viele Kinder verhungern. Nur daran!"

In Deutschland schien nur ein Bischof wirklich an die Hungernden zu denken: Bischof Kamphaus von Limburg. Er war der einzige Bischof, der spartanisch und asketisch lebte, der auch nicht im Bischofspalast wohnte, sondern im weit bescheideneren Priesterseminar. Dadurch war er ein Stachel im Fleisch der anderen deutschen Bischöfe. Die einen belächelten und verspotteten ihn, die anderen verhielten sich geradezu feindselig ihm gegenüber. Als er in Rente ging, atmete die Crew der deutschen Bischöfe befreit auf.

Nach ihm kam sofort einer, der alles wieder zurechtrückte: Bischof Franz-Peter Tebartz-van Elst. Der junge Mann hatte „Format" im Sinne des reichen Establishments der deutschen Bischöfe. Für die „lächerliche" Summe von 30,7 Millionen Euro ließ er sich auf dem Limburger Domberg eine „bescheidene Hütte" bauen. Natürlich braucht man dem teilweise noch immer gläubigen Volk nicht zu zeigen, wie luxuriös man wohnt. Von außen betrachtet war daher der Bau eher nüchtern, fast trist, keineswegs protzig. Aber drinnen, da waltete der Reichtum der oberen Zehntausend: z.B. „beheizbare Kreuzgänge, bronzene Fensterrahmen und ein 200.000 Euro teures Zierfischbecken".[232]

Nicht die geringsten Hemmungen oder den kleinsten Gedanken an die Not von Millionen, ja Milliarden Menschen hatte der Neue von Limburg, wenn es, wie es ihm ein wohlwollender Kritiker attestiert, darum ging, seine „theologischen Vorstellungen ... ins Bauliche" umzusetzen. Unter theologischen Vorstellungen versteht dieser Kritiker wahrscheinlich den „göttlichen" Größenwahn des Bischofs, der frei von jeglicher Vorausplanung immer wieder neue kostenintensive Änderungen anordnete, z.B. „Austausch bereits installierter Lichtschalter in eine sensorengesteuerte Variante, ... Abriss des gerade fertiggestellten Mariengartens und der Bau eines neues *Gartens der Stille*, ... die Abdeckung des Daches zur nachträglichen Neuanbringung einer Halterung für den Adventskranz". Angesichts solcher Verrücktheiten fällt das Urteil dieses Kritikers noch relativ mild aus: „Nicht nur die Kosten selbst, die hochwertige bis luxuriöse Ausstattung an sich, erschienen hier dem Armutsgebot entgegenzustehen. Es ist offenbar eine gewisse überhebliche Dekadenz, die das Handeln bestimmt hat ... Das ist es, was eben an einen Fürstbischof erinnert, nicht an einen Hirten". Der Bischof selbst bleibt aber uneinsichtig und verstockt: „Wer billig baut, baut teuer".[233]

Ich bin ziemlich sicher, dass Papst Franziskus selbst diesen hochmütigen Protz- und Prunkbischof nicht von seinem Limburger Thron abberufen hätte, wenn, ja wenn das zu seinem Leidwesen so kritisch gewordene Kirchenvolk in Deutschland nicht derart laut gegen Tebartz-van Elst protestiert hätte. Deswegen u.a. besucht doch der Papst so gern ostasiatische, afrikanische und südamerikanische Länder, weil da die Masse der ihm zujubelnden Katholiken noch weitgehend kaum Anstoß an der Lebensweise ihrer Bischöfe nimmt, auch in Bezug auf die Kenntnis der eigenen Glaubensinhalte überwiegend ignorant ist und den Papst, von Zweifeln völlig unberührt, einfach ohne Vorbehalte als neuen Heilsbringer bejubelt. Und der genießt das Bad in der Menge genau so wollüstig wie einst der Wojtyla-Papst. Beide Päpste hatten längst kapiert, dass der Katholizismus Massenreligion, Religion der Masse und für die Masse sein und bleiben muss, wenn er weiterbestehen will. Aufklärung selbst im Sinne immanent-theologischer Kritik an den kirchlichen Dogmen führt geradewegs zum radikalen Abbau der hierarchischen Führungsspitze, die ja kraft ihrer „Unfehlbarkeit" diese Dogmen installiert hat.

Manche Katholiken sehen trotz des rein verbalen, ohne tiefgreifende praktische Konsequenzen bleibenden Propagandafeldzugs des Papstes für die Armen eine Gefahr für das quasi gottgegebene Recht der Bischöfe auf Reichtum und Luxus heraufziehen. Ein in Deutschland einflussreicher Katholik, Volker Resing, bis Oktober 2014 Hauptstadt-Korrespondent der *Katholischen Nachrichten-Agentur* (KNA), seitdem Chefredakteur der *Herder-Korrespondenz*, rückt die Forderung nach materiell eingeschränktem Lebensstil der Bischöfe geradezu in die Nähe von „mutwilliger und aktiver Bedrohung der eigenen Existenz." Die Frage, ob es „für Bischöfe angemessen sei, einen Mercedes zu fahren oder ... zeichenhaft darauf zu verzichten, um auf den Schatz des Immateriellen einerseits und die Not der Mitmenschen andererseits zu verweisen", ist ihm zufolge „eindeutig sicher nicht zu beantworten". Könne doch sowohl „das symbolhafte wie das konkrete Handeln richtig sein. Es muss es aber nicht, es kann genauso zur leeren Hülse werden". Sogar eine leise Kritik am Papst leistet sich an dieser Stelle der katholische Chefredakteur: „Geradezu pharisäisch wirkt da bisweilen die Fixierung auf solche Details des täglichen Lebens. Wenn der Papst ein Brustkreuz aus Blech trägt, kann dieses Zeichen funktionieren, weil es überraschend ist, weil es die Wahrnehmung auf das Wesentliche lenkt. Im Umkehrschluss alle bischöflichen Goldkreuze zu verbannen, wäre eine Art Armutsrigorismus, der dem Sinn nicht gerecht wird – ihn geradezu verkehrt".[234]

Die Kritik wird sogar noch schärfer: Hätte der Papst die Trommel seines Feldzugs für die Armen nicht so laut geschlagen, dann wäre selbst der „arme" Tebartz-van Elst nicht derart ins Kreuzfeuer empörter Katholiken geraten, meint Resing. O-Ton: „So skurril und dreist manche Maßnahmen und Extravaganzen in Limburg nun auch waren, vielleicht hätte ohne die päpstliche Schwerpunktsetzung bei diesem Thema die berechtigte lokale Aufregung nicht diese weltweite Wucht entfalten können ... Es kann auch nicht sein, dass in Folge des Limburger Falls nun kirchliches Bauen unter Generalverdacht steht. Wenn etwa in Berlin schon mit Nervosität auf die Kosten einer Renovierung der St.-Hedwigs-Kathedrale geschaut wird, bevor überhaupt ein Plan existiert, und wenn in der Hauptstadt manche schon den Architektenwettbewerb ob seiner Kosten kritisieren, dann verkehrt sich die Limburger Lehre ins Abwegige. Eine Kathedrale in der Hauptstadt, auch eine Diözesanbibliothek in Münster oder eine Münchner Bistumsverwaltung müssen unter Umständen *teuer* sein und müssen eben nicht unbedingt *arm* daher kommen. Vorsicht mit den Begriffen ist angebracht. Nicht alles, was Millionen kostet, ist schlecht".[235]

Recht hat er gerade im Hinblick auf den Katholizismus, der auf das Protzige, Imposante, Monumentale seiner Bauten nicht verzichten kann, wenn er die ehrfürchtige Bewunderung der Massen nicht verlieren will. Was gilt da schon der Widerspruch Jesu im Johannesevangelium, dass man Gott nicht in Tempeln und Bauten aus Stein verehren solle, sondern im Geist und in der Wahrheit? Die Kirche hat sich noch nie an das Wort ihres Meisters gehalten, wenn dieses nicht in ihren Kram passte. Sie hat es vielmehr so lange umgedeutet, bis es zur Rechtfertigung ihrer eigenen Vorschriften und Handlungen taugte.

Aber sogar das Nachrichtenmagazin *Der Spiegel*, damit ganz daneben liegend, hofft noch immer, dass sich durch Entscheidungen von Papst Franziskus „für die deutschen Bischöfe noch etwas ändern könnte", ändern in Bezug auf die „Verschwendung von Kirchensteuergeldern, prunkvolle Bischofssitze, dunkle Dienstlimousinen mit Fahrer, gutgefüllte Weinkeller, üppiges Hauspersonal".[236]

Immerhin war Benedikt XVI. bereit, die S-Klasse-Mercedes-Limousine, die er geschenkt bekommen hatte und die weit über 100.000 Euro kostete, dem neuen Papst zur Verfügung zu stellen, der das aber ablehnte.[237]

m) Aber hat sich nicht wenigstens im *Verhältnis der Kirche zur Mafia* doch einiges geändert? Schließlich soll ja Franziskus die Mafia exkommuniziert haben. Auch sollen ja unter Benedikt XVI. einige der zahlreichen Verbindungsstränge zwischen der Vatikanbank und der Mafia gekappt worden sein. Die Gerüchte, das *Institut für religiöse Werke* (IOR) wasche massenweise Mafiagelder, hätten immer mehr Nahrung erhalten, am Ende musste der Vatikan handeln, um nicht die letzte Glaubwürdigkeit seiner Bank zu verspielen.

Die Nähe von Politik und Mafia spiegelte sich auch in dem Umstand wider, dass „viele Konten" dieser Bank „italienischen Politikern jahrelang zur Verschleierung ihrer Vermögenslage dienten – auch weil die Vatikanbank grundsätzlich keine Bilanzen veröffentlicht".[238] (Eine Bilanz ihres Gesamtvermögens legt in Wirklichkeit auch keine einzige deutsche Diözese vor. Der Generalvikar des Erzbistums München: Das sei alles zu sehr verschachtelt und vernetzt, in zu viele Aktien und Immobiliengesellschaften aufgespalten. Da verliere man den Überblick). Selbst der fast jede Geste des Papstes in Richtung auf den Beginn einer neuen Ära in der Geschichte des Papsttums interpretierende Biograf Andreas Englisch teilt mit der italienischen Staatsanwaltschaft den Verdacht, „dass jahrzehntelang viele reiche Italiener die Vatikanbank IOR systematisch dazu benutzten, Gelder zu waschen, Steuern zu hinterziehen und andere illegale Bankgeschäfte zu tätigen, dies alles unter dem Deckmantel der katholischen Kirche... dass die Vatikanbank nicht aus Naivität und frommer Unkenntnis, sondern systematisch die Auflagen der europäischen Bankenaufsicht umging, in der Gewissheit, dass der Papst eventuell erwischte Täter vor der Strafverfolgung bewahren würde". Als dann auch noch Monsignore Nunzio Scarano, der zentrale Rechnungsprüfer der Vatikan-Verwaltung, Spitzenmanager in der Kirchenverwaltung APSA (Administrazione del Patrimonio della Sede Apostolica), verhaftet wurde, weil er, so die Anklage, „mehrfach Schwarzgeld über Konten der Vatikanbank IOR laufen ließ" und Summen von über 20 Mio. Euro „schwarz über die Grenze nach Italien und in den Vatikan bringen wollte"[239], war das Maß voll. Jetzt musste auch Papst Franziskus notgedrungen agieren, nicht nur agitieren. Schließlich hatte man in der Kardinalsversammlung vor seiner Wahl zum Papst zur Auflage gemacht, dass der künftige Papst mit den „nicht abreißenden Skandalen rund um die Vatikanbank" Schluss machen müsse.[240]

Wir wollen nicht zu streng urteilen: Möglicherweise hat der Papst einige Connections der Vatikanbank mit der Mafia unterbunden und, wie das Beispiel Scarano zeigt, mit der Praxis des Vatikans Schluss gemacht, in kriminelle Bankgeschäfte verwickelten hohen Geistlichen Asyl im Vatikan zu gewähren und sie so vor Strafverfolgung durch den betreffenden Staat zu schützen.

Aber ist deshalb die Verbindung von Kirche und Mafia beendet? Nehmen wir den optimistischsten Fall an, dass die Mafia mit der Vatikanbank in Zukunft nichts mehr am Hut haben wird, dann bleiben doch die vielen Regionen Süditaliens, wo fast keine der ärmeren Pfarreien auf die beträchtlichen Geldzuweisungen der örtlichen Mafia verzichten kann und die Herren der Kirche im Vatikan mit Einschluss des Papstes in Wirklichkeit gar nicht wollen können, dass diese Geldströme versiegen, weil sonst der Seelsorgebetrieb in diesen Pfarreien wahrscheinlich zum Erliegen käme. Außerdem ist dort kaum ein Pfarrer, der jeweils immer noch besser lebt als der größte Teil seiner Gemeinde, bereit, den Märtyrertod für den Abbruch seiner guten Beziehungen zur Mafia in Kauf zu nehmen.

Das Beispiel einer Ausnahme, eines Märtyrerpriesters im Kampf gegen die Mafia, liegt schon mehr als 20 Jahre zurück.

Der Priester Giuseppe Diano hatte in Casal di Principe, einer Hochburg der Camorra, immer wieder an der Mafia schärfste Kritik geübt, dabei auch Ross und Reiter genannt und Camorra-Bossen sogar die Beerdigung verweigert. Im März 1994 schickte ihm die Mafia zwei Killer in die Kirche, die ihn erschossen.

Papst Franziskus betont zwar häufig, ein Kriterium der Wahrhaftigkeit der Liebe eines Priesters zu Christus sei die Bereitschaft zum Martyrium. Aber er selbst wird auch nicht so weit gehen, den Tod dafür in Kauf zu nehmen, dass er die Mafia in all ihren Varianten offiziell und kirchenrechtlich einwandfrei mit dem Kirchenbann belegt sowie Maßnahmen ergreift, damit Mafiosi in keiner Pfarrgemeinde mehr zu den Sakramenten zugelassen werden.

Natürlich ist auch der Papst ein großer Populist, der im Überschwang seines Begeistertseins von den Ovationen der Masse Dinge sagt, die er in seinen Büchern und päpstlichen Rundschreiben auf keinen Fall aussprechen würde. Während er in diesen schriftlichen Elaboraten kein Jota von der kirchlichen Dogmatik abweicht, kann er schon mal, wie wir sahen, salopp vor Journalisten und Vertretern der Religionen sagen: „Gott ist nicht katholisch", oder von der Kirche als „keuscher Hure" sprechen: Die Kennzeichnung der Kirche als „keusche Hure" hat zwar lange vor ihm der Kirchenvater Ambrosius von Mailand getätigt, aber indem er diesen Ausdruck übernimmt, muss er sich ja wohl darüber klar sein, dass sein ständiger Lobpreis der Kirche als »Braut Christi« in seinen Schriften von der schmutzigen Realität dieser Kirche weit entfernt ist.

So gingen mit dem Papst also auch die Rosse durch, als er am 21. Juni 2014 in Sibari/Kalabrien vor einer in die Tausende gehenden Menschenmenge die Mitglieder der Mafia für exkommuniziert erklärte. Sofort beeilte sich Radio Vatikan, den Papst vorsichtig zu korrigieren. „Dies war keine förmliche Exkommunikation durch einen Urteilsspruch"! Und der Kommentator im Deutschlandfunk vom 23.6.14, 19:05 Uhr ergänzte unter der Überschrift *Starke Worte, schwierige Realität*: „Kirchenrechtlich ist das wohl etwas komplizierter, als das der Papst formuliert hat. Danach müsste er jeden Mafioso einzeln herausschmeißen, der seine Sünden nicht aufrichtig bereut und umkehrt". Kirchenrechtlicher Unterricht für Franziskus?

Und so wird es wieder einmal, wie fast immer bei diesem verbalen *„Revolutionär", mit besonders starken Worten gegen die diversen Mafia-Bünde, die Camorra, ,Ndrangheta, Cosa Nostra usw. getan sein, mit Worten wie die*sen: „Diejenigen, die der Straße des Bösen folgen wie die Mafiosi, sind nicht in Gemeinschaft mit Gott", oder Ihr habt „das Böse angebetet und das Gemeinwohl missachtet", habt, „den falschen Weg gewählt" und die „Straße zur Sünde" eingeschlagen. Und die Mafiosi werden im großen und ganzen ungehindert von der Kirche und ihren Oberen „unter der Woche Menschen umbringen, Drogen verkaufen, Leute erpressen – und sonntags in die Messe" gehen[241].

Übrigens ist der Papst kein origineller erster Vorkämpfer der Kirche gegen die Mafia. Immer wieder mal schleudern die Herren der Kirche starke Worte gegen sie – und begnügen sich damit, weil manche von ihnen selber Kontakte zu maßgeblichen Mafia-Größen unterhalten. Aber in weiten Kreisen des Klerus hält man die Predigt ja schon für die Tat. So reicht es, wenn man als Prediger die Worte wiederholt, die die sizilianischen Bischöfe in einem Seelsorgebrief gebraucht haben: „Die Mafia gehört ohne Ausnahme zum Reich der Sünde. Alle, die ihr angehören, müssen wissen, dass sie in einem nicht heilbaren Widerspruch zum Evangelium Jesu Christi leben und dementsprechend außerhalb der Gemeinschaft der Kirche stehen".

Nicht viel anders spricht heute Papst Franziskus. Aber es gab Medien, die die Sache schon wieder zu einem sensationellen Erstereignis der Exkommunikation der gesamten Mafia-Bande durch Franziskus I. hochjubelten.

Fazit: Existentielle Schizophrenie des Papstes beim Versuch der Verwirklichung einer armen Kirche

Der Papst wirft zwar korrupten Mitgliedern der Römischen Kurie in seiner Weihnachtsansprache 2014 *existentielle Schizophrenie*[242] vor. Aber er selbst befindet sich in einer viel gravierenderen existentiellen Schizophrenie, weil er den Armen, die er in die immer leerer werdenden Kirchen zu ziehen oder in sie zurückzubringen versucht, eine »arme Kirche für die Armen« versprechen *muss*, während er doch genau weiß, dass dies nicht möglich ist, weil das Herz der Päpste, Kardinäle und Bischöfe zu sehr am Reichtum und damit am Kapital und auch am kapitalistisch agierenden und fungierenden Staat hängt. Das Ideal hängt für sie zu hoch, jenes Ideal, das für eine *wahrhaftige*, die Menschen, vor allem die Armen *nicht mehr täuschende Kirche* eine reale Notwendigkeit wäre und das der von den Nazis hingerichtete evangelische Theologe Dietrich Bonhoeffer mit sonst fast nie anzutreffender Klarheit so umschrieben hat: „Die Kirche ist nur Kirche, wenn sie für andere da ist. Um einen Anfang zu machen, muss sie alles Eigentum den Notleidenden schenken. Die Pfarrer müssen ausschließlich von den freiwilligen Gaben der Gemeinden leben, evtl. einen bürgerlichen Beruf ausüben. Sie muss an den weltlichen Aufgaben des menschlichen Gemeinschaftslebens teilnehmen, nicht herrschend, sondern helfend und dienend".[243]

Da Papst Franziskus die Vision Bonhoeffers nicht einmal in Ansätzen in die Realität umzusetzen bereit ist, flüchtet er sich andauernd in unverbindliche theologisch-christologische Rhetorik. Man hat fast den Eindruck, dass ihn seine existentielle Schizophrenie, das Wissen um die Unrealisierbarkeit einer armen Kirche, die er doch aber propagieren zu müssen glaubt, gleich wie ein Phantom schon geradezu traumatisch verfolgt, denn zahllos sind inzwischen die Wendungen, Varianten, Facetten, mit denen er seine Lieblingsidee einer armen Kirche für die Armen umschreibt. Keine Ansprache, keine Rede, keine Predigt, kein Auftritt von Papst Franziskus, in denen er nicht die Armut auf unterschiedlichste Art preist, jedoch so, dass er mit all diesen Variationen gerade vom Allerwichtigsten, einem *Strukturwandel der Kirche zugunsten der Armen*, geschickt ablenkt.

Raffiniert verschiebt er das Schwergewicht der Hilfe für die Armen vom Kollektiv Kirche hinweg, um es fast gänzlich in die Hände des Individuums, der einzelnen Kirchenmitglieder zu legen. Armut, so der Papst, ist „Armut vor Gott", und diese bedeute, „den Dingen gegenüber frei zu sein", „von der Weisheit der Armen zu lernen", „den Armen nahe zu sein"[244], „vor allem zu den Armen zu gehen"[245], „mit jenen solidarisch zu sein, die unsere Hilfe am meisten brauchen", „mehr auf Gott zu vertrauen als auf unsere menschlichen Kräfte"[246], „zu teilen", weil dies „die wahre Weise zu lieben"[247] sei.

Der päpstliche „Sozialreformer", von manchen Medien geradezu zum Sozialisten Hochgejubelte, endet als Pastoraltheologe und Homilet in der nicht enden wollenden Abundanz seiner salbungsvollen Predigten: „Jesus nachfolgen bedeutet, ihm die erste Stelle einzuräumen; uns vieler Dinge zu entledigen, die wir haben und die unser Herz ersticken; auf uns selbst zu verzichten, das Kreuz auf uns zu nehmen und es mit Jesus zu tragen. Unser stolzes Ich abzulegen und uns von der Habgier zu befreien, vom Geld, das ein Götze ist, der in Besitz nimmt".[248]

Letztlich verwässert sich der Begriff Armut in der Rede des Papstes immer mehr. „Von der physischen Armut" entfernt sich Franziskus, indem er „zur intellektuellen Armut" weiterschreitet, „die auch real ist" und auf die ebenfalls „der Samen des Evangeliums" ausgesät werden müsse.[249] „Den Hungrigen Brot zu geben" sei zwar ein „Akt der Gerechtigkeit", aber viel wichtiger sei „ein tieferer Hunger, der Hunger nach Glück, den nur Gott stillen kann".[250]

Der berühmte südamerikanische Erzbischof Dom Helder Camara, der Befreiungstheologie nahestehend, wurde schon lange vor dem Pontifikat Bergoglios geradezu blasphemisch drastisch, wenn er über die Unmöglichkeit einer wirklich echten strukturellen Hinwendung der Spitze der Kirche zu den Armen sinnierte. Er dachte sogar daran, dass die „amerikanischen Bomber, die 1944 Italien vom Faschismus befreiten, ... vielleicht gerade auch den Vatikan in Schutt und Asche legen (würden), um einen Anfang für eine arme Kirche machen zu können. Es kamen ihm aber Zweifel, ob ohne eine innere Umkehr nicht einfach Herr Rockefeller kommen würde, um alles noch prächtiger wieder aufzubauen".[251]

3. Der Herr der Sprüche
Irritierendes, Ketzerisches, Sensationelles
in einigen Aussagen des Papstes

Im Moment ist kein Religionsvertreter auf unserem Planeten so populär, aber auch so populistisch wie Papst Franziskus. In kürzester Zeit hat er die meisten Menschen und Medien total für sich eingenommen. „Demütige Auftritte und überraschende Interviews haben den Hirten ‚vom Ende der Welt' binnen kurzem zum globalen Star gemacht. Papa Francesco sendet, trotz seiner 77 Jahre, mit dem Elan eines frisch Verliebten auf allen ihm verfügbaren Kanälen frohe Botschaften. Mal steckt er sich eine Clownsnase auf, mal lässt er seine Kardinäle allein tafeln und setzt sich lieber mit den Armen von Assisi zu Tisch. Im Petersdom thront nicht länger ein entrückter Professor, sondern ein PR-Genie"[252]. Selbst seine oft sehr scharf klingende Kapitalismus-Kritik nehmen die Reichen dem Papst kaum übel. Man verharmlost sie höchstens, indem man ironisch schreibt, er gefalle sich halt „als Popstar, der als mächtigster Kirchenführer von der armen Kirche für die Armen rede", wobei diese Rede schon ganz populistisch zur „Gemütlichkeit der neuen Armut" herabgesunken sei.[253]

Ein wichtiger Aspekt wird bei solchen Beurteilungen allerdings übersehen: Die Aussagen des Papstes mögen den Anschein erwecken, aus der Augenblickssituation oder seinem italo-argentinischen Temperament heraus flapsig, spontan oder salopp daherzukommen, in Wirklichkeit sind zumindest manche von ihnen wohlüberlegt und kalt kalkuliert. Ja, bei einigen seiner Sprüche habe ich sogar den Eindruck, dass sie ihm als Mittel und Vehikel dienen, um sich wenigstens für einige Augenblicke vom Zwangskorsett seiner strengen erzkatholischen Dogmatik und Moraltheologie zu befreien.

Ganz besonders gilt das von dem geradezu revolutionär klingenden Satz, den er gegenüber einem italienischen Journalisten[254] äußerte, wonach Gott nicht katholisch ist. Im Folgenden also ein paar weitere Gedanken zu dieser Aussage des Papstes, die wir schon ein paar Mal gestreift haben.

a) *„Gott ist nicht katholisch."*

Wenn dieser Satz wirklich ernst und ehrlich gemeint, dem Papst also nicht bloß herausgerutscht ist, weil er doch in seiner Eitelkeit bei der Begegnung mit liberaleren Zeitgenossen diesen imponieren möchte, dann wäre das die Relativierung, Schwächung, ja Infragestellung von fast zwei Jahrtausenden katholischer Theologie, katholischer Gotteslehre und die Eröffnung und Ermöglichung eines wirklich offenen, ebenbürtigen Dialogs der Kirche mit allen Religionen und ihren diversen Gottesvorstellungen!

Man bedenke die *sensationellen Konsequenzen*: Der Papst, seine Kardinäle, Bischöfe und Priester, also der gesamte katholische Klerus hätten als »*Bodenpersonal Gottes*«, als *Stellvertretung Gottes* auf Erden, als *Mittler* und *Vermittler* zwischen Gott und dem Kirchenvolk *ausgedient*, weil sie ja dem falschen Gott gedient haben, weil Gott der eigenen Aussage des Papstes zufolge gar nicht katholisch ist. Die gesamte Klerisei wäre als *götzendienerisch* einzustufen, weil sie ein falsches Gottesbild verkündet und verbreitet hat.

Das Dogma der *Unfehlbarkeit* des Papstes wäre *außer Kraft gesetzt*, weil er „unfehlbar" einen falschen Gott gelehrt hat.[255]

Dieser Papst, der nicht müde wird, in all seinen schriftlichen Äußerungen zu betonen, dass man Gott, Christus, Kirche nur als Gesamtpaket haben könne, dass man zu Gott, wahrer Religion, echter Religiosität nur in Verbindung mit der Kirche und durch ihre Lehren zu gelangen vermöge, erweist sich mit seiner Aussage, dass „Gott nicht katholisch ist", politisch als Ketzer, als Umstürzler, als revolutionärer Anstifter, weil er das Fundament, auf dem die ganze Kirche und all ihre Einrichtungen basieren, zerstört. Dieses Fundament ist doch ihr Dogma, aus dem sie alles andere ableitet, das Dogma, dass Gott, ihr Gott, den sie als einzige Institution richtig sehe, sich in der Kirche und für sie offenbart und dem Papst und seinem Klerus den Auftrag gegeben habe, dies dem Volk mitzuteilen.

Papst Franziskus, der jeglichen Relativismus genau so vehement wie sein Vorgänger Ratzinger verbal bekämpft, das Absolute des katholischen Glaubens apodiktisch vertritt und verteidigt, bahnt mit seinem Ausspruch, Gott sei nicht katholisch, einen Weg zu einer *Relativitätstheorie* der Gottesbilder und der dazugehörigen Religionen. Denn von der Einsicht, dass Gott nicht katholisch ist, zu der Einsicht, dass er auch nicht protestantisch, jüdisch, islamisch, hinduistisch, taoistisch, shintoistisch und sonstwie ist, ist es ja nur ein kleiner Schritt. Die Religionen haben nur Vorstellungen, Bilder von Gott; wie Gott wirklich ist, wenn er ist, können sie alle nicht genau wissen.

Die ganze Hetze, die der sonst so barmherzige Papst gegen *New Age, Sekten, Esoterik, Pantheismus, „frei fluktuierende und diffuse" Religiosität* (von ihm spöttisch „Dio-Spray" genannt) betreibt, hat sich damit als unbegründet und unseriös erwiesen, weil eben keine Religion, Konfession, Institution, Weltanschauung genau sagen kann, wie und wer Gott ist.

Die katholische Kirche steht jetzt vor der epochalen Herausforderung, dem eigenen Papst zu kündigen, weil er eine so häretische These aufgestellt hat, oder aber diesem Papst mit all den eben genannten Konsequenzen dieser These zu folgen und sich demütig als *agnostische* und *relative* Religion zu bekennen, die aber damit der Ökumene aller Religionen einen großen Dienst erwiese, indem sie nun, von allem Hochmuts- und Unfehlbarkeitsdünkel befreit, in einen echten und ebenbürtigen Dialog mit allen Religionen und Weltanschauungen eintreten kann. Das so lange währende Zeitalter der „Gottesprotze" (Elias Canetti) wäre definitiv beendet!

Aber auch Papst Franziskus selbst müsste Farbe bekennen. Er hat, wenn ich richtig sehe, im Grunde nur drei Möglichkeiten. Entweder gibt er zu, dass er mit seiner Aussage, Gott sei nicht katholisch, nur angeben wollte, um möglichst liberal, welt- und religionsoffen zu erscheinen; oder er räumt ein, in einem Moment geistiger Verwirrung eine solche ketzerische Behauptung gemacht zu haben; oder er erklärt feierlich urbi et orbi ex cathedra, dass er das Dogma der päpstlichen Unfehlbarkeit abschafft, weil es nicht der

Wahrheit entspricht, ihr nicht entsprechen kann, da Gott, wenn er existiert, in jedem Fall so vollkommen gedacht werden muss, dass er sich mit keiner Religion zu identifizieren vermag, weil jede Religion aus Licht und Schatten besteht, insbesondere jede der großen Weltreligionen neben positiven Eigenschaften und Leistungen auch schwerste Vergehen und Verbrechen auf ihrem Schuldkonto hat.

Wie dem auch sei, kein Papst der neueren Geschichte hätte jemals eine solch revolutionäre Aussage wie den Satz „Gott ist nicht katholisch" gesagt oder gewagt, kein Ratzinger, kein Wojtyla, kein Paul VI. oder Pius XII., auch kein Johannes XXIII., der von seinem Temperament und Charakter her zwar mehr zur Güte und Offenheit neigte, aber theologisch eher bieder und linientreu war. Zwar betont auch das kirchliche Lehramt, dass Gott ein *Mysterium*, ein *Geheimnis* für jegliche menschliche Erkenntnis bleibe, niemals vom kontingenten menschlichen Verstand ganz erkannt und begriffen werden könne, dass das Axiom »Gott kann nur von Gott selbst erkannt werden« stets seine Gültigkeit behalte. Aber gleichzeitig besteht dieses Lehramt apodiktisch und monopolistisch darauf, dass es den „heiligen Rest" dessen, was der Mensch von Gott erkennen könne, allein in den Händen halte und auch der einzige autoritative und authentische Wiedergeber und Interpret dieses Restes sei. An dieser kirchlich bestgehüteten Schatzkammer an Weisheiten und Erkenntnissen über Gott hätte also kein Papst zu rütteln gewagt, bis nun der den Professoren und Doktoren der Theologie Ratzinger und Wojtyla scheinbar so unterlegene Mann aus Buenos Aires kam und das kirchliche Lehramt und die Theologie das Fürchten lehrte, indem er ihnen das Monopol auf den alleinigen Besitz der Wahrheit über Gott aus der Hand schlug.

Egal, ob sich Franziskus I. der Tragweite seiner Aussage ganz bewusst war, an und für sich enthält sein Satz „Gott ist nicht katholisch" ein derart gewaltiges ketzerisches, rebellisches und revolutionäres Explosionspotential, dass es das ganze „unfehlbare" kirchliche Lehrgebäude und die „allein seligmachende" Kirche mit seiner Sprengkraft total zerstören könnte.

Die größte, heroischste, ja auch nützlichste Tat des Jorge Mario Bergoglio alias Franziskus I. wäre die, sich selbst abzuschaffen – nicht als Mensch, der leben will, ein Recht zu leben hat, sondern als Papst, als oberster Kirchenführer, als unfehlbare Sphinx und geistlicher Regent der Menschheit. So paradox es klingt, er würde das Gute und Wahre in der Menschheit vermehren durch eine (nur) scheinbar negative Tat, seine eigene Abschaffung!

b) Nicht ganz so ketzerisch, aber doch in hohem Maß die Kirche abwertend, wenn diese Behauptung noch dazu aus dem Mund des Papstes kommt, ist seine These, *dass die Kirche eine „keusche Hure" ist.*

Diese These hat Papst Franziskus nicht in freier Rede von sich gegeben, sondern in seinem Buch „Offener Geist und gläubiges Herz" formuliert[256], und er kommt allen deshalb eventuell erhobenen Einwänden dadurch zuvor, dass er sich auf die Kirchenväter beruft, die bereits in den ersten Jahrhunderten des Christentums die Kirche eine „casta meretrix", eben eine „keusche Hure", genannt hätten.

Wenn ich richtig sehe, hat aber nur der lateinische Kirchenlehrer und Bischof von Mailand Ambrosius (340–397) die Kirche so genannt. Die anderen Kirchenväter begingen diesen Widerspruch (keusch, aber Hure) nicht, sondern nannten die Kirche einfach und schlicht, aber gerade heraus eine Hure (ecclesia meretrix). Immerhin, wenn der Papst im Anschluss an die Kirchenväter die Kirche als Hure bezeichnet, dann entwertet er damit beträchtlich die fast zahllosen Lobeshymnen auf sie in seinen Publikationen. Im Grunde beleidigt er auch Christus, wenn er die Kirche ständig als »Braut Christi« darstellt, denn dann jubelt er diesem eine Hure als keusche Braut unter. Aber ich möchte mich hier nicht wiederholen, ausführlicher habe ich mich zur Kirche als keuscher Hure im Kapitel über die Kirche im zweiten Teil dieses Buches geäußert.

c) Mit der liberalen Weite des Papstes, wie sie sich in seinen eben behandelten Sprüchen „Gott ist nicht katholisch" und „die Kirche – eine keusche Hure" kundtut, geht es munter weiter. Dem argentinischen Magazin *Viva* servierte er *zehn Regeln für ein glückliches, erfülltes Leben*[257]. Diese Regeln könnten ebensogut ein New-Age-Prediger, ein x-beliebiger, seinen Adepten gefallen wollender Guru oder auch jeder Genussmensch und Bonvivant aufgestellt haben. Die erste Regel des Papstes: *„Leben Sie und lassen Sie leben!"*

d) Die zweite Regel: *„Seien Sie großzügig zu sich und zu anderen!"* Die Achte: *„Denken Sie positiv!"*

Kritik: Wen der Papst nicht leben lässt, zu wem er keineswegs großzügig ist.
Leider stößt das „großzügig-großartige" Lebensprogramm des Papstes sofort an seine Grenzen, wenn es um ganz Konkretes geht. *Katholische Eheleute, die sich scheiden ließen*, sind auch zwei Jahre nach dem Amtsantritt des neuen Papstes exkommuniziert, zu den Sakramenten nicht zugelassen. Die außerordentliche Bischofssynode, die über die Antworten auf die weltweite Vatikan-Umfrage bezüglich des Glaubens und der Moral der Katholiken diskutieren sollte, ist bereits mit dem „Ergebnis" auseinandergegangen, dass die Debatte und die Entscheidung zur Frage der Wiederzulassung Geschiedener zu den Sakramenten auf die nächste Synode verschoben sind. Man drückt sich vor einer Entscheidung und lässt geschiedene Katholiken nicht eben großzügig leben.

Der Chef der römischen Kongregation für die Glaubenslehre, Erzbischof Gerhard Ludwig Müller, als Bischof und Hardliner in der Diözese Regensburg eigentlich untragbar geworden und noch vom Ratzinger-Papst in den Vatikan berufen, hat bereits signalisiert, dass mit ihm, dem obersten Glaubenskontrolleur, keine Aufweichung des Verbots zu machen sei: „Ließe man Geschiedene zur Eucharistie zu, bewirkte dies Verwirrung bei den Gläubigen hinsichtlich der Lehre der Kirche", erklärte er gegenüber dem Freiburger Erzbischof

Zollitsch schroff und unnachgiebig, als der eine Initiative zur Teilnahme Geschiedener an der Kommunion starten wollte. Papst Franziskus hätte den Scharfmacher in ein weniger exponiertes, einflussärmeres Amt versetzen können. Stattdessen hat er Müller bereits zum Kardinal befördert. Zwischen beiden, Papst und Glaubenswächter, zeichnet sich eine Arbeitsteilung nach dem Vorbild amerikanischer Polizeiserien ab: „Als ‚good cop' tritt Franziskus dem gemeinen Sünder mit freundlichem Antlitz gegenüber, während ‚bad cop' Müller jede Verfehlung geißelt. Und so läuft es in der Praxis: Der Pontifex ruft eine geschiedene Frau an und tröstet sie, was wie zufällig die halbe Welt erfährt. Unterdessen geißelt sein Präfekt", wie wir bereits hörten, die Initiative aus dem Erzbistum Freiburg.[258]

Zumindest hält sich der Papst selber an die dritte Regel seines Programms für ein glückliches Leben, die da lautet: „*Bleiben Sie gelassen!*" Seine Gelassenheit ist dadurch garantiert, dass er Reformer und Retardierer meistens paritätisch einsetzt, so dass er kaum mit dezidierten Feinden rechnen muss. Die bereits erwähnte Achter-Kommission („G8") könnte zwar als kritisches und korrektives Gegengewicht zur Kurie gesehen werden, aber auch in sie hat er einen streng konservativen Opus-Dei-Mann berufen. Ein Mitglied der durch die Korruption und die sexuellen Praktiken ihres Gründers in ihrem Ruf arg beschädigten charismatischen Bewegung der »Legionäre Christi« machte Franziskus sogar zum Generalsekretär des Vatikanstaats. Schlitzohr Bergoglio alias Franziskus I. thront über allen und neutralisiert die gegeneinander rivalisierenden und intrigierenden Parteiungen des Vatikans und der Gesamtkirche!

Wie er die Geschiedenen nicht leben, nicht an den Sakramenten teilhaben lässt (ganz im Widerspruch zu seiner Regel eins) und keinerlei Großzügigkeit ihnen gegenüber walten lässt (s. Regel zwei), so zeigt der Weltoffene, Allbarmherzige, Alle doch versöhnen Wollende auch keinerlei Ansätze zur Verwirklichung der *Gleichberechtigung der Frauen* in der Kirche, wovon ebenfalls schon die Rede war (im Kapitel über die Kirche in Teil II). Priesterinnen dürfen sie auch unter dem neuen Papst nicht werden, nicht einmal Diakonissen, für die es ja eine eigene Weihe gäbe. Die Exkommunikation der etwa 200 Frauen, die sich valide, sed illicite (nach dem kanonischen Recht: gültig, aber unerlaubt) von abtrünnigen Bischöfen zu Priesterinnen weihen ließen, hat der Gütige nicht aufgehoben und wird es auch nicht tun. Sie würden gern ihrer Berufung zum Priestertum der Frau folgen, aber Franziskus lässt sie nicht für das leben, wozu sie sich berufen fühlen.

Zwar betont Franziskus immer wieder, „dass Männer und Frauen die gleiche Würde besitzen", zwar ermuntert und ermutigt er sie, Missionarinnen der Evangelisierung in ihrem Lebensbereich nach dem Vorbild Marias zu sein, zwar beruft er die eine oder andere Frau schon mal in die eine oder andere Vatikan-Kommission, in der die Mehrheit allerdings sowieso aus Männern besteht, zwar versucht er es mit der Schmeichelei, dass „die große Würde" von Mann und Frau gar nicht aus der Priesterweihe komme, sondern „von der Taufe, die allen zugänglich ist" und wir uns mit der priesterlichen Vollmacht „auf der Ebene der *Funktion* und nicht auf der Ebene der *Würde* und der Heiligkeit befinden", aber dann folgt sofort das harte Diktum des Papstes: „Das den Männern vorbehaltene Priestertum... ist eine Frage, die nicht zur Diskussion steht!" Roma locuta, causa finita! Da unterscheiden sich Wojtyla, der jegliche Debatte über die Priesterweihe von Frauen kategorisch verbot, und Bergoglio nicht im Mindesten!²⁵⁹

Auch eben bzw. vor kurzem zur Welt gekommenen Kindern gegenüber zeigt der Papst keine Großzügigkeit. *In der »Taufe« wird ihnen ein Ritual, eine absurde Zeremonie aufgezwungen*, die zur Devise des Papstes »Leben und Leben lassen« im Widerspruch steht. Zwar lässt er hier schon wieder einen seiner pathetischen Sprüche los, indem er beteuert: „*Die große Würde kommt von der Taufe*", und die „*ist allen zugänglich*".²⁶⁰ Aber wenn die zu Taufenden bereits sprechen und selbst entscheiden könnten, würden sie die ihnen vom Papst großzügig zugesprochene Würde der Taufe glatt ablehnen. Denn als Menschen, als ein paar Minuten, Stunden, Tage oder Wochen junge Menschen haben sie nach der Lehre der Kirche, an der der Papst nicht rüttelt, überhaupt noch keine Würde.

Das muss man sich erst einmal ganz zu Bewusstsein bringen: Der Mensch, der ganz frisch, noch ganz ursprünglich zur Welt kommt, hat der katholischen Dogmatik nach noch überhaupt keine Würde. Er ist ja dieser Dogmatik zufolge mit der *Erbsünde* belastet, steht also unter der Herrschaft des Teufels. Deshalb muss ihm ein *Exorzismus*, eine Teufelsaustreibung verpasst werden. Es muss wohl ein kleiner Teufel sein, weil der Exorzismus, der auf den Täufling angewandt wird, »kleiner Exorzismus« heißt. Aber, wie gesagt, ein Teufel muss aus einem unschuldigen Baby hinausgetrieben werden. Pardon, für die offiziellen Lehrer der Kirche ist es ja nicht unschuldig, sondern belastet mit der Ursünde Adams und Evas, somit in des Teufels Besitz.

Man sieht wieder einmal, wie sehr doch der Mensch die Kirche braucht. Denn jetzt erst kommt die Gnade in Gestalt eines Priesters oder Bischofs und vertreibt mit einem Ritual aus Worten und Gesten den bösen Geist aus dem Täufling, so dass dieser nun eine Würde hat, eine Würde, die Papst Franziskus, wie wir sahen, sogar höher wertet als die Würde des Priesters, die nur eine Funktion und Vollmacht sei und keine Würde. Aber als er das sagte, wollte er lediglich den Frauen das Streben nach der Priesterweihe ausreden, in Wirklichkeit würde er, zur Rede gestellt von Paul VI., der in seiner Priesterenzyklika die höchste Würde des Menschen im Priester sieht („weniger als Gott, mehr als jeder Mensch"), klein bei- und seinem Vorgänger rechtgeben. Schätzte er ihn doch über alle Maßen und will er doch auch ihn nach Johannes XXIII. und Johannes Paul II. schon wieder selig- und heiligsprechen. Die Inflation der abstrusen Selig- und Heiligsprechungen, die dem Wojtyla-Papst attestiert wurde, setzt also der Bergoglio-Papst munter weiter fort, obwohl er doch alles neu oder anders machen wollte.

Man glaubt gar nicht, wie sehr die Erbsündenlehre selbst Intellektuellengehirne vernebeln kann. Jedenfalls sagte Peter Scholl-Latour, als Fachmann auf seinem Gebiet geltend, in theologicis aber offenbar ein unaufgeklärtes Kind, in einer Talkshow, dass ihm die Erbsünde durchaus plausibel erscheine, habe er doch die Erfahrung gemacht, dass in jedem Menschen auch Böses stecke. Heilige Naivität! Zur Erklärung dieses Tatbestandes von Gut und Böse im Menschen braucht er das Dogma der Erbsünde!

Ein weiterer Widerspruch, eine weitere Heuchelei im Zusammenhang mit der Taufe ist Papst Franziskus anzulasten. Er verurteilt, ja verdammt vehement den *Schwangerschaftsabbruch*, die Abtreibung: Wegen des „Wertes der menschlichen Person ... darf man nicht erwarten, dass die Kirche ihre Position in dieser Frage ändert. Ich möchte diesbezüglich ganz ehrlich sein (ist er das sonst nicht?). Dies ist kein Argument, das mutmaßlichen Reformen oder >Modernisierungen< unterworfen ist. Es ist nicht fortschrittlich, sich einzubilden, die Probleme zu lösen, indem man ein menschliches Leben vernichtet. Die ungeborenen Kinder ... sind *die Schutzlosesten und Unschuldigsten von allen*, denen man heute die *Menschenwürde* absprechen will, um mit ihnen machen zu können, was man will". Falsch! Nach der Lehre der Amtskirche und des jetzigen Papstes sind sie gar nicht unschuldig, haben sie gar keine Menschenwürde, da sie auch im Mutterleib mit der Erbsünde behaftet sind, unter der Herrschaft des Satans stehen, von dem sie erst befreit werden und damit zur Erlangung der Menschenwürde kommen können, wenn sie getauft worden sind. Weiter der Papst: Menschliches Leben, auch das ungeborene ist „immer etwas *Heiliges und Unantastbares*, in jeder Situation und jeder Phase seiner Entwicklung". Falsch! Nach der Lehre der Amtskirche und auch des jetzigen Papstes ist ein Leben erst durch die Taufe heilig, während der Entwicklungsphase im Mutterleib ist es unheilig, vom Satan befleckt. Widersprüche über Widersprüche, in die sich der Papst verwickelt und die er vielleicht gar nicht bemerkt oder bemerken will. Jedenfalls wäre hier der Papst gefordert, den ganzen Stall der Erbsünde auszumisten, was wiederum nicht geschehen wird![261]

Übrigens: So starrsinnig hielt die Kirche am Dogma der erbsündebehafteten Ungeborenen fest, dass man in früheren Jahrhunderten alle möglichen, ja die absurdesten Methoden erdachte, um das Wasser der Taufe durch den Leib der Mutter hindurch zum Köpfchen des ungeborenen Kindes zu leiten, wenn die Gefahr seines Todes noch im Mutterleib bestand.

Man möchte dem Papst zurufen: „Halten Sie sich doch an Ihre eigenen Regeln, an die von Ihnen selbst aufgestellten Gesetze! Lassen Sie die Ungetauften leben (Regel 1), seien Sie großzügig zu ihnen (Regel 2), denken Sie positiv!" (Regel 8). Denn mit der Abwertung und schlechten Behandlung ungeborener Kinder geht es auch nach deren zu frühem Tod gemäß der Lehre der Kirche weiter, wenn man sie nicht noch auf die Schnelle im Mutterleib getauft hat, was, wie wir gerade gesehen haben, äußerst kompliziert ist. Die größte Grausamkeit ihnen gegenüber besteht schlussendlich darin, dass die Kirche sie nach dem Tod nicht in den Himmel lassen kann, weil sie ja wegen des Fehlens der Taufe nicht unschuldig, sondern schuldig; nicht sündelos, sondern sündig; nicht teufelsfrei, sondern teufelsbesessen sind, somit den Himmel nicht verdient haben.

Also: Das unschuldigste Lebewesen, das man sich denken kann, ein noch nicht zur Geburt gelangtes Kind im Mutterleib, wird von den „Wächtern des Paradieses", dem „Bodenpersonal Gottes", nicht in den Himmel eingelassen, weil es keine Taufe empfangen hat. Und man liest und hört nirgendwo, dass Papst Franziskus an dieser unbarmherzigen Lehre etwas zu ändern gedenkt.

Diverse Theologen, die aber an den Hauptpfeilern der amtskirchlichen Lehre zu diesem Punkt auch nicht rütteln wollten, versuchten wenigstens, es diesen ungeboren und ungetauft Gestorbenen etwas angenehmer zu machen. Sie kämen zwar, mutmaßten sie, nicht in den Himmel, das ginge wegen der Erbsünde auf keinen Fall, sie würden aber auch nicht in die Hölle hinabgestoßen, sondern sie würden in eine Art *Vorhölle* oder *Vorhimmel* geraten, in denen es ihnen nicht eigentlich schlecht ginge. Nur dass sie eben von der ewigen Seligkeit ausgeschlossen blieben.

Der von Papst Johannes Paul II. herausgegebene *Katechismus der Katholischen Kirche* (1993) flüchtet sich ins Unverbindliche, ohne aber das Himmelsverbot für die ohne Taufe Verstorbenen aufzuheben: „Was die *ohne Taufe verstorbenen Kinder* betrifft, kann die Kirche sie nur der Barmherzigkeit Gottes anvertrauen" und der „Hoffnung" Ausdruck geben, „dass es für die ohne Taufe gestorbenen Kinder einen Heilsweg gibt" (Nr. 1261). Im Klartext heißt das: „Soll sich doch Gott um diese Wesen kümmern, wir haben keinen triftigen Grund, Gnade walten zu lassen. Das dogmatische Fundament der Erbsündenlehre lässt keine Aufweichungen zu." Wetten, dass auch Franziskus I. daran nichts ändern wird, wo er doch den gerade von ihm heiliggesprochenen Wojtyla so überaus schätzt.

Wenn die Kirche an absurden „Wahrheiten" so stur festhält wie im jetzt behandelten Fall, dann hat das meist auch sehr irdisch-egoistische Gründe. Was würde denn passieren, wenn der „so barmherzige" Papst Franziskus einfach erklärte: „Diese ungeborenen Kinder kommen auch ohne Taufe in den Himmel"? Es käme einem Erdrutsch gleich. Die Taufe wäre nicht mehr heilsnotwendig. Viele ließen ihre Kinder gar nicht mehr taufen, so dass sie auch als Kirchensteuerzahler und wahrscheinlich auch als Geldspender der Kirche verloren gingen!

Franziskus I., als Papst automatisch mit dem Attribut der Unfehlbarkeit ausgestattet, erweist sich aber überraschenderweise auch als nicht ganz sattelfest in der Kenntnis der amtskirchlichen Dogmatik. Er beschreibt die Taufe in einer so enthusiastischen, ja hymnischen Weise, dass man denken muss, sie statte den Gläubigen mit der höchstmöglichen Würde eines Christenmenschen aus („Die große Würde kommt von der Taufe"). In Wirklichkeit steht die Firmung im Hinblick auf die Partizipation an kirchlicher Würde über der Taufe. „Durch das Sakrament der *Firmung* werden die Getauften vollkommener der Kirche verbunden und mit der besonderen Kraft des Heiligen Geistes ausgestattet".[262] „Die Firmung vollendet die Taufgnade".[263] Der Firmling werde bei der Spendung dieses Sakraments (meist durch einen Bischof Ordinarius oder Weihbischof) „durch den Heiligen Geist mit der Gabe der Fülle Christi vollendet".[264] Also, Heiliger Vater, üben, üben und hinzulernen, damit Ihre Unfehlbarkeit in Bezug auf die Verhältnisbestimmung zwischen dem dogmatischen Rang der Taufe und dem höheren der Firmung nicht unglaubwürdig wird!

Großzügigkeit, ein großzügiges Lebenlassen erweist bzw. ermöglicht Papst Franziskus auch nicht, ja in besonderer Weise nicht, *den sexuellen Missbrauchsopfern von Priestern.*
Rhetorisch freilich ist er da wieder gut drauf. Im Gespräch mit dem schon in einem anderen Zusammenhang erwähnten italienischen Redakteur der Tageszeitung *La Repubblica*, Eugenio Scalfari, bezeichnete Franziskus die Übergriffe pädophiler Kleriker als „Lepra", der gegenüber man „null Toleranz" walten lassen dürfe; er selbst werde „mit aller erforderlichen Härte" dagegen vorgehen, ungeachtet dessen, dass sogar Bischöfe und Kardinäle unter den Schuldigen seien. So ganz nebenbei aber schwächte der Papst seine Strafpredigt auch schon wieder ab, indem er einflocht, dass allerdings nur zwei Prozent der katholischen Priester Missbrauchstäter seien. Showmensch Franziskus präsentierte sich auch nach einer längeren Aussprache mit sechs Missbrauchsopfern echt „erschöpft und erschüttert", wie der Jesuit und Vatikansprecher Lombardi sogleich zu berichten wusste.[265]

In der Realität und Praxis hat sich allerdings auch unter Papst Franziskus kaum etwas geändert. „Viele Menschen, die als Kinder Opfer sexueller Gewalt von Priestern geworden sind, berichten darüber, dass ihre Fälle dem Vatikan zwar bekannt seien und dort bearbeitet werden sollten, sie aber keine Rückmeldung auf ihre Fragen bekommen". Ein früherer Schüler der Berliner Jesuitenschule Canisius-Kolleg, Matthias Katsch, der in den siebziger Jahren des vorigen Jahrhunderts von zwei Geistlichen dieses Kollegs sexuell missbraucht wurde und 1991 seine Klage beim Vatikan einreichte, wartet bis heute, also jetzt schon 24 Jahre, auf eine definitive Antwort, wie es mit seinem Fall steht.[266]

Die Entschädigungszahlungen der Kirche an die Missbrauchsopfer, wenn sie sich durchringt, überhaupt zu zahlen, sind außerdem in manchen Landeskirchen, darunter der reichen deutschen Kirche, viel zu gering. 5.000 Euro allerhöchstens bietet diese den Missbrauchten an. Warum ergreift hier der Papst nicht die Initiative und lässt brachliegendes Geld der Vatikanbank an die Opfer auszahlen? Kürzlich sind ja wieder mehrere hundert Millionen Euro aufgetaucht, die „beiseitegelegt" und deshalb in der Haushaltsbilanz der Vatikanbank nicht aufgeführt waren.[267] Der Papst sollte schnellstens den Namen dieser Bank, die sich großspurig und salbungsvoll „Bank für religiöse Werke" nennt, ändern, wenn sie sowieso ihr Geld in allerlei dubiosen Geschäften anlegt, aber für die von Priestern Missbrauchten keinen müden Cent übrig hat.

Mich stört noch der im Gespräch mit Scalfari vom Papst vermeintlich absichtslos hingeworfene Satz, dass es sich ja *nur* um zwei Prozent aller katholischen Geistlichen handle, die sexuellen Missbrauch an Kindern und Jugendlichen verübt hätten. Bei circa 400.000 Priestern, über die die katholische

Kirche verfügt, wären das immerhin 8.000 klerikale Missetäter, also eine erschreckende Zahl „Gottgeweihter", die über unschuldiges junges Leben hergefallen sind.

Aber Papst Franziskus sagt zu diesem Punkt auch ganz direkt die Unwahrheit, denn er muss es wissen, muss die viel größere Zahl der Priester kennen, die sexuellen Missbrauch an Zigtausenden von Kindern und Jugendlichen verübt haben. Der Vatikan hat den besten Geheimdienst der Welt, weil Geistliche und ihre Helfershelfer aus allen Ländern des globus catholicus an die Zentrale in Rom ständig Berichte schicken, Berichte über die konkrete, detaillierte Situation in ihrem Land.

Nicht entgangen sein kann auch dem heute die Weltkirche regierenden hohen Herrn im Vatikan, dass Kardinal William Joseph Levada schon 2010 als damaliger Präfekt der Kongregation für die Glaubenslehre nachdrücklich warnte: „Es ist eine große Krise. Niemand sollte versuchen, sie herunterzureden".[268] Papst Franziskus tut es, denn allein in den USA waren es schon im Jahr 2004 nicht weniger als 4392 Priester, gegen die Anzeige wegen sexuellen Missbrauchs an Kindern und Jugendlichen erstattet worden war. Zwar ist eine Anzeige noch keine Verurteilung, aber das von der US-Bischofskonferenz beauftragte renommierte John-Jay-Institut für Kriminalwissenschaften der staatlichen Universität von New York City hatte diese Zahl klerikaler Missetäter sorgfältigst eruiert, und als noch „die fundierten Presseberichte, für die die Reporter vom Golden Globe später den ... Pulitzer-Preis erhielten", dazukamen, meldeten sich immer neue Opfer, „nicht nur in der Erzdiözese Boston, sondern im ganzen Land. Hunderte von Geistlichen wurden als Täter bekannt".[269] Und da erkühnt sich Papst Franziskus, nur zwei Prozent, also höchstens 8000 Priester auf der ganzen Welt als sexuelle Missetäter an Kindern und Jugendlichen anzugeben.

Der international bekannte Theologe Andrew Greeley errechnete, dass in den vergangenen 25 Jahren 2000 bis 4000 Priester in den USA mehr als 100.000 Kinder sexuell missbraucht haben. Er stützt seine Hochrechnung auf die medizinische Fachliteratur, wonach Pädophile sich gewöhnlich an Dutzenden Kindern vergehen, sowie auf einen Bericht der Kirchenkommission der Erzdiözese Chicago, wonach in dem angegebenen Zeitraum dort fünf Prozent der Pfarrer Kinder missbraucht haben.

Und auch die Schadenersatzzahlungen, die die Kirche in den USA leisten musste, sprechen eine deutliche Sprache, indem sie auch ein Indiz für die hohe Zahl von Kinderschändern unter den Geistlichen sind. „Die Zahl der Strafprozesse gegen Priester nahm zu, aber auch die Zivilklagen auf Schadenersatz gegen Bistümer und Ordensgemeinschaften".[270] Interessanterweise traf es unter den Ordensgesellschaften in den USA finanziell am gravierendsten die Jesuiten, also die Gesellschaft, der auch Papst Franziskus angehört. Aber die waren ja schon immer die Raffiniertesten, nicht bloß in punkto Geldbeschaffung, sondern auch in der Taktik der Lustgewinnung unter dem Mäntelchen der Moral und der schönen Komplimente.

Jedenfalls: „Die ursprünglich ... geschätzte Schadenshöhe von einer Milliarde Dollar war schon 2002 überschritten worden ... allein im Jahr 2007 zahlten katholische Institutionen in den USA 615 Millionen Dollar an Geschädigte und ihre Rechtsanwälte ... zwischen 2004 und 2009 mussten das Erzbistum Portland und sechs weitere Diözesen Bankrott anmelden".[271]

Aber das ist nur der materielle Schaden, viel größer noch sind die Schäden physischer, physiologischer und psychischer Natur, die den Zehntausenden von missbrauchten Kindern und Jugendlichen durch Vertrauenspersonen, nämlich durch die Geistlichen, angetan wurden. Allein der nüchterne Hinweis auf das „Spektrum der Missbrauchshandlungen" an den von ihnen abhängigen Kindern und Jugendlichen erweckt abgrundtiefe Abscheu. Es reichte „vom Herstellen von Nacktfotos über sexuell motivierte Berührungen, Schläge auf das nackte Gesäß, Berühren der Genitalien, Masturbation bis zu Oral- und Analverkehr".[272] Der Theologe Anton A. Bucher weist noch besonders auf die Symbolik „des Stabes und des Stockes" hin, „die der Hirte brauche". Unzählige Male in seinem päpstlichen Rundschreiben *Evangelii gaudium* nennt ja der Papst die Bischöfe und Priester Hirten, die Gläubigen Schafe. „>Gerade der Gebrauch des Stockes kann ein Dienst der Liebe sein<. Wie das auf Ehemalige in Ettal, am Canisius-Kolleg etc. wirken mag, die den Stock auf ihrem Hintern spürten?"[273] Aber mitunter ging es ja auch „zarter" zu. Es wurden z.B. auch zahlreiche Fälle von Ganzkörpermassagen nackter Schüler durch „geistliche" Erzieher bekannt.

Papst Franziskus und die von ihm behaupteten zwei Prozent pädokrimineller Priester, also der Versuch, die Zahl dieser Priester möglichst gering erscheinen zu lassen, hatte seine Vorbilder im Verhalten der meisten Bischöfe auf allen Kontinenten. Versuchten doch beinahe alle diese Bischöfe zunächst, die Missbrauchsfälle in ihren Diözesen zu leugnen, zu verschweigen, zu verschleiern, zu verharmlosen und die massenweisen Vorfälle in den USA so darzustellen, als ob diese lediglich ein spezielles Problem der katholischen Kirche in Nordamerika wären. In dem großen Ganzen der Weltkirche außerhalb der USA habe es höchstens einige wenige bedauernswerte Einzelfälle gegeben, so lautete der übliche Kommentar der Diözesansprecher. Man hoffte in kirchlichen Kreisen und verließ sich auf das Funktionieren des Sankt-Florians-Prinzips und auf die Vogel-Strauß-Taktik. „Auch wenn es in den US-Bistümern überall lichterloh brannte, die eigenen Häuser, so hoffte man gegen jede Vernunft, würden schon verschont bleiben ... Dass im Verborgenen grundsätzliche, strukturelle Probleme schlummerten, wurde ebenso verdrängt wie die Existenz ... längst tickender Zeitbomben in Gestalt tausender Missbrauchsopfer..."[274]

Auch bei Papst Franziskus selbst hat man nirgendwo den Eindruck, dass er die strukturellen Ursachen des Missbrauchs von Kindern und Jugendlichen durch Priester erkennt und anerkennen will. Diese Ursachen liegen u.a. darin, dass die kirchliche Obrigkeit Tausenden von Priestern, die sich schon wegen ihres zölibatären Zwangskorsetts in unnatürlichen persönlichen Spannungsverhältnissen befinden, in den diversen kirchlichen Schulungs- und Bildungsinstituten fast unbegrenzte Macht über Hunderttausende, ja Millionen von Kindern und Jugendlichen verleiht. Selbst bei niedrigsten Schätzungen kommt man da auf Zehntausende von Opfern der pädokriminellen Energie von „geistlichen" Leitern. „Das ist sicher nicht übertrieben, denn die römische Kirche ist ein Weltkonzern in Sachen Bildung. Gut 6500 kirchliche Hochschulen gibt es und die Zahl der Primar- und Sekundarschulen beträgt über 200 000. Die Zahl der Schüler in katholischen Einrichtungen weltweit liegt zwischen 40 und 50 Millionen ... Wenn nur in jeder zehnten Schule ein einziger ... Geistlicher unerkannt oder ungehindert seinen Neigungen nachgeht und vielleicht nur zwei Opfer jedes Jahr findet, wären das schon 40.000 Jungen oder Mädchen. Und die Zahlen der Kinder und Jugendlichen, die im Rahmen der normalen Pfarrseelsorge betreut werden, die Ministranten sind, Chorknaben oder Pfadfinder, ist noch weit größer, vielleicht 300 Millionen. Die Anwendung falscher Grundsätze im Umgang mit Kindesmissbrauch durch Geistliche birgt ein gewaltiges Schadenspotential in sich".[275]

Und da kommt Papst Franziskus mit seinen zwei Prozent klerikaler Kinderschänder daher und scheint die Vielzahl der Probleme, die selbst dieser vermeintlich niedrige Prozentsatz im Schlepptau mit sich führt, nicht einmal zu sehen. „Leben und leben lassen" empfiehlt er in seinen Regeln zum Glücklichwerden bzw. –sein, aber hat er genug getan oder tut er aktuell genug, um Kinder und Jugendliche in kirchlichen Bildungsstätten vor klerikalen Missetätern zu schützen und angstlos leben zu lassen?

Die Fälle nämlich, die ein paar Jahre später wie eine Lawine auch über Europa kamen, in Irland, Polen, auch in Deutschland geschahen, weisen in die entgegengesetzte Richtung. Meistenteils versetzte man die schuldig gewordenen Geistlichen lediglich in andere pädagogische Einrichtungen und tat so, als ob der Fall damit erledigt war. Eine gewaltige Aufräumarbeit in kirchlichen Institutionen kann sich Papst Franziskus schon deshalb nicht leisten, weil er die evtl. Geschassten gar nicht ersetzen könnte. Stichwort: Personalmangel, Priestermangel. Da belässt er es dann doch lieber im Großen und Ganzen beim status quo und schneidiger Verbalkritik!

Zugegeben, der Mann steht vor einer strukturell gar nicht zu bewältigenden Herausforderung, aber dass er keine Scham zeigt, als Herr einer Kirche der zahllosen skandalösen Missbrauchsfälle vor die Weltöffentlichkeit und deren wichtigste Gremien zu treten und den Moralapostel, obersten Friedensfürsten und Sittenwächter zu spielen, das verblüfft doch, fällt allerdings der Mehrheit auch gar nicht mehr auf, weil sie längst gewohnt ist, die Lobgesänge von durch Staat, Kirche und gesellschaftliche Lobbys ausgehaltenen „Medienspezialisten" auf Päpste, Präsidenten, Kanzler und Minister klag- und kritiklos über sich ergehen zu lassen.

Aufsehen erregte in den Medien dann aber doch der Umstand, dass sich ausgerechnet unter den Jesuiten, also in des Papstes eigenem Orden, eine ganze Reihe pädokrimineller Missetäter fand. Der Skandal war deshalb so peinlich, weil die Jesuiten in der ganzen Welt das Image haben und auch noch fördern, die geeignetsten Leiter von Eliteschulen zu sein. In Deutschland waren von dem Skandal so prominente, von Jesuiten geführte Eliteschulen wie das Berliner Canisius-Kolleg, das Hamburger Gymnasium St. Ansgar, St. Blasien im Schwarzwald und das Aloisius-Kolleg in Bonn betroffen. Über das Canisius-Kolleg berichtete der Berliner *Tagesspiegel*, dass dort „jahrzehntelang Schüler von Lehrern sexuell missbraucht worden sind. Das private Gymnasium gilt als Elite-Schule, die viele führende Politiker und Manager durchlaufen haben".[276] Wird Papst Franziskus wenigstens die fast durchweg geübte Praxis der Ordensoberen verbieten, die darin besteht, dass sie die geistlichen Missetäter lediglich an eine andere Stelle versetzen, wo die Mehrheit von ihnen ihre Missbrauchspraktiken munter fortsetzt?

Die Jesuiten stehen zwar führend, aber nicht allein am Pranger. Nachdem einmal die Lawine der Enthüllungen ins Rollen geraten war, meldeten sich auch in Deutschland noch zahlreiche weitere Opfer „nicht nur aus Jesuitenschulen, sondern aus Internaten der Pallotiner, der Salesianer, der Maristen, der Franziskaner und Kapuziner und der Benediktiner, deren Eliteschule im Kloster Ettal betroffen ist. Auch gegen Pfarrgeistliche wurden in fast allen deutschen Bistümern neue Vorwürfe öffentlich".[277]

Der Papst täte gut daran, in seinen Reden und Predigten nicht bloß abstrakt-allgemein von seinen und der Christenheit Sünden zu sprechen, sondern diesen ganzen langen, vollbeladenen Güterzug kirchlicher Skandale konkret beim Namen zu nennen. Der Augsburger Bischof Walter Mixa gab wenigstens zu, in seiner Zeit als Pfarrer körperliche Züchtigungen an Kindern vorgenommen zu haben, wollte dies aber keinesfalls als sexuellen Missbrauch verstanden wissen. Auch das gerade erwähnte berühmte Benediktinerkloster Ettal ließ im Unterschied zu zahlreichen anderen kirchlichen Einrichtungen wenigstens sorgfältig gegen sich ermitteln. Die Bilanz dieser Ermittlungen war allerdings niederschmetternd: Über Jahrzehnte hinweg seien Schüler brutal misshandelt, sexuell missbraucht, pervers-sadistisch gepeinigt worden; 15 Patres seien an diesen Untaten beteiligt gewesen.

Selbst der das Kloster Ettal von 1973–2005 leitende Abt Edelbert Hörhammer fand es nicht unter seiner Würde zu prügeln. Seine Züchtigungen von Schülern bestanden darin, „dass er die Köpfe der Schüler in Fällen von Unaufmerksamkeiten von hinten und mit großer Kraft wiederholt auf das Pult und auch auf die Tischkanten geschlagen hat". Schüler berichten darüber hinaus, dass andere Patres Schläge mit einem Bambusstock verabreichten und sich eine Vielzahl schmerzhafter Bestrafungen ihrer Zöglinge ausdachten. Ein externer Sonderermittler kommt in seiner Untersuchung zum Ergebnis, dass „eine reflektierte und professionelle Internatspädagogik fehlte und ein Normalitätsverständnis von Erziehung herrschte, das Körperstrafen als legitimes pädagogisches Mittel verstand". Die Pädagogik habe dazu gedient, „ein System der Unterdrückung aufzubauen und zu bewahren, mit dem der Wille der Schüler gebrochen werden und deren Anpassung an die vorgegebenen Regeln erreicht werden sollte". Sexuelle Übergriffe seien dabei nur „eine spezifische Variante der Gewalt" gewesen. „Bis zum Jahr 2011 entschädigte das Kloster 70 Opfer von sexuellem Missbrauch und körperlicher Misshandlung mit insgesamt 700.000 Euro".[278]

Im Gegensatz zu der Zwei-Prozent-These von Papst Franziskus kommen Umfrageerhebungen und soziologische Studien zu dem Ergebnis, dass vier Prozent der Priester pädophil sind und dies einen eklatanten Unterschied zur Gesamtbevölkerung darstellt, in der Pädophile lediglich 1% ausmachen. Woher kommt diese 4:1-Differenz? Die Hierarchie bis zu ihren Spitzen im Vatikan hat sich bisher kaum Gedanken darüber gemacht. Recht bekannt wurde der Ausspruch von Kardinal Sodano (damals unter Ratzinger immerhin Dekan des Kardinalkollegiums und zweiter Mann in der Hierarchie gleich nach dem Papst), der die ganze Problematik des sexuellen Missbrauchs von Kindern und Jugendlichen durch Priester als „Geschwätz der Presse" abtat. Es gibt viele Bischöfe und Kardinäle, die wie er einfach nur abwiegeln und die ganze Angelegenheit verharmlosen.

Allerdings sind Philosophen, Psychologen, Anthropologen, Soziologen, selbst einige Theologen beweglicher als der erstarrte Kirchenapparat. Psychotherapeuten verweisen bei der Suche nach den Ursachen der überproportionalen Beteiligung von Priestern am Missbrauch von Kindern und Jugendlichen auf den einsam machenden Zölibat, der dadurch aber auch gleichzeitig die Sehnsucht nach körperlicher Berührung besonders verstärke. Der Psychiater Conrad Baare erklärte schon vor Jahrzehnten in seinem Dossier an die 1971 in Rom tagende Bischofssynode, dass 20 bis 25 Prozent der 1500 von ihm überprüften Priester ernsthafte psychische Probleme hatten und sogar 60% „in einem Ausmaß an emotionaler Unreife leiden, das sie an der Ausübung ihrer priesterlichen Funktion zwar nicht hindert, aber ihnen erschwert, wirklich glückliche Männer und wirkungsvolle Priester zu sein".[279] Als ich aber in einem Zeitungsaufsatz behauptete, dass die Kirche geradezu ein Interesse daran haben müsse, „als Amtsträger infantile Muttertypen heranzuzüchten" und die Kandidaten für das Priesteramt sexuell unreif zu halten, weil nur solche schwächlich-labilen Individuen das Zölibatsgesetz der Kirche als sie im Gewissen bindend überhaupt akzeptieren, obwohl sie mit diversen Sexualakten dagegen verstoßen, dabei aber eben ständig schwere Schuldgefühle mit sich herumtragen, konterte der Theologe Bucher, dass diese These „jenen Priestern nicht gerecht" werde, „die sich zu integren Persönlichkeiten entwickelten".[280]

Aber es erhebt sich hier doch die Frage, ob sich jene Priester *auf Grund* des Zölibats oder *trotz* desselben zu integren Persönlichkeiten entwickelten. Es gibt immer eine – allerdings geringe – Anzahl von Individuen, die trotz widrigster Umstände und freiheitsbehindernder Strukturen dennoch zur Reife integrer Persönlichkeiten gelangen. Für die übergroße Mehrheit der Menschen in allen Lebensbereichen und der zölibatären Priester insbesondere gilt das nicht. Auch Bucher gibt ja dann doch zu, dass „Pädophilie eine Kompensation für institutionell verhinderte Sexualität" sein könne und dass „in ihrer eigenen Sexualität buchstäblich im Knabenalter stecken Gebliebene" als solche „prädestinierter" seien, sich an psychosexuell Gleichaltrige zu halten, auch wenn sie selber längst erwachsen sind.[281]

Selbstverständlich gibt es in jedem Beruf, nicht nur in der Kirche, eine jeweils kleine Zahl von Menschen, die so viel Geist, Idealismus, Hingabe an ihre Aufgaben und Arbeit haben, dass sie keine Ehe eingehen, keine Familie gründen wollen und werden.

Aber genau daran scheitern ja die Kirche und auch Papst Franziskus, die den Priestern nicht erlauben, sich frei für oder gegen den Zölibat zu entscheiden, ohne im letzteren Fall negative Konsequenzen seitens der Amtskirche befürchten zu müssen. So bleibt Papst Franziskus ein Heuchler, der zwar in seinen zehn Glücksregeln *allen* Menschen empfiehlt, zu leben und leben zu lassen, aber die Priester davon ausnimmt, indem er ihnen in einem letztlich als menschenrechtswidrig und diktatorisch zu bezeichnenden Gesetzesakt befiehlt, „zwischen der Liebe zu Gott und der evolutionär vorgegebenen körperlichen Liebe alternativisch zu wählen".[282]

Ich halte von der geistigen Potenz im Menschen so viel, dass er von der evolutionär vorgegebenen körperlichen Liebe nicht determiniert ist, sich somit gänzlich seinen geistigen Interessen widmen kann. Machte der Papst die Entscheidung für den Zölibat zu einem Akt der Freiheit jedes einzelnen Priesters, dann brauchte keiner von ihnen seine Liebe zu einer Frau zu verheimlichen, und andererseits besäße die Kirche eine Elite von Geistesmenschen, denen man problemlos glauben könnte, dass sie ihre Keuschheit nicht vortäuschen.

Außer den Geschiedenen und Wiederverheirateten, den keine hierarchischen Ämter in der katholischen Kirche übernehmen dürfenden Frauen, den ohne Taufe unter der Herrschaft Satans stehenden Kindern und den Missbrauchsopfern klerikaler Sexualgewalt gibt es in dieser Kirche noch zahlreiche weitere Unterklassen Ausgebeuteter, Unterdrückter, in ihrer Würde essentiell Verletzter, deren Charakterisierung wir uns aber an dieser Stelle ersparen.[283]

e) Stattdessen sei im Folgenden eine *abschließende Beurteilung der zehn Glücksgebote oder Lebensregeln des Papstes* Franziskus versucht. In den vorangegangenen Ausführungen dieses Kapitels haben wir ja den Schwerpunkt unserer Analysen nur auf Regel 1 („Leben Sie und lassen Sie leben!"), Regel 2 („Seien Sie großzügig zu sich und zu anderen!"), Regel 3 („Bleiben Sie gelassen!") konzentriert. Die restlichen Glücksregeln seien hier aber wenigstens im einzelnen unkommentiert wiedergegeben. Regel 4: „Machen Sie den Fernseher aus und verbringen Sie Zeit miteinander!", Regel 5: „Arbeiten Sie am Sonntag möglichst nicht!", Regel 6: „Unterstützen sie die Jugend, sorgen Sie dafür, dass sie würdige Berufe findet!", Regel 7: „Respektieren Sie die Natur!", Regel 8: „Denken Sie positiv!", Regel 9: „Respektieren Sie andere Religionen!", Regel 10: „Bleiben Sie friedlich!"

Dieses Glücksprogramm des Papstes, das so einfach und unspektakulär daherkommt, das jeder gewöhnliche Therapeut, jeder Wellness-Prophet, jeder New-Age-Guru, aber auch jeder Humanist und Säkularist, der allen Religionen, insbesondere dem Christentum längst Adieu gesagt hat, problemlos unterschreiben und anwenden kann, *enthält in Wirklichkeit Dynamit, ja einen sensationell-revolutionären Sprengstoff ohnegleichen. Schafft doch Papst Franziskus mit diesem Glücksprogramm das Christentum, seine römisch-katholische Religion, ja im Grunde sogar alle Religionen ab*, indem er sie implizit als *überflüssig* erweist, weil sie zum Gelingen von Leben, zur Erreichung glücklichen Lebens nichts beitragen. Mit keinem Wort gibt es in seinen Regeln zum Glück einen Hinweis darauf, dass Religion, Glaube, irgendwelche religiösen Riten, Praktiken, Mittel notwendig seien, um ein menschliches Leben zum Gelingen zu bringen. Der einzige Hinweis auf Religion steht am vorletzten Platz seines Programms („Respektieren Sie andere Religionen!"), tut aber nichts zur Sache, stellt keine Bedingung für gelingendes Leben oder das Erreichen von Lebensglück dar und kann auch von jedem halbwegs toleranten Atheisten befolgt werden.

Dieser Papst, der in all seinen Büchern, auf jeder Seite derselben ununterbrochen von Gott, Christus, Maria, hl. Dreifaltigkeit, Dogmen und Sakramenten der Kirche redet, ohne die kein Heil, keine Erlösung zu erreichen sei, hat in seinem wahnhaft populistischen Drang, allen alles zu sein, allen Menschen zu gefallen, einen riesigen Bock geschossen, einen geradezu einzigartigen fauxpas begangen, indem er in seinen Glücksgeboten völlig ohne die ganzen Lehrsätze und Lehrschätze der Kirche, ja ohne seine Religion und das Christentum überhaupt auskommt, allen Leuten einen *total säkularistischen Weg zum wahren Glück anbietet.*

Papst Franziskus, der, wie wir in fast allen bisherigen Ausführungen dieses Buches sahen, nun wahrlich kein Reformer, geschweige denn Revolutionär ist, der keine etablierten Strukturen des Kapitals und Kapitalismus, des Vatikans, der Vatikanbank, der Hierarchie seiner Kirche umstößt oder gar zertrümmert, ist nun plötzlich unter einem ganz anderen Gesichtspunkt doch ein Radikaler, ein Revolutionär par excellence, weil er mit einem Schlag, mit der Aufstellung von ein paar simplen Regeln für gelingendes Leben Religion, Kirche, Christentum, Gott, all seine Engel und Heiligen als unnütz für das Erreichen von Glück hinstellt. Und was ist denn wahres Glück anderes als der säkularisierte Ausdruck von Heil, Erlösung, Paradies, Seligkeit?

Kein Papst, kein Theologe in der gesamten Geschichte der Kirche hat deren Überflüssigkeit derart über alle Maßen und darüber hinaus demonstriert wie dieser Seelsorger aus Argentinien, der plötzlich wie jeder Psychotherapeut der Seele Gutes tun will ohne die doch vermeintlich heilsnotwendigen Heilmittel der Kirche. Selbstverständlich wollten die den Papst wählenden Kardinäle nach dem unpraktischen Theologen-Papst Ratzinger einen Seelsorger-Papst, einen Pastoralpapst. Aber dass er ihnen ein solches Kuckucksei ins Nest legt, damit haben sie mit Sicherheit nicht gerechnet. De facto hat er auch sie, diese ganze Priesterschaft als Heilsvermittler zwischen Himmel und Erde, Göttlichem und Menschlichem als zum Glück der Menschen in keiner Weise beitragend für überflüssig und unnütz erklärt.

Natürlich hat er das nicht wissentlich, nicht in voller Bewusstheit und absichtlich getan. Mit seiner Redseligkeit, um nicht zu sagen Geschwätzigkeit, seinem clownesken Jonglieren mit Sprüchen hat er sich selbst ad absurdum geführt. Der »Herr der Sprüche« tappte in die Falle seiner eigenen Sprüche, wurde selber ihr Opfer! Durch seinen überdimensionalen Ehrgeiz, ja seine diesbezügliche Obsession, Christentum und Kirche wieder total aktuell und medienkonform zu machen, zahlte er den Preis des Populismus, die totale Herabsetzung seines Anliegens zu einer »Konsum-Religion« auf dem Niveau der *Bild*-Zeitung. Seine Light-Version von Glücklichsein bzw. -werden unterscheidet sich nicht oder nur unwesentlich von dem den Kantschen kategorischen Pflicht-Imperativ abgelöst habenden sanften Glückszwangsangebot unserer heutigen Gesellschaft zum universellen, uns alle verbinden sollenden »good feeling«.

Hier ist nicht der Ort, um zu untersuchen, ob Religion noch überhaupt einen Sinn hat, ob es eine Art von Religiosität, eine Variante der Religion gibt, die heute noch Sinn macht, Sinn gibt. Das ist anderenorts geschehen.[284] Hier und jetzt muss gesagt werden, dass jedenfalls Papst Franziskus *ganze* Arbeit geleistet, dass er alles getan hat, um *seine* Art von Religion, *sein* Christentum und *seine* Kirche als unwichtig, unwesentlich und bedeutungslos zu erweisen.

f) Ein weiteres Bonmot aus dem Stilblütenszenario des Papstes Franziskus lässt sich mit dem widersprüchlichen Begriff eines *„würdevollen Schlagens"* umschreiben. Während seiner Generalaudienz am Mittwoch, dem 4. Februar 2015, spricht Franziskus über die Familie und die Rolle des Vaters bei der Kindererziehung. Er zitiert einen Vater, den er sagen gehört habe: *„Ich muss manchmal meine Kinder ein bisschen schlagen, aber nie ins Gesicht, um sie nicht zu erniedrigen"*. Es folgt das Lob des Papstes für diesen Vater: „Wie schön! Er weiß um den Sinn der Würde. Er muss sie bestrafen, aber er tut es gerecht und geht dann weiter".[285]

Ein komischer Vater, den der Papst da lobt: Man vergegenwärtige sich die Szene: Der Vater haut dem Kind eine runter, zwar nicht aufs Gesicht, aber auf eines der anderen Körperteile, und geht dann einfach weiter, ohne sich zu entschuldigen oder dem Kind zu sagen, warum er es geschlagen hat. Dem Papst gefällt dieses autoritäre Gebaren des Vaters, der es offenbar für gar nicht notwendig erachtet, dem Kind zu erklären, warum er es erniedrigt hat. Besonders aber scheint dem Papst diese »Halbierung der Würde«, die Anwendung der »halben Würde« zu gefallen: Kein Schlagen ins Gesicht, weil dieses für den Papst der würdigste Körperteil ist, wohl aber Schlagen auf alle möglichen restlichen Körperzonen, die er für nicht mehr so wichtig hält. Sein Gott, der Schöpfergott hat also den Menschen, so muss man auf Grund der Rede des Papstes folgern, ziemlich fragmentarisch, reichlich bruchstückhaft geschaffen: mit einem würdigen oder würdevollen Gesicht, aber mit wenig oder gar nicht würdevollen Hals, Armen, Beinen, Brust, Bauch, Genitalien usw. Wenn Väter auf die draufhauen, verletzen sie nicht die Würde des Kindes, meint der Papst.

Vielleicht manifestiert sich in solcher Auffassung und Haltung des Papstes, in seiner Parzellierung der Würde des Menschen die alte manichäisch-gnostische Versuchung, der die Kirche so oft in ihrer Geschichte erlegen war, die Versuchung, gerade noch das Gesicht des Menschen als Spiegelung des Geistes, Gottesgeistes, als positiv anzuerkennen, seinen ganzen übrigen Körper aber als Dreck, Schmutz und Teufelswerk zu verachten. Auf diese Organe, die im Grunde ja dem Satan gehören, kann man dann natürlich ganz ohne Gewissensbisse dreinschlagen! Das in diesem Absatz Gesagte ist nicht so spekulativ, wie es im ersten Moment scheint. Sowohl die Jesuiten als auch Opus Dei, das ja einige Vertreter auch in der Römischen Kurie sitzen hat, führen noch immer die Prügelstrafe in ihren Satzungen und nehmen nur das Gesicht von dieser Strafe aus.

Da haben wir nun den Salat! Da hatte sich praktisch die ganze Welt im Laufe von zwei Jahren daran gewöhnt, auf dem Stuhl Petri einen Hohepriester zu sehen, der die makellose Liebe, Güte, Barmherzigkeit in Person zu sein schien, dem man im Unterschied zu seinen wegen der Missbrauchsskandale misstrauisch beäugten Priestern nicht übelnahm, dass er Kinder ausgiebig und überschwänglich küsste, liebkoste, umarmte und umfasste – und da erweist sich dieses überall mit Sympathien überhäufte Musterexemplar eines durch und durch positiven Menschen als Befürworter der Prügelstrafe, zwar nicht eines exzessiven, aber immerhin eines gemäßigten Schlagens von Kindern und Jugendlichen durch den Vater.

Selbst Journalisten und Biografen des Papstes, die von seiner Strenge, seinem Rigorismus und Autoritarismus als Provinzial, als Chef der argentinischen Ordensprovinz der Jesuiten wussten, denen auch bekannt war, dass man ihn wegen seiner Härte von diesem Posten abberufen hatte, hatten ja begeistert über Bergoglios Wandlungsprozess geschrieben, dessen Endresultat nun dieser rest- und fehlerlos gütige, versöhnliche, sanfte Papst Franziskus sein sollte. Und nun dieses Fiasko mit der päpstlich als legitim erklärten Prügelstrafe. „Lupus naturam suam non mutat", würde der Lateiner sagen. Der Wolf ändert seine Natur nicht, er lernt sie nur besser zu verbergen.

Zwar war nun nicht die ganze Welt, die den Papst eben noch derart in den Himmel gehoben hatte, empört, aber es waren doch immer mehr kritische Stimmen zu hören, die die „Pädagogik" des Papstes missbilligten. Sein Image hatte einen gewaltigen Kratzer abbekommen. Höchste Alarmstufe also war angesagt, denn dazu hatten ihn ja die Kardinäle (selbstverständlich nicht ohne die Inspiration des Heiligen Geistes!) zum Papst gemacht, damit er nach dem kühl-distanzierten Vorgänger auf dem Stuhl Petri den Leuten das durch und durch liebenswerte Antlitz der Kirche zeige. Und nun dieser Strich durch die Rechnung.

Es musste daher das ganze apologetische Netzwerk kirchlicher Schönredner aufgeboten werden, um mit allen möglichen interpretatorischen Kunstgriffen seinen Prügelstrafen-Spruch als Missverständnis hinzustellen. An der Spitze sofort Vatikansprecher Frederico Lombardi, der natürlich seinem Ordensbruder Bergoglio alias Franziskus I. zu Hilfe eilte und in echt jesuitischer Manier, die keine Probleme hat, schwarz als weiß und weiß als schwarz darzustellen, erklärte, dass der Papst keineswegs zum Schlagen von Kindern aufgefordert, sondern lediglich dazu ermuntert habe, „zu korrigieren, ohne zu erniedrigen".

Auch ein weiterer prominenter Ordensbruder des Papstes war bereit, sich verbal zu verrenken, um diesen aus der Schusslinie herauszubekommen: Bernd Hagenkord, Chefredakteur der deutschen Ausgabe von Radio Vatikan. „Meiner Einschätzung nach", so der durch jahrzehntelange jesuitische Dressur seelisch längst Verkrümmte, „ging es hier um die Würde des Kindes, verpackt in eine echte Erfahrung. Das ist keine Verteidigung von Gewalt gegen Kinder, sondern die Betonung ihrer Würde".

Und noch ein weiterer Vatikan-Sprecher, Thomas Rosica, kam seinem Chef zur Hilfe und blies ins selbe Horn: Der Papst habe natürlich nicht über Gewalt oder Grausamkeit gegenüber Kindern sprechen wollen, sondern vielmehr darüber, jemandem zu Wachstum und Reife zu verhelfen. „Schauen Sie sich (doch) an, wie der Papst auf Kinder zugeht und lassen Sie die Bilder und Gesten für sich selbst sprechen". Dann aber erfolgt noch im selben Augenblick der Angriff, denn Kirchenleute vertragen nicht, dass ihre höchste Majestät, „Ihre Heiligkeit", beim Wort genommen wird, wenn doch jesuitische Pfiffikusse den Menschen eine andere, nämlich die „richtige" Interpretation der Worte des Papstes offerieren. Wenn also, so der Vatikan-Sprecher frech und aggressiv, jemand aus den Bildern, Gesten und Worten des Papstes „etwas anderes ableiten wolle, enthülle das ein Problem bei jenen, die offenbar einen Papst nicht verstanden hätten, der eine Revolution der Normalität eingeläutet habe". Im Übrigen, so dieses Produkt kirchlicher Schleimkultur, „wer habe nicht schon einmal ein Kind gezüchtigt oder sei selbst von seinen eigenen Eltern gezüchtigt worden".

Aber selbst der Journalist Marco Politi, der noch vor nicht allzulanger Zeit ein recht kritisches Buch über Vatileaks in der Ära des Ratzingerpapstes verfasst hat, möchte sich den bequemen Zugang zu Papst und Vatikan als Informationsquelle nicht versperren lassen und säuselt: „Der Papst will nicht sagen: Ab Morgen haut man wieder!" Vielmehr bediene er sich einfach nur einer „volkstümlichen" Sprache, „wie ein Pfarrer vor der Kirche auf dem Vorplatz", um zum Nachdenken anzuregen.

In solchen Fällen mischt sich auch fast immer die »katholische Basis« ein und vergröbert das Ganze noch in dann schon unerträglicher Weise. „Es war vorauszusehen: Ein Papst kann sein, wie er will – letztlich passt es den Meinungsmonopolisten nicht, dass der Papst katholisch ist", hetzt ein Leserbriefschreiber.[286] Und selbst die kritische Reformbewegung *Wir sind Kirche* kann das katholische Zwangskorsett nicht ganz ablegen. „Wenn Papst Franziskus hervorhebt, dass der Verzicht darauf, ein Kind ins Gesicht zu schlagen, davon zeugt, dass die Würde des Kindes geachtet wird, dann liegt er vielleicht nicht ganz verkehrt", sagt die Sprecherin dieser Bewegung Sigrid Grabmeier, fügt aber wenigstens hinzu, dass an sich jeder Schlag gegen ein Kind einer zu viel ist.[287]

Wenigstens lässt sich die global world der Internetnutzer kein 2 x 2 = 5 nur deshalb vormalen, weil es um die Verteidigung des Papstes geht. „Kinder zu schlagen, ohne deren Würde zu verletzen, ist okay? Klappt genauso wie baden, ohne nass zu werden, oder Sonnenaufgang ohne Licht", twittert einer sarkastisch. Der Mann ist ein „reaktionärer Armleuchter", twittert ein anderer. „Wer Kinder schlägt, ist armselig", ein Dritter. Und ein Vierter: „Ganz so modern ist er doch nicht". Simone Peter vom Vorstand der Grünen hält dem Papst entgegen: „Alltägliche Gewalt gegen Kinder darf so nicht verharmlost werden".

Die Illegitimität des Schlagens von Kindern ist evident. Und selbst dem Populisten Franziskus I. wird es kaum gefallen, dass er sich mit seinem Prügelspruch in schlechter Gesellschaft befindet, nämlich in der Gesellschaft jener Väter und/oder Mütter, die ihren Kindern zwischen zwei und vierzehn Jahren regelmäßig Gewalt antun. Betroffen sind davon nach einer Untersuchung von Unicef etwa eine Milliarde Kinder, das sind 60 Prozent aller Kinder, die auf unserem Planeten überhaupt leben. Jedenfalls hätte der Papst keinen Grund, sich zu beklagen oder ungerecht behandelt zu fühlen, wenn einige von den Eltern dieser Kinder für die Rechtfertigung der Prügelmaßnahmen an ihren Zöglingen sich auf das „pädagogische Vorbild" des Papstes berufen sollten. Mit seiner Sicht auf die Kindererziehung erweist er sich tatsächlich als reaktionär und autoritär, hinkt er somit unserem Grundgesetz, aber auch weltweit 38 fortschrittlicheren Staatsverfassungen hinterher, die alle in dem Rechtssatz übereinstimmen, dass körperliche Gewalt gegen Kinder in jeglicher Form und ohne Ausnahme verboten und strafbar sein muss. Nach §1631, Abs. 2 unseres Bürgerlichen Gesetzbuches „haben Kinder ein Recht auf gewaltfreie Erziehung. Körperliche Bestrafungen, seelische Verletzungen und andere entwürdigende Maßnahmen sind unzulässig".

Auf die Bibel allerdings können sich zu diesem Punkt moderne Verfassungen nicht berufen. Sie enthält eine ganze Menge von Ermutigungen und Ermunterungen der Eltern zur Züchtigung ihrer Kinder, damit diese gehorsam und brav werden. Und auch der Volksmund behauptet ja: „Wen Gott liebt, den züchtigt er". Tatsächlich sind es die in allen Religionen vorhandenen Fundamentalisten, die sich auf Gott berufen, wenn sie ihre Kinder schlagen. Ist der Papst im Hinblick auf die Erziehung des Kindes ein Fundamentalist? Die Geschäftsführerin des Deutschen Kinderschutzbundes, Frau Honkanen-Schoberth erwartet jedenfalls vom Papst „eine ganz klare Positionierung gegen körperliche Bestrafungen".[288]

g) Da wird sie wahrscheinlich lange warten müssen, denn der Papst scheint eine echte Sympathie für körperliche Gewalt zu hegen. Billigt er doch nicht bloß das Schlagen von Kindern, wie wir gerade sahen, sondern auch das Prügeln von Leuten, die seine Mutter beleidigen. Wie das erstere nach der Auffassung des Papstes nicht die Würde des Kindes verletzt, verstößt das letztere ihm zufolge auch nicht gegen das Toleranzgebot. Jedenfalls gilt hier nach dem Papst: *„Wer meine Mutter beleidigt, den erwartet ein Faustschlag".*

Ganz genau lautet diese Aussage des Papstes, die er im Januar 2015 auf seiner Reise in die philippinische Hauptstadt Manila machte, folgendermaßen: „Wenn Dr. Gasbarri, mein lieber Freund, meine Mama beleidigt, erwartet ihn ein Faustschlag". Dazu sollte man wissen, dass Dr. Gasbarri ein wirklich guter Freund sein muss, weil er die Reisen des Papstes organisiert, was viele logistische Bemühungen beinhaltet. Wenn Franziskus also selbst diesem guten Freund, der so viel für ihn tut, einen Faustschlag verpasst, sollte dieser seine Mama beleidigen, dann zeugt das schon von einem gehörigen Aggressionspotential in der päpstlichen Brust, schlicht und einfach gesprochen, von Rohheit und Brutalität. Denn es müsste ja genügen, diesem Freund zu sagen „Du hast gerade meine Mutter beleidigt. Sieh das ein und entschuldige dich in aller Form dafür!" Nur Primitivlinge schlagen sofort los. Hier aber macht das oder ist dazu bereit der vermeintlich höchste Vertreter Gottes auf Erden, der oberste Priester der katholischen Kirche und offizielle Repräsentant des Christentums als der Religion der Nächstenliebe, zu deren Eigenschaften doch auch der Spruch des Evangeliums gehört, wonach man noch die zweite Wange hinhalten soll, wenn man schon einen Schlag auf die erste bekommen hat.

Das Ganze lässt viel tiefer blicken, als im Allgemeinen die Medien wahrgenommen haben. Es gibt für einen winzigen Moment den Blick frei auf einen Papst, der ganz anders ist und denkt, als er sich sonst durchgehend in der Öffentlichkeit zeigt. Der Mann Jorge Mario Bergoglio hat es sich als Papst zur Devise gemacht, total bescheiden, gütig und liebenswürdig aufzutreten. Aber das ist nicht sein eigentlicher Charakter, seine Natur, es entspricht auch nicht der Dressur, die er bei den Jesuiten durchgemacht hat und die ihn ständig zu gnadenloser Härte anspornte, einer Härte in erster Linie gegen sich selbst, die aber unter dem Druck des psychischen Gleichgewichtsgesetzes auch irgendwann gegen andere durchschlägt, auf andere einschlägt.

Sein ursprünglicher Charakter – das ist ein radikaler Autoritarismus, der ihn sogar dazu trieb, sich anfangs gegen das Zweite Vatikanische Konzil zu positionieren und „der selbst erklärte Feind der Befreiungstheologie" zu sein. Sicher, er war schon früh „ein charismatisches Oberhaupt" der argentinischen Provinz der Jesuiten, doch im Umgang mit diesen unter seiner Obhut Stehenden war er „unnachgiebig und herrisch. Seine unbedingten Zielvorgaben und sein selbstherrliches Auftreten spalteten zusammen mit seinen Verbindungen zur rechtsgerichteten peronistischen Eisernen Garde die Jesuiten Argentiniens in zwei Lager". Als er gehen musste, hinterließ er eine derartige „Verbitterung, dass sich die Jesuitenkurie in Rom ... schließlich gezwungen sah, einen Mann von außerhalb, einen Kolumbianer, als Provinzial zu entsenden. Dazu kam es, nachdem es drei argentinischen Provinzialen hintereinander nicht gelungen war, dem *Bergoglio*-Personenkult ein Ende zu machen und die Wunden zu heilen".[289]

Bergoglio hat sich als Papst eine neue Identität zugelegt, aber seine alte Adamsnatur ist damit lediglich durch eine zweite Haut, eine Tapete verdeckt, sie wird immer wieder mal hervorbrechen, wie jetzt, indem er die Prügelstrafe an Kindern billigt und zuschlagen will, wenn man seine Mama beleidigt. „Bergoglios Demut ist keine naturgegebene Bescheidenheit, Schamhaftigkeit oder Zurückhaltung. Sie ist alles andere als eine sanftmütige Milde. Papst Franziskus' Bescheidenheit entspricht einer intellektuellen Haltung auf der Grundlage eines religiösen Entschlusses. Sie ist eine Tugend, die er sich willentlich zur Pflicht macht, weil er von seiner Persönlichkeit her zu Stolz sowie zu dogmatischem und herrischem Verhalten neigt. Bei ihm ist Bescheidenheit der bewusste Versuch, die unbewussten Anteile seines Egos zu bekämpfen".[290]

Was aus des Papstes erster, ursprünglicher, noch vor der Dressur durch die jesuitische Erziehung vorhandenen und sich in seinem Unterbewusstsein partiell behauptenden Natur von Zeit zu Zeit hervorbricht, zeigt uns einen ganz anderen Menschen, einen Ketzer sogar, der sich Luft macht und Dinge ausstoßen kann, die nun gar nicht von kirchlich-frommen Ohren angehört werden sollten wie die, dass „Gott nicht katholisch", „die Kirche eine keusche Hure ist" und dass man echtes Glück, gelungenes Leben ohne Glauben an Gott, Christentum, Kirche erreichen kann. Aber aus dieser ersten Natur Bergoglios, die in seinem Unterbewusstsein nistet und jederzeit explodieren kann, rühren eben auch seine cholerischen Prügel- und Faustschlag-Sprüche her, wiewohl sie durch seine jesuitische Erziehung nochmals verstärkt werden können.

Man sollte noch hinzufügen, dass die Sache mit dem Faustschlag in Verteidigung der Mama keine rein private Aussage war. Sie fiel während der Reise nach Manila im größeren Zusammenhang der Terroranschläge auf das Satiremagazin *Charlie Hebdo* und der auf dieser Grundlage entbrannten Diskussion über Meinungsfreiheit und die Behandlung religiöser Gefühle. Diese Gefühle stellen dem Papst zufolge eine Grenze für die Meinungsfreiheit dar. Diese ende da, wo „die religiösen Gefühle anderer verletzt werden" und „der Glaube der anderen herausgefordert, beleidigt oder lächerlich gemacht wird". Jede Religion besitze „eine Würde, über die man sich nicht lustig machen könne".[291]

Zur Veranschaulichung brachte dann der Papst die Parallele zu seiner Mama. Die eigene Mutter ist wie die religiösen Gefühle heilig und unantastbar. Wenn Mama oder religiöse Gefühle beleidigt werden, hagelt's Fausthiebe, ist Gewalt jedenfalls erlaubt, allerdings mit Ausnahme des Totschlags oder Mordes, denn, so der Papst, Töten im Namen Gottes ist nicht erlaubt.

Nun wissen wir ja schon längst, dass Papst Franziskus weniger Theoretiker als Praktiker, Politiker, Religionsmanager und Macher ist, dass ihm Exaktheit, Präzision, definitorische Klarheit der von ihm verwendeten Begriffe nicht so wichtig sind. Aber was er hier im Zusammenhang mit seiner Mama und den religiösen Gefühlen veranstaltet, ist noch einmal ein ganz besonderer Fall von Verschleierung und Vernebelung zum Zweck der Immunisierung der Religion gegen jede Kritik. Denn wann ist denn Mama beleidigt? Auch schon bei sachlicher, vernünftiger Kritik? Wann ist der Tatbestand einer objektiven Beleidigung, nicht bloß einer subjektiv-beleidigten Betroffenheit erfüllt?

Und ähnlich verhält es sich mit den religiösen Gefühlen. Soll alles, was als religiöses Gefühl behauptet wird, auch das schwärmerischste, unvernünftigste, fanatischste, exotischste, esoterischste, verschwörerischste, phantastischste, blindeste, triebhafteste, überspannteste unter Denkmalschutz gestellt werden und keiner Kritik mehr unterworfen werden können, nur weil sich immer Leute finden werden, die auch die sachlichste Kritik als Verletzung ihrer religiösen Gefühle hinstellen werden? Darf ein sich auf diese irrationale Weise verletzt Fühlender die Faust zur Hilfe nehmen, wie das der Papst doch empfiehlt?

h) *„Jede Religion hat eine Würde, über die man sich nicht lustig machen darf"*, sagt der Papst. Ist dem wirklich so? Es gibt doch auch Teufelsreligionen, Satanskulte, schwarze Messen usw. Darf man sich darüber nicht lustig machen? Haben die auch eine Würde? Wo liegt selbst in vermeintlich würdigen Religionen die Grenze zwischen Würde und Unwürde? Darf man beispielsweise die weibischen Röcke der Bischöfe und Kardinäle, ihre bunten Karnevalskostüme nicht verspotten, weil das schon an den Kern der Würde der von ihnen vertretenen Religion rühren könnte? Soll denn wirklich verboten sein, dass einer die Verwandlung von Brot und Wein in den Leib und das Blut Christi während der hl. Messe, also dem Zentrum katholischer Liturgie, spöttisch als Hokuspokus abtut?

Das über die Religionen Herziehen habe Grenzen, sagt der Papst. Wer zieht diese Grenzen? Und wo liegen sie? Da kämen ja schon wieder die Herren, die Anführer der Religionen ins Spiel und machten das, was sie am liebsten tun: Grenzen ziehen, Gebots- und Verbotstafeln aufstellen, Rechtskodexe noch und nöcher produzieren.

Es bleibt nur eine Lösung. Die Meinungs- und Religionsfreiheit darf *durch nichts* eingeschränkt werden. Religion, jede Religion, auch jedes Weltbild, jede Weltanschauung darf grenzenlos kritisiert und karikiert werden. Sie darf sich ja auch mit den gleichen Mitteln wehren, nur eben nicht mit den Mitteln des Papstes: mit Faustschlag und Gewalt.

i) Ein weiterer Spruch des Oberhauptes der katholischen Kirche bezieht sich nicht auf körperliche Gewalt, sondern auf *Sexualität* und *Fortpflanzung*. Aber auch da bedient sich Franziskus einer relativ ordinären Sprache. *„Gute Katholiken müssen nicht wie Karnickel sein"*, gaben Presseagenturen wie *dpa* und *reuters* (19.1.15) die diesbezüglichen Worte des Pontifex wieder. Der korrekte Wortlaut des vom Papst Gesagten hört sich dann schon gemäßigter an. Auf dem Rückflug von den Philippinen nach seinem Besuch in Manila äußerte er sich folgendermaßen: *„Manche Leute glauben – entschuldigen Sie den Ausdruck –, um gute Katholiken zu sein, müssen wir sein wie Karnickel"*. Dabei gebe es doch das Prinzip der „verantwortungsbewussten Elternschaft" und „viele von der Kirche erlaubte Methoden", um die Zahl der Kinder in einer katholischen Ehe angemessen zu planen.

Schlitzohr Franziskus will sich den Anschein der Liberalität geben, ruft deshalb die katholischen Mütter und Väter zur „Freiheit" verantwortungsbewusster Elternschaft auf, wobei er darauf hinweist, dass die Kirche den Eltern „viele Methoden" an die Hand gebe, um die Erzeugung zu vieler Kinder zu verhindern. Das Ganze dient nur der Verschleierung der Tatsache, dass der Papst nicht gewillt ist, auch nur einen Millimeter vom Pillen- und Kondomverbot seiner päpstlichen

Vorgänger abzuweichen. Denn wo sind denn die vielen Methoden, die die Kirche angeblich bereithält, um katholischen Ehepaaren, die bereit sind, sich an dieses Verbot zu halten, die Begrenzung der Kinderzahl zu ermöglichen?

In Wirklichkeit sagt hier der Papst die Unwahrheit, denn es gibt diesbezüglich im Grunde lediglich zwei Methoden: die »Ogino-Knaus-Methode«, die die Eltern zu damit oft überforderten Rechnern macht, um die unfruchtbaren Tage der Ehefrau herauszubekommen, an denen dann die Kirche den Eltern gnädiglich zu koitieren erlaubt; und den »Appell an die Enthaltsamkeit«, wonach sie sich, um die Worte des Papstes zu gebrauchen, nicht wie Karnickel benehmen, sondern mit Hilfe des Gebets und anderer asketischer Übungen körperliche Abstinenz üben sollen.

Man sieht, wie unbarmherzig, ja zynisch die Sexualdoktrin der Kirche und auch der Papst in diesem Punkt sind. Denn für die große Mehrheit der Eltern ist diese Enthaltsamkeit praktisch unmöglich. Schon Sigmund Freud hat der nachher tausendfach bestätigten Einsicht von Psychoanalytikern und -therapeuten Ausdruck verliehen, dass die Sublimierung, d. h. die Ablenkung der sexuellen Triebkräfte vom sexuellen Objekt weg und auf höhere kulturelle Ziele hin nur einer Minderzahl gelingt, „und wohl auch dieser nur zeitweilig." „Die meisten anderen werden neurotisch oder kommen sonst zu Schaden. Die Erfahrung zeigt, dass die Mehrzahl der unsere Gesellschaft zusammensetzenden Personen der Aufgabe der Abstinenz konstitutionell nicht gewachsen ist".[292] Wer will angesichts dieser Resultate der Psychoanalyse den Eltern den Vorwurf machen, nicht genügend sublimiert zu haben?

Übrigens wussten auch die kirchlichen Lehrer der Moral lange vor Freud und jeder wissenschaftlich betriebenen Psychoanalyse von der Eigenmächtigkeit und relativen, von Individuum zu Individuum unterschiedlichen Unbeherrschbarkeit des Sexus bzw. des Phallus. Augustinus, neben Thomas von Aquin der größte Kirchenlehrer des christlichen Abendlandes, betonte immer wieder und höchst eindringlich, vor allem in seinen »Confessiones«, die „Eigenwilligkeit", den „Ungehorsam", die „Widerspenstigkeit" des männlichen Geschlechtsteils. Die geschlechtliche Erregung stelle sich „auch plötzlich ein, wenn niemand danach verlangt".

Selbstverständlich weiß der Papst, dass sich viele Katholiken an das Pillen- und Kondomverbot nicht halten. *Der Spiegel* behauptet gar, dass „das strikte Verbot der Empfängnisverhütung fast alle Katholiken ignorieren". Das Verbot von Kondomen, an dem der Papst festhält, werde auch diesem als „sträfliche" Maßnahme aufs Schuldkonto gesetzt. Sogar im konservativen Bayern könnten „86 Prozent der Gläubigen keine Sünde darin erkennen, die von der Kirche verdammte Pille oder die gleichfalls verdammten Kondome zu benutzen".[293]

Noch weniger hält sich der Klerus an das päpstliche Pillen- und Kondomverbot. Sonst gäbe es noch sehr viel mehr Kinder auf der Welt, die einen Priester zum Vater haben! Als geflügeltes Wort machte der Ausspruch eines südamerikanischen Bischofs in klerikalen Kreisen die Runde, der behauptet hatte, dass er in seiner immens großen Diözese nur über 15 Priester verfüge, von denen lediglich einer den Zölibat halte, dafür aber am unausstehlichsten sei. In Afrika lebt „nahezu die Hälfte aller schwarzafrikanischen Pfarrer mit einer Frau zusammen", viele Pfarrer dort haben Sex mit Ordensfrauen, die, zu strengem Gehorsam gedrillt, es gar nicht wagen, sich einem Priester zu widersetzen.[294]

Das ganze System kirchlicher Sexualmoral ist bis ins innerste Mark korrupt, aber auch Papst Franziskus hält am Verbot aller „künstlichen" Verhütungsmittel eisern fest, macht höchstens noch ein schlechtes Gewissen jenen Eltern, die sich an dieses Verbot zu halten suchen und dabei scheitern. Sie haben dann halt das Prinzip „verantwortungsbewusster Elternschaft" verletzt.

Der Karnickel-Spruch des Papstes Franziskus enthüllt aber auch in abstoßender Weise, wie er über die eheliche Vereinigung zwischen Mann und Frau denkt: sie unterscheidet sich nach ihm nicht von der Herumbumserei von Karnickeln! Das Geistig-Seelische in der Beziehung zwischen Frau und Mann berücksichtigt der Papst gar nicht, ist er in seiner zölibatär-hochmütigen Denkweise vielleicht auch gar nicht fähig wahrzunehmen. Der Katholik Heinrich Böll übertreibt kaum, wenn er in den *Ansichten eines Clowns* seine Romanfigur zu einem Prälaten sprechen lässt: „Alles, was über diese drastische Sache gesagt, gepredigt und gelehrt wird, ist Heuchelei. Ihr haltet im Grunde eures Herzens die Sache für eine aus Notwehr gegen die Natur in der Ehe legitimierte Schweinerei." Offensichtlich ist auch für Papst Franziskus die Ehe lediglich von der Kirche legalisierte, sakramental abgesegnete, daher amtskirchlich erlaubte und genehmigte Brunst, Notdurft, Ausschweifung, Hingabe an die sündige Wollust.

In dieser Hinsicht unterscheidet sich der Papst kaum von dem dem Zölibat entronnenen, aber in der zölibatären Denkweise verhaftet gebliebenen Ex-Mönch Martin Luther, der auch allen Ernstes behauptete, dass „Ehe und Hurerei einander so gleich" seien, was das Werk anbelangt, „dass man sie kaum unterscheiden könne".²⁹⁵ Auch in der Ehe sei der Beischlaf nichts anderes als „böse fleischliche Lust", die jedoch „in ehelicher Pflicht nicht verdammlich ist", weil „die heilige Menschheit Gottes ... die Schande der fleischlichen bösen Lust zudeckt".²⁹⁶

Dass für die Amtskirche und ebenfalls für Papst Franziskus die Ehe eine rein fleischlich-körperliche Angelegenheit ist, erhellt auch aus der amtlich fixierten kirchlichen Doktrin, wonach eine Ehe erst wirklich gültig ist, wenn der Geschlechtsakt vollzogen wurde, der Vatikan deshalb konsequenterweise auch Ehen annuliert, wenn die oder der den Antrag auf Nichtigkeitserklärung einer Ehe Stellende nachweisen kann, dass die Ehe gar nicht sexuell vollzogen wurde.

Eine andere kuriose Konsequenz: Die Kirche erlaubt keine Eheschließung zwischen Frau und Mann, wenn eine der beiden Personen oder beide impotent sind oder den Geschlechtsakt nicht ganz ausführen können. Die Liebe zwischen den Beiden kann noch so groß, das geistig-seelische Band zwischen ihnen noch so stark und innig sein – das interessiert die Kirche und auch Papst Franziskus nicht. Das feierliche Eheversprechen, das sich sexuell nicht Funktionierende in aller Freundschaft und Sympathie geben, interessiert die Kirche nicht. Sie erkennt es nicht an!

Das kirchliche Gesetzbuch, der Codex Iuris Canonici ist da eiskalt und konsequent ungeistig, alles Geistige, allen Idealismus in einer Beziehung ablehnend: „Die der Ehe vorausgehende und dauernde Unfähigkeit zum Beischlaf ... sei sie absolut oder relativ, macht die Ehe aus ihrem Wesen heraus ungültig".²⁹⁷ Und da kommt angesichts einer derart exklusiv auf dem Beischlaf basierenden Sicht der Ehe Papst Franziskus mit dem inkonsequent-heuchlerischen Rat, die Katholiken sollten sich doch um Gottes Willen nicht wie die Karnickel vermehren. Der Mann setzt sich aus Unkenntnis oder populistischen Gründen sogar in einen Gegensatz zum eigenen Rechtssystem!

Wie bereits erwähnt, sagt Papst Franziskus auch die Unwahrheit, wenn er von „*vielen Methoden*" spricht, die die Kirche vermeintlich jenen Eltern an die Hand gebe, die nicht mehr als drei Kinder haben möchten, eine Zahl, die Franziskus offenbar für die in diesem Zusammenhang gerade noch tragbare Standardzahl hält. Auch in dieser Hinsicht widerlegt ihn der offizielle, von Papst Johannes Paul II. herausgegebene „Katechismus der katholischen Kirche", der eben nur die zwei bereits genannten Methoden kennt: „die auf Selbstbeobachtung und der Wahl von unfruchtbaren Perioden der Frau beruhenden Methoden der Empfängnisregulierung" und die Enthaltsamkeit an den fruchtbaren Tagen der Frau, wodurch ihr Leib geschont und „die Erziehung zu echter Freiheit begünstigt" werde.[298]

Wenn Papst Franziskus dennoch auf den „vielen Methoden" der Empfängnisverhütung trotz Aufrechterhaltung des Verbots künstlicher Verhütungsmittel besteht, dann schleicht sich fast der Verdacht ein, dass er vielleicht doch im Verständnis der Kirche sündige Methoden meint, beispielsweise den coitus interruptus, bei dem der Mann unmittelbar vor der Ejakulation sein Glied aus der Vagina herauszieht und sein Sperma auf den Bauch oder den Rücken der Frau oder aufs Bett fließen lässt. Wer mir wegen der Äußerung dieser Vermutung Überschreitung der Schamgrenze vorwerfen sollte, der möge sich doch mal die Hunderte von Seiten ansehen, die die katholische Moraltheologie stets dem coitus interruptus in all seinen Varianten und Facetten mit unbezweifelbarer spezieller Aufmerksamkeit gewidmet hat.

j) Eine weitere Aussage von Papst Franziskus, die eines Kommentars bedarf, bezieht sich auf seine Einstellung zur Homosexualität bzw. zu den Homosexuellen. Auf dem Rückflug vom Weltjugendtag in Rio de Janeiro sagte er: *„Wenn jemand homosexuell ist und Gott sucht – wer bin ich, über ihn zu richten? Man darf diese Personen weder diskriminieren noch ausgrenzen. Das sind Brüder".*[299] Diese Aussage des Papstes erfolgte im Zusammenhang mit der von einem Journalisten gestellten Frage, ob es evtl. ein Netzwerk Homosexueller im Vatikan gebe, worauf Franziskus hier nicht näher eingeht (In einem anderen Zusammenhang hat er diese Frage bejaht).

Der gerade zitierte Ausspruch des Papstes wurde von zahlreichen Medien als Sensation gefeiert, als Beweis dafür, dass sich die Kirche unter ihm Homosexuellen gegenüber nun ganz anders verhalten, evtl. sogar bisher geltende moraltheologische Vorschriften gegen Homosexualität außer Kraft setzen werde.

Dabei hätte die Aussage des Papstes, nüchtern betrachtet, zur Vorsicht mahnen müssen. Er stellt ja eine Bedingung für die Gewährung seiner Toleranz: Der Homosexuelle muss Gott suchen, dann richtet der Papst nicht über ihn. In seinem Gespräch mit dem Jesuiten Antonio Spadaro[300] sagt es der Papst noch deutlicher: „Wenn eine homosexuelle Person guten Willen hat und Gott sucht, dann bin ich keiner, der sie verurteilt". Und er fügt noch hinzu: „Ich habe (nur) das gesagt, was der Katechismus erklärt".

Aber die Toleranz für Homosexuelle darf an gar keine Bedingungen gebunden werden, sie steht ihnen zu, egal ob sie Gott suchen oder ihn nicht suchen, egal auch, ob sie in den Augen der sie beurteilenden Kirche guten Willens sind oder nicht. So sympathisch also die Aussage des Papstes klingt, sie ist im Grunde intolerant, zumindest nur begrenzt tolerant.

Und sie bringt auch keinen Fortschritt im Verhältnis zu dem, was die Amtskirche dazu seit langem proklamiert. Der Papst beruft sich ja auf seine Übereinstimmung mit dem von Johannes Paul II. promulgierten *Katechismus der Katholischen Kirche*. Der ist auch gegen Diskriminierung Homosexueller genau wie der jetzige Papst, richtet und verurteilt aber praktizierte, gelebte Homosexualität als schwere, als Todsünde. Papst Franziskus beruft sich ohne irgendwelche Einschränkungen auf diesen Katechismus, betont sogar noch zusätzlich im Gespräch mit Spadaro: „Man kennt ja übrigens die Ansichten der Kirche, und ich bin ein Sohn der Kirche. Aber man muss nicht endlos davon sprechen ... Wir können uns nicht nur mit der Frage um die Abtreibung befassen, mit homosexuellen Ehen, mit den Verhütungsmethoden".

Es kann also gar keinem Zweifel unterliegen, dass Papst Franziskus auch all das unterschreibt, was der Katechismus sonst noch zur Homosexualität sagt, nämlich dass „die Heilige Schrift sie als schlimme Abirrung bezeichnet", dass „die homosexuellen Handlungen in sich nicht in Ordnung sind", dass sie „gegen das natürliche Gesetz" verstoßen, weil sie beim Geschlechtsakt kein Leben weitergeben, dass sie „nicht einer wahren affektiven und geschlechtlichen Ergänzungsbedürftigkeit entspringen" und dass sie „in keinem Fall zu billigen" seien.[301]

Hier irren der Katechismus und auch Papst Franziskus, der sich auf ihn beruft. Denn wenn jemand die genetisch bedingte homosexuelle Veranlagung hat, die er dann ganz ebenso hat wie ein Heterosexueller die heterosexuelle, dann weist er auch eine wahre affektive und geschlechtliche Ergänzungsbedürftigkeit zu einem Menschen seines Geschlechts auf. Es ist in höchstem Maß intolerant, ihm diese gleichgeschlechtliche Ergänzungsbedürftigkeit oder die Fähigkeit zu Affekten, zu höheren Gefühlen wie Güte, Freundschaft, vergeistigte Liebe, echte Hingabe usw. abzusprechen. Eine homosexuelle Persönlichkeit sehnt sich in ihrer Ganzheit, also mit Geist, Seele und Körper nach dem gleichgeschlechtlichen Partner bzw. der gleichgeschlechtlichen Partnerin. Da besteht eine ganz adäquate Analogie zum Heterosexuellen, der sich mit der gleichen Sehnsucht nach der Partnerin sehnt.

Homosexuelle haben somit das gleiche Recht wie die Heterosexuellen, ihre Geschlechtskraft auch in der Vereinigung mit dem Partner zum Einsatz zu bringen. Die Intoleranz der Amtskirche ist in diesem Punkt besonders groß, ja unmenschlich, indem sie das Verbot homosexueller Handlungen an die Empfehlung koppelt, „die Schwierigkeiten, die ihnen aus ihrer Verantwortung erwachsen können, mit dem Kreuzesopfer des Herrn zu vereinen". Es klingt geradezu zynisch, wenn sie der Katechismus noch dazu auffordert, „Keuschheit" zu wahren, „die Tugenden der Selbstbeherrschung" zu üben, um die „sakramentale Gnade" zu beten, damit sich der Homosexuelle dadurch „der christlichen Vollkommenheit annähert".[302]

k) Selbst anlässlich der Ernennung von zwanzig Kardinälen am 14. Februar 2015 durch Papst Franziskus hatte dieser einen flotten Spruch zur Hand. Im „L'Osservatore Romano", dem halboffiziellen Amtsblatt des Vatikans, rief er die neuernannten Kardinäle auf, ihre gerade erworbene Ehre *„maßvoll" zu feiern, damit „sich nicht der Geist der Weltlichkeit einschleicht, der mehr betäubt als ein Grappa auf nüchternen Magen"*. Offenbar gibt es auch heute noch Gründe, eine solche Warnung auszusprechen, wiewohl die Feiern heutiger Kardinäle, auch wenn sie sich noch so viel Mühe gäben, an die exzessiven, extravaganten, alle Grenzen des Anstands und der Moral sprengenden Feste der Päpste und Kardinäle der Renaissance nicht heranreichen dürften.

Nein, gesprengt hat Papst Franziskus in diesem Zusammenhang etwas ganz Anderes, nämlich die von Papst Paul VI. (gest. 1978) erlassene Regelung, wonach die Höchstzahl der zur Wahl des Papstes berechtigten Kardinäle nicht mehr als 120 betragen darf. Daran haben sich auch die auf Paul VI. folgenden Päpste, der Luciani-Papst, der Wojtyla-Papst und der Ratzinger-Papst gehalten, nicht aber der Bergoglio-Papst, unter dem wegen seiner Ernennung von zwanzig neuen Kardinälen jetzt 125 Kardinäle wahlberechtigt sind. Aber das ist, organisatorisch betrachtet, nur ein „Revolutiönchen", noch weniger: nur eines der vielen „Reförmchen", die uns dieser Papst seit seinem Amtsantritt immer wieder servierte, ohne deshalb den Anspruch erheben zu können, ein wirklicher Reformer zu sein. Aber immerhin ist die *Arroganz* des Franziskus I. bemerkenswert. Er kann noch so oft das »sentire cum ecclesia et papa« predigen, die Notwendigkeit, im Gleichschritt mit Kirche und Papst zu fühlen – wenn es ihm nicht passt, gilt es für ihn nicht, so als er den Papstthron bestieg, obwohl sich bisher alle, auch die hervorragendsten Jesuiten an die Order gehalten hatten, dass ein Mitglied dieses Ordens zu dienen und nicht als Papst zu herrschen habe; so auch jetzt im Zusammenhang mit Papst Pauls VI. Bestimmung, dass die Höchstzahl der wahlberechtigten Kardinäle nicht mehr als 120 betragen dürfe.

Ein wirklicher Reformer der veralteten Organisation der Hierarchie wäre Papst Franziskus, *wenn er diese ganze monströse Institution des Kardinalskollegiums, diesen Wasserkopf am „mystischen Leib" der Kirche auflöste*, denn sie hat mit dem Geist Christi, auf den sich gerade Papst Franziskus so gern und so oft beruft, nicht das Allergeringste zu tun, kann weder aus dem Geist noch aus den Worten oder Handlungen Jesu, wie wir sie ohnehin nur mit schwachem Wahrscheinlichkeitsgrad rekonstruieren können, hergeleitet werden. Wenn schon die Kirche nicht einmal die Einsetzung des Bischofsamtes durch Jesus beweisen kann (die Bischöfe, die episcopoi, waren zunächst einmal in der Frühzeit des Christentums Verwalter des kirchlichen Eigentums, sozusagen die Hausmeister der frühen Christengemeinden, fernab von allen charismatischen Leitern der Gemeinden und unter ihnen stehend), dann kann sie dies noch weit weniger in Bezug auf die Errichtung eines so unnatürlichen Gebildes, wie es das Kardinalskollegium darstellt.

Was seinerzeit der berühmte protestantische Theologe Adolf von Harnack generell über die Fehlentwicklung des frühen Christentums zum „römischen Katholizismus als äußerer Kirche, als einem Staat des Rechts und der Gewalt" ausführte, der „mit dem Evangelium nichts mehr zu tun hat, ja ihm grundsätzlich widerspricht", das kann und muss man in ganz besonderer Weise auf die Organisation der Kardinäle in dieser Kirche beziehen. Sie haben in ihrer wichtigsten Funktion, nämlich als Kurienkardinäle und soweit sie als solche eingesetzt sind, *nichts* mit Charisma, Religiosität, echter Frömmigkeit und eventuellem Geist der Kirche zu tun, sondern nur mit ihrem juridischen Aspekt, eben mit der Kirche als einem Staat des Rechts, der Disziplin, der Bewahrung der hierarchischen Subordination, mit einem Wort, der „heiligen", vermeintlich von Gott herkommenden Gewalt.

Andererseits spielt aber bei der Ernennung von Kurienkardinälen durch den Papst das Prinzip »Sakrale Herrschaft« eine ganz wichtige Rolle. In einer absoluten Monarchie wie der römisch-katholischen Kirche „werden entscheidende Positionen nicht nach dem Kriterium der Befähigung besetzt, sondern nach ganz anderen Gesichtspunkten wie Frömmigkeit und vor allem persönliche Verbundenheit mit dem Monarchen, also dem Papst. Ähnlich wie bei den europäischen Königs- und Fürstenhäusern in den letzten Jahrhunderten geht es fast nie darum, was bei Hofe geleistet werden soll und wer dafür befähigt ist ..."[303] Also wird am Hofe des Papstes geheuchelt auf Teufel komm raus. Der Vatikan ist eine Hochburg der Heuchelei, Schmeichelei und Anschleimerei. Die in der Verwaltung des Vatikans und der Gesamtkirche involvierten Kurienkardinäle setzen, einmal vom Papst ernannt, das Gesetz »nach oben (also zu ihm) beten, nach unten (nämlich auf ihre Untergebenen) treten« kontinuierlich fort, belohnen mit Karriereaufstieg nur diejenigen, die sich besonders „fromm", d. h. sklavisch-anpassungsbereit gegenüber ihren Vorgesetzten verhalten haben.

Das brisanteste diese Zustände veranschaulichende Beispiel aus jüngerer Zeit ist Tarcisio Kardinal Bertone, den der Ratzinger-Papst als seinen engsten Vertrauten zum Chef des Staatssekretariats, also des wichtigsten „Ministeriums" des Vatikanstaates, somit zum zweitwichtigsten Mann gleich nach dem Papst im hierarchischen Gefüge der Kirche ernannt hatte. Auch Bertone hatte von Verwaltung keine Ahnung, dafür umso mehr von der Art und Weise, wie man sich das uneingeschränkte Vertrauen des Papstes erwirbt. Ein Papst-Biograf vermerkt ironisch: Dieser Priester Tarcisio Bertone „wurde dafür ausgebildet, Achtjährige auf die Kommunion vorzubereiten und sich in der Moraltheologie auszukennen, aber nicht im Verwaltungswesen..."[304]

Aber Kardinalstaatssekretär Bertone wird trotzdem im Rahmen seiner zahlreichen Verwaltungsaufgaben vom Ratzinger-Papst auch noch die Administration der zahlreichen Großkrankenhäuser der Kirche in Italien übertragen. Und da beginnt die Geschichte eigentlich erst interessant und brisant zu werden. Denn Bertone hat einen Freund, einen Priester als Freund, der ihm ebenso „fromm" ergeben ist wie er selbst dem Papst. In Wirklichkeit aber ist dieser Priester, Luigi Maria Verzé heißt er, ein Ganove und Halunke, ausgestattet mit einer beträchtlichen kriminellen Energie. Er hat einen größeren Kreis von Verehrern, die als seine Großtat die Gründung des katholischen Großkrankenhauses San Raffaele in Segrate bei Mailand rühmen, ihn überhaupt für einen vorbildlichen Priester halten. Aber er arbeitet lange Zeit unentdeckt mit „regelrechten Mafiamethoden, Drohungen und Erpressungen", um die Besitzer der an das Krankenhaus grenzenden Baugrundstücke zu deren Verkauf zu zwingen. Im Zusammenhang mit diesen schmutzigen Transfers fremden Vermögens an „sein" Krankenhaus macht er ein riesiges Geschäft. Verurteilt wird er einige Male, aber er schlängelt sich immer wieder mit einer bloßen Bewährungsstrafe heraus.

Ganz offensichtlich war er ein „charismatischer" Priester im Sinne der ersten der zehn Glücksregeln des Papstes, die da, wie wir bereits sahen, „leben und leben lassen" lautet. Fotos zeigen Don Verzé z.B. „in Feierlaune im Wellness-Schwimmbad eines Luxusresorts in Brasilien. Er verbrachte dort keineswegs nur seinen Urlaub, die Anlage gehörte zu seinem Krankenhaus-Imperium"; dieser so „demütig-bescheidene" Priester war sich sogar zu vornehm für einen Linienflug nach Brasilien, es musste schon ein Privatjet sein. Am Ende hatten seine Kliniken einen Schuldenberg von einer Milliarde Euro auf sich lasten. Doch konnte er selbst nicht mehr zur Verantwortung gezogen werden, da er am 31. Dezember 2011 das Zeitliche gesegnet hatte. Kardinalstaatssekretär Bertone aber ließ auch seinen toten Freund nicht im Stich, feilschte diesbezüglich mit der Vatikanbank wegen der Milliarde. Wie die

Sache am Ende ausging, scheint kein Mensch genau angeben zu können. Geheimhaltung wird in der Kurie – trotz gelegentlich passierender Vati-Leaks – bis heute noch großgeschrieben![305]

Die Korruptheit von Kurienkardinälen zeigt sich auch daran, dass sie, kaum ernannt, keine Mühe scheuen, Verwandten einen Posten im Vatikan zu verschaffen. Die Vetternwirtschaft blüht in dieser obersten Kirchenzentrale nach wie vor, obwohl sich die Kirche brüstet, nach den diesbezüglichen Exzessen in Mittelalter und Renaissance radikal reinen Tisch gemacht zu haben.

Es nützt auch wenig, wenn Papst Franziskus eine Kommission nach der anderen einsetzt, um der Bestechung, Erpressung und Geldwäsche in Vatikan bzw. Vatikanbank ein Ende zu bereiten. Die Mehrheit dieser „Kommissare" sind Kardinäle, die meistens von Verwaltung und Finanzgeschäften wenig Ahnung haben. In ihren Heimatdiözesen kümmert sich um diese Dinge gewöhnlich der Generalvikar, nicht ohne Grund vom Klerus Generalfakir genannt, bzw. ein Fachmann für Finanzen. Kardinal Meisner von Köln jubelte z.B., dass er einen Generalvikar habe, der sich um alle weltlichen Geschäfte der Kirche kümmere und er selbst deshalb frei für den lieben Gott sei.[306]

Aber unabhängig von der Art der Beantwortung der Frage, ob die Ersetzung der Kurienkardinäle und ihrer geistlichen Mitarbeiter durch Laien, die die entsprechenden Studiengänge in Verwaltung, Wirtschafts- und Finanzwissenschaft im Unterschied zu den Kardinälen tatsächlich belegt und mit Bravour absolviert haben, eine Verbesserung im Saustall der Römischen Kurie brächte, sollte sich Papst Franziskus bewusst werden, dass ein die Kirche im Verein mit ihm regierendes und verwaltendes Kollegium von Kardinälen dem Geist des Christentums, wenn es einen solchen überhaupt noch gibt, absolut zuwiderläuft. Jedenfalls ähnelt dieses Kollegium von Kardinälen eher dem Senat im alten Rom, wie ja die Kirche überhaupt stets bestrebt war, sich als legitime Nachfolgerin des Imperium Romanum darzustellen und viele seiner Einrichtungen, Herrschaftsrituale und –insignien zu imitieren. Aber selbst Julius Cäsar, „der Diktator von Rom, konnte seinerzeit den Senat nicht nach seinem Gusto formieren. Der Bischof von Rom, was der Papst ja gleichfalls ist, kann das durchaus".[307]

Er kann nach Belieben neue Kardinäle kreieren, schließlich hat sich Papst Franziskus ja auch nicht an die von Paul VI. verordnete Höchstzahl von 120 wahlberechtigten Kardinälen gehalten. Und er wird bei allem Eifer in dieser Hinsicht auch nicht Papst Wojtylas Überspanntheit, 231 Kardinäle zu ernennen, überbieten. Was aber dieser in der Phantasie einiger Medien als Reformer der Organisation der Kirche gefeierte Papst mit absoluter Sicherheit nicht tun wird, ist die Auflösung dieses Senats Purpur tragender Eminenzen, die Verbannung jeglicher Erinnerung an sie in die Archivschubladen des Vatikans. Vielleicht dachte ja schon Papst Johannes XXIII. wenigstens an eine Reduzierung dieses aufgeblähten Fremdkörpers im „Organismus" Kirche. Auf die Frage eines Journalisten, wie viele im Vatikan arbeiten, antwortete er jedenfalls verschmitzt: „Die Hälfte".

Da also in der betreffenden Hinsicht der Verminderung oder Auflösung des Kardinalskollegiums nichts geschehen ist und auch nichts geschehen wird, sind dem brennenden Ehrgeiz der Karrieristen in der Kirche weiterhin Tür und Tor geöffnet. Will doch fast jeder Priester, der es schon mal zum Bischof oder Erzbischof gebracht hat, auch noch unbedingt die zweithöchste Position in der Kirche erreichen, nämlich Kardinal werden, wenn er denn schon nicht Papst werden kann.

l) Eine weitere charakteristische Aussage von Papst Franziskus, die hier zu kommentieren ist, bezieht sich auf sein *Sündersein*. Im Interview mit dem Jesuiten Antonio Spadaro vom 19. August 2013 stellt dieser ihm die sehr direkte Frage: „Wer ist Jorge Mario Bergoglio?" Wenn einer so gefragt wird, könnte man alle möglichen Antworten bezüglich der eigenen Person, des eigenen Charakters, der eigenen Identitätsmerkmale erwarten. Aber Bergoglio/Franziskus I. kommt nur eine Antwort in den Sinn, er hält nur eine Antwort für die ihn am adäquatesten charakterisierende, seinen Charakter, seine Person am umfassendsten treffende: *„Ich bin ein Sünder. Das ist die richtigste Definition. Und es ist keine Redensart, kein literarisches Genus. Ich bin ein Sünder"*. Der Papst ergänzt noch: „Ja, ich kann vielleicht sagen, ich bin ein wenig gewieft, ich verstehe mich zu bewegen, aber es stimmt, dass ich auch arglos bin. Ja, *aber die beste Synthese, die mir aus dem Innersten kommt und die ich für die zutreffendste halte, lautet: Ich bin ein Sünder, den der Herr angeschaut hat ... Fehler habe ich so viele begangen, dass ich sie gar nicht mehr zählen kann. Fehler und Sünden"*.

Der Papst hat noch bei diversen anderen Gelegenheiten immer wieder betont, dass er ein Sünder, ein großer Sünder sei, z.B. auch an mehreren Stellen in dem von Sergio Rubin und Francesca Ambrogetti herausgegebenen Interview-Band: *Papst Franziskus: Mein Leben, mein Weg. El Jesuita*.

Wenn aber einer ständig wiederholt, dass er ein Sünder ist, viele Sünden begangen hat, jedoch keine einzige dieser Sünden konkret beim Namen nennt, dann ist das ein *leeres Lippenbekenntnis*, das im Grunde gar nichts aussagt, vielmehr den Verdacht aufkommen lässt, dass hier jemand, der doch als Papst so hochgeachtet ist und als groß, größer als die meisten Menschen gilt, seine *Bescheidenheit* und *Demut* zur Schau stellen möchte. In der Tat hat es Papst Franziskus tunlichst vermieden, die Phrase »Ich bin ein Sünder« mit detailliertem Inhalt zu füllen.

Zwar fand ich eine Stelle im eben erwähnten Interview-Band, wo er sich der *Eitelkeit*, der *Selbstgerechtigkeit* und des *Hochmuts* bezichtigt. Er sagt da, er habe sich (als Generalvikar der Diözese Buenos Aires und in Abwesenheit seines auf Reisen befindlichen Vorgesetzten, des Erzbischofs) „beinahe wie Tarzan gefühlt", sei „in hohem Grade selbstgerecht" gewesen, „was bedeutete, dass ich sündigte", habe eine „Haltung" eingenommen, die „ganz von Hochmut durchdrungen war". Doch da er im selben Atemzug behauptet: „Aber ich war mir dessen nicht bewusst"[308], ist das nach der Lehre der katholischen Moraltheologie gar keine Sünde, was er als oberster Morallehrer der Kirche eigentlich wissen müsste.

Es kann sich sogar noch ein weiterer Verdachtsmoment aufdrängen. Vielleicht will der Papst durch die häufige Betonung seiner Sündhaftigkeit all denen zuvorkommen, die bemüht sind, dunkle Punkte in seiner Biografie zu finden. Denen wäre damit die Luft aus dem Sensationsballon genommen, da der Papst doch schon immer gesagt habe, dass er ein Mensch großer Fehler und Sünden gewesen sei. Tatsächlich bietet das Leben Bergoglios einige mögliche Angriffsflächen, die im vorliegenden Buch auch schon gelegentlich zur Sprache kamen.

Seine Rolle in der Zeit der schrecklichen Herrschaft der argentinischen Militärjunta zwischen 1976 und 1983 ist immer noch nicht eindeutig geklärt. Man kann keinen, der unter einer tyrannischen, alle und alles observierenden Diktatur lebt, verurteilen, nur weil er seinen Widerstand gegen sie nicht bis zum Äußersten, nämlich bis zum eigenen Märtyrertod vorangetrieben hat. Die „Sünde" Bergoglios bestand lediglich darin, aber darin mit Sicherheit, dass er in dieser schlimmen Ära *nicht geradlinig* war, einen *Zickzack-Kurs* fuhr, der Junta als partieller Sympathisant, wenigstens aber als äußerst korrekt und loyal erscheinen musste. Andererseits hätte er sonst auch keinem damals Verfolgten helfen können, was einige argentinische Landsleute bezeugen. Fast die ganze bischöfliche Oberschicht der katholischen Kirche Argentiniens hatte doch mit der Militärjunta mehr oder weniger kollaboriert.

Aber existentiell Betroffene tun sich verständlicherweise trotzdem schwer, dem heutigen Papst zu vergeben, dass er sich seinerzeit als Erzbischof der argentinischen Hauptstadt, also mit beachtlicher Autorität versehen, weigerte, die Großmütter der Plaza de Mayo zu empfangen. Diese bewundernswerten Frauen setzten, was Erzbischof Bergoglio doch wissen musste, alles daran, die von der Junta verschleppten Kinder und Enkel ausfindig zu machen. Bergoglio blieb stur, als Papst empfing er sie dann zu einem allerdings recht kurzen Treffen.

Bergoglio scheint auch nicht die Wahrheit gesagt zu haben, als er vor Gericht behauptete, nichts davon gewusst zu haben, dass die Junta inhaftierten Frauen die von ihnen während der Haft zur Welt gebrachten Säuglinge wegnimmt, was ihm eben die Mehrheit der Argentinier nicht glauben will. Auch haben ihm viele bis heute nicht verziehen, dass er 2010 nicht bereit war, gegen die Junta auszusagen. Er sollte als Zeuge in einem Prozess zu „Verbrechen gegen die Menschlichkeit" auftreten, berief sich aber auf ein vermeintliches argentinisches Gesetz, wonach Bischöfe den Auftritt vor Gericht und die Aussage verweigern können. Schließlich drückte das Gericht doch noch durch, dass er sich dessen Fragen wenigstens in seinen eigenen Räumlichkeiten stellen musste.

Gar kein Zweifel aber kann daran bestehen, dass Bergoglio am schweren Schicksal der beiden Jesuitenpater Franz Jalics und Orlando Yorio mindestens indirekte Mitschuld trägt. Bekanntermaßen war Bergoglio zunächst ein dezidierter Gegner der Befreiungstheologie, somit auch ein Gegner der beiden Patres, die sich aufopferungsvoll in den Slums für die Armen einsetzten und dabei auch keinerlei Berührungsängste mit linken Gruppierungen hegten. Beides gefiel ihrem damaligen Vorgesetzten, dem Provinzial Bergoglio nicht. Obwohl er jünger als die Beiden war und sie seine Lehrer gewesen waren, befahl er ihnen schroff und unmissverständlich, die Arbeit in den Slums aufzugeben. Als sie das nicht taten, erklärte Bergoglio ihren Ausschluss aus dem Orden, woraufhin ihnen der damalige Erzbischof der argentinischen Hauptstadt, Juan Carlos Aramburu, die Erlaubnis zum Lesen der Messe entzog.

Das hatte schlimme Konsequenzen für die Beiden, was Bergoglio hätte voraussehen müssen. „Unstrittig scheint, dass Bergoglio sich von seinem Zorn auf die Männer den Blick auf die Realität verstellen ließ. Der Entzug der Erlaubnis zum Lesen der Messe war Zeichen genug für die Militärdiktatur, dass die Kirche die Priester nicht mehr schützte. Bergoglio verfügte über politischen Scharfsinn und wusste gut Bescheid darüber, wie das Militär vorging und sogar, wann es zuschlagen würde. Er hätte eigentlich erkennen müssen, welcher Gefahr er seine beiden Priester durch sein Handeln aussetzte. Er verhielt sich rücksichtslos..."[309]

Fünf furchtbare Monate lang wurden die beiden Jesuiten nach ihrer Entführung durch den Geheimdienst der Junta schwer misshandelt und gefoltert. Wie gesagt, eine Mitschuld Bergoglios an ihrem Schicksal ist nicht zu leugnen. Selbst der damalige Erzbischof von Mailand, Kardinal Martini, hat erklärt, dass „Bergoglios Rolle während der Zeit der Militärdiktatur >zweideutig< gewesen sei".[310] Immer noch hoffen aber die Großmütter der Plaza del Mayo, dass der Papst, wie es deren Vertreterinnen während ihres Treffens mit ihm verlangt hatten, die Akten der argentinischen Kirche über ihre Rolle während der argentinischen Militärdiktatur für unabhängige Untersuchungen freigeben wird.

Kürzen wir die Sache ab: Zweifellos eröffnen ein weites Feld für Vermutungen auch negativer Art seine Handlungsweisen gegen die Anfänge der Befreiungstheologie in Südamerika; seine ursprüngliche Aversion gegen das II. Vatikanische Konzil; sein zwiespältiges Verhalten der Militärjunta gegenüber, die mindestens 30.000 Ermordete auf dem Gewissen hat; sein autoritäres und hartherziges Gebaren gegen die Untergebenen während seines Provinzialats und einiges andere mehr aus seiner Zeit vor dem Pontifikat. Letztlich kennt nur er allein die volle Wahrheit über seine Vergehen in dieser Phase seines Lebens und Wirkens. Aber diesbezüglich schweigt der sonst so Beredte, „der Mann der vielen Worte" (*Der Spiegel*), eisern. Vor den Journalisten Ruben und Ambrogetti legte er wiederum nur ein allgemein gehaltenes Sündenbekenntnis über diese Jahre ab: „Ich möchte niemandem ein falsches Bild vermitteln – ich bin wirklich der Sünder, den Gott in seiner Barmherzigkeit in einer privilegierten Weise geliebt hat. Das Leben hat mich schon in jungen Jahren in Führungspositionen gebracht ... und ich musste auf meinem Weg aus meinen Fehlern lernen. Ich habe nämlich viele Fehler begangen. Fehler und Sünden. Es wäre falsch, wenn ich mich heute hinstellen und sagen würde: Ich bitte um Vergebung für die Sünden und Vergehen, die ich mir möglicherweise habe zuschulden kommen lassen. Ich bitte heute um Vergebung für die Sünden und Vergehen, die ich mir *tatsächlich* habe zuschulden kommen lassen".[311]

Selbst als ihm in der Sixtinischen Kapelle auf Latein die entscheidende Frage gestellt wird: „Nimmst du deine kanonische Wahl zum Papst an?", antwortet er nicht etwa wie seine Vorgänger mit „accepto" (ich nehme an), sondern mit dem Bekenntnis: „Ich bin ein großer Sünder, im Vertrauen auf Gottes Barmherzigkeit und Geduld nehme ich unter Schmerzen die Wahl an". Kein Zweifel also, er hat Sünden begangen – sogar schwere, sonst würde er sich nicht in einem so wichtigen Moment als *großen Sünder* bezeichnen –, aber die genaue Zahl dieser Sünden und ihren spezifischen Charakter verschweigt er.

Deshalb gilt schlussendlich: Ein Mensch, der ständig über die Sünden seiner Vergangenheit jammert, wirkt letztendlich jämmerlich! Selbst dann, wenn er in einem dialektischen Sprung dieses Gejammer zum Lobpreis verwandelt: „Für mich", so der Papst, „gehört das Bewusstsein, ein Sünder zu sein, zu den großartigsten Dingen, die einem Menschen geschehen können..."[312]

Wenn man dem Papst seine Behauptung, ein *großer* Sünder zu sein, abnimmt, dann sieht man sich fast schon gezwungen – übrigens auch gemäß der katholischen Moraltheologie –, einen *großen Sünder* mit einem *Verbrecher*, mit einem Delinquenten schwereren Kalibers gleichzusetzen. In diesem Fall müsste „Ihre Heiligkeit" schleunigst von ihrem Papstthron herunter, denn zumindest die Päpste der letzten 150 Jahre haben nicht nur wie ihre Vorgänger behauptet, die höchsten Morallehrer der Welt zu sein, sie haben sich – im Unterschied zu vielen ihrer Vorgänger – auch die größte Mühe gegeben, wenigstens den Schein praktizierter und gelebter Moralität zu wahren, so dass einige von ihnen sogar heiliggesprochen, zu Heiligen erhoben wurden. Als ihrer Behauptung nach oberste Morallehrer und Moralinstanzen unseres Planeten maßen sie sich ja auch an, ständig vor die wichtigsten internationalen und nationalen Institutionen und Gremien zu treten, vor Parlamente, EU, UNO etc., und den dort Versammelten die „höchste" Moral- und Soziallehre, eben die der Päpste und päpstlichen Enzykliken, zu verkünden. Wenn also der Papst wirklich ein großer Sünder, also, gerade heraus gesagt, ein Krimineller ist, dann sollte er, wenn er denn schon vom Papstthron nicht heruntersteigen will, wenigstens nicht mehr öffentlich als oberste Sittlichkeitsautorität auftreten und die von ihm so oft zur Schau gestellte Bescheidenheit wirklich als das verstehen und praktizieren, was sie ihrem Wesen nach ist, nämlich ein sich Zurücknehmen, ein sich nicht ständig in den Medien zur Schau stellen.

Da Papst Franziskus aus seiner Behauptung, ein großer Sünder zu sein, keine praktischen Konsequenzen zieht, erscheint er als hohler Prediger, als pathetisch übertreibender Rhetoriker im Gewand der Demut, der Bescheidenheit, ja sogar, wie wir gerade sahen, der Sündhaftigkeit.

Der Mönch Luther hat von seinem einsamen Ringen um die Moral in seiner Klosterzelle berichtet. Darüber verliert Bergoglio kein Wort, obwohl er, wenn er ein Mann ist, denselben fleischlichen Versuchungen unterliegt wie alle anderen Menschen. Indem er auch darüber schweigt, sich aber als großen Sünder hinstellt, gibt er wieder einen weiten Raum frei für alle möglichen Phantasien über das, was er denn so alles in der Einsamkeit seiner Zelle getrieben haben könnte. Wie man sieht, auch ein abstrakt-unkonkretes Gerede über die eigenen Sünden kann zu Folgerungen führen, die er sich bestimmt nicht gewünscht hat.

Von Luther hat Nietzsche gesagt, er sei ein „Unglück von einem Mönch", hoffen wir, dass der jetzige Papst wegen seiner Sprücheklopferei am Ende von seiner eigenen Kirche nicht als „Unglück von einem Papst" verhöhnt wird.

Mütter kennen im Allgemeinen ihre Kinder am besten. Vielleicht hat Jorge Mario Bergoglios Mutter ihren Sprössling am klarsten durchschaut. Als einzige der ganzen Sippe der Bergoglios hat sie sich lange Zeit bis kurz vor der Priesterweihe ihres Sohnes gegen seinen Wunsch, Priester zu werden, entschieden gewehrt. Als er seiner Mutter zum ersten Mal eröffnete, dass er Priester werden wolle, „hat es", so Jorge Mario, „meine Mutter aber nicht so gut aufgenommen". Ihre „Reaktion war anders", als er sich das vorgestellt hatte. „Ich weiß nicht, ich sehe dich nicht darin", sagte sie. Jorge Mario Bergoglio fährt fort in seiner Enttäuschung: „Als ich ins Priesterseminar eingetreten bin, hat meine Mutter mich nicht begleitet, sie wollte nicht mitgehen. Viele Jahre lang hat sie meine Entscheidung nicht akzeptiert ... es war so, dass ich zwar nach Hause fuhr, aber sie nicht ins Seminar kam. Als sie es schließlich akzeptierte, tat sie das mit einer gewissen Distanz ... Für ihr Empfinden ... hätte diese Entscheidung einer langen Zeit der Reifung bedurft". Die Interviewer Rubin und Ambrogetti, denen der Papst dies erzählt, sind angesichts der Reaktion seiner Mutter ein wenig betroffen und geben zu bedenken: „Vielleicht dachte sie, das sei nicht Ihr Weg ..."[313]

Die beiden Journalisten könnten Recht haben. Denn wie stellt sich eine einfache Frau wie die Mutter des heutigen Papstes einen guten Priester vor? Eben brav, still, demütig, fromm, dem Gebet in der Kirche seine meiste Zeit einräumend, selbstlos Seelsorge an Kranken, Gebrechlichen, Kindern, Jugendlichen und Alten ausübend. Jorge Mario Bergoglios Mutter wusste, dass er das alles nicht ist, dass er vielmehr eitel, arrogant, geltungsbedürftig und ruhmsüchtig war, allzugern im Mittelpunkt stand, überall die erste Geige spielen musste. Er selbst gibt im Gespräch mit Spadaro auch zu, „von Geburt an ein undisziplinierter Mensch zu sein". Deswegen habe ihn ja „die Disziplin der Jesuiten ... sehr beeindruckt".

Es gibt viele Gründe dafür, dass Mama ihren Sprössling nicht im schwarzen Habit sehen wollte. Aber über Mutmaßungen kommen wir dabei nicht hinaus.

Keine Mutmaßung, sondern nah an der Wahrheit aber dürfte sein, dass des Papstes *Kurienschelte* in seiner Weihnachtsansprache 2014 wenigstens zu einem erheblichen Teil auch auf ihn selbst zu beziehen ist. Die Medien haben zwar von einem „Päpstlichen Donnerwetter" gesprochen, das er über der Römischen Kurie entlud, von einem „Rundumschlag" gegen sie, aber wenn man den Text seiner Weihnachtsansprache genauer liest, bezieht er bei den „15 Krankheiten der Kurie", bei deren Aufzählung und Charakteristik, fast immer auch seine eigene Person mit ein. „Die Kurie", so der Papst, „ist *wie jeder* menschliche Körper Krankheiten, Missständen und Gebrechen ausgesetzt".

Insofern meint er auch sich selbst, wenn er von der „Krankheit der Rivalität und Eitelkeit" spricht, vom „Terrorismus des Geschwätzes" und der „Prahlerei"; vom Hochmut, „sich unsterblich zu fühlen"; von der „Krankheit der feigen Menschen"; vom „spirituellen Alzheimer" usw. Gerade spirituelles Alzheimer müsste man dem Papst selbst vorwerfen, denn bei aller Beweglichkeit im Hinblick auf seine vielen Besuche ferner Länder und seine Sucht, immer wieder Prominente aus der Künstler- und Theaterszene, aus Politik, Wirtschaft, Finanzwelt und Gesellschaft in Audienzen zu empfangen, ist er doch in seiner Theologie ein stehen und stecken Gebliebener, ein Erstarrter (s. Teil II dieses Buches).

Und wenn er noch die „partielle Schizophrenie" der Kurie anspricht, dann ist er doch auch selbst in der schizophrenen Situation aller katholischen Priester, in ihrer zwiespältigen Doppelrolle, einerseits als Repräsentanten, Prediger, Darsteller und Vollzieher der den Gläubigen die Schuldgefühle einimpfenden und die Sünde bestrafenden und verfolgenden Amtskirche, andererseits als der Verstrickung in die Sündhaftigkeit selber Unterliegende und damit als durch ihr eigenes internalisiertes Schuldbewusstsein der Kirche Hörige und durch sie Erpressbare. Hinzu kommt, dass der Priester den Gläubigen Mythen, Legenden, Märchen über den Ursprung von Christentum und Kirche erzählen muss, die er selbst nicht glauben kann, zumindest nicht, wenn er sein Theologiestudium an einer weltlichen Universität absolviert hat und nicht in einem hinterwäldlerischen Seminar von Opus Dei, der »Legionäre Christi« oder einer anderen „charismatischen" innerkirchlichen Sekte. Auch das Zweiklassensystem in der Kirche (ein Elitewissen nur für die Theologen – eine triviale Glaubenslehre für die Laien) ist also in Wirklichkeit eine *strukturelle Schizophrenie,* und damit nicht nur eine Krankheit der Kurie, sondern der gesamten katholischen Priesterschaft!

Selbstverständlich würde der dogmatisch-fundamentalistisch festgefahrene Papst diese Charakteristik des Priesters nicht unterschreiben. Ihm zufolge ist die Predigt des Priesters, wenn er sich dabei an die Lehre der Kirche hält, *pure Wahrheit,* und die soll er als überzeugter »Prophet« auch so laut wie möglich in die Welt hinausschreien. Ein Priester, ein Ordensmann, eine Ordensfrau, sagt der Papst in seinem dem Jesuiten Antonio Spadaro gegebenen Interview, „darf nie auf Prophetie verzichten": Das bedeute allerdings nicht, fügt er gleich hinzu, dass der Priester als Prophet „sich gegen die hierarchische Seite der Kirche stellt". Aber wenn diese Bedingung der Systemkonformität vom Priester erfüllt ist, bedeutet „Prophet zu sein, manchmal laut zu sein... Die Prophetie macht Lärm, Krach – manche meinen ‚Zirkus'". Na, den kann der jetzige Papst tatsächlich am lautesten und spektakulärsten, ein echtes Vorbild für seine Priester-Propheten!

m) Ein weiterer lockerer Spruch aus dem unerschöpflich scheinenden Rede-Repertoire des Papstes lautet: *„Der wie ein Spray in der Luft liegende Pantheismus ist nichts"*[314]; „nichts, was Bestand hat", fügt er noch hinzu.

Dieser Mann, der in seltenen Augenblicken, aber immerhin, eine bewusstseinserweiternde Inspiration oder Intuition erlebt zu haben scheint, die ihn den revolutionären Satz ausrufen lässt, dass Gott gar nicht katholisch ist, dieser selbige Mann ist hier in seinem Urteil über den Pantheismus wieder ganz engstirnig-fundamentalistisch. Auch bei anderen Gelegenheiten lästert er immer wieder mal über den „Dio-Spray", also den Gottesspray aller *New-Age-Vorstellungen* „von einem unpersönlichen ‚spirituellen Bad im Kosmos', einem Gott, ‚der ein bisschen überall ist, ohne dass man weiß, was er ist'".[315]

Der Pantheist, so der Papst, könne leicht bei einem „Konsumverhalten oder bestenfalls einer ‚immanenten Transzendenz' landen". Der Pantheismus führe nicht zu einer „wirklichen Religiosität". Der Gott des Pantheismus sei ein „diffuses Sein", das sich schließlich in einem „Götzenbild" verkörpere,

und so kämen die Pantheisten dann dazu, „einen Baum anzubeten oder Gott in einem Baum zu sehen".[316]
Zahlreiche Passagen im vorliegenden Buch bezeugen, dass Papst Franziskus über keine besonders hohe theoretische Intelligenz verfügt. Genau diese Mediokrität zeigt er hier bei seiner Beurteilung des Pantheismus besonders deutlich. Von den großen Pantheisten und ihren großartigen philosophischen Systemen vom antiken Heraklit über Plotin, Johannes Scotus Eriugena, Giordano Bruno, Baruch Spinoza, Fichte, Schelling, Hegel (den Panentheisten) bis hin zu Albert Einstein, um hier nur einige wenige zu nennen, hat der oberste aktuelle Lehrer der katholischen Christenheit offenbar noch nie etwas gehört, sonst könnte er nicht so verächtlich über den Pantheismus herziehen, auch wenn die vielen modernen und postmodernistischen Varianten des Pantheismus, zusammengefasst im Sammelbegriff »Neue Religionen oder Religiositäten«, Größe und Würde des philosophischen Pantheismus selbstverständlich nur fragmentarisch oder sogar nur verzerrt wiedergeben können. Aber Papst Franziskus erlaubt sich hier ja ein Urteil über den gesamten Pantheismus, nicht nur über ein paar New-Age-Deviationen desselben! Klar, die Herren der Kirche haben dem Dominikanermönch Giordano Bruno bis heute nicht verziehen, dass er ihr langweilig-düsteres Weltbild durch ein Multiversum von leuchtendster Schönheit und kraftvollster Lebendigkeit ersetzte. Deshalb „*mussten*" sie ihn doch im Jahre 1600 des Herrn auf dem Scheiterhaufen verbrennen! Von ihm jedenfalls muss der Papst im Fach Kirchengeschichte doch etwas gehört haben. Da die Kirche Bruno aber permanent schlechtgemacht hat, und der Papst andere Pantheisten nicht zu kennen scheint, könnte das mit ein Grund sein, warum er über den *gesamten* Pantheismus ein so oberflächliches und igno-

rantes Urteil fällt. Die Unfehlbarkeit auch zahlreicher anderer Päpste bestand ohnehin oft nur darin, auf der Basis ihres Halb- oder Viertel-Wissens neue weltanschauliche Strömungen, von denen sie keine echte Ahnung hatten, in Bausch und Bogen zu verdammen. (s. den »Syllabus« und den Index von der Kirche verbotener Bücher!)

Wie wenig kennt dieser Herr Bergogolio alias Papst Franziskus auch seine eigene Kirchenreligion! Denn die hat doch das Dogma vom Heiligen Geist, und von diesem Heiligen Geist heißt es in ständiger Lehre, Predigt und Kirchenliedern, dass seine Kraft, seine geistige Energie überall ist, alle Dinge, alles Seiende belebt, durchdringt, durchatmet. Der Heilige Geist ist »Geist in Welt« (der Theologe Karl Rahner). Wo ist da der Unterschied zum Pantheismus, den der Papst so schlecht macht, indem er von ihm sagt, dass sein Gott „ein bisschen überall ist, ohne dass man weiß, was er ist"? Weiß denn der Unfehlbare, heute auf dem Papstthron Residierende, was sein Gott, sein Heiliger Geist ist? Hat Bergoglio denn nicht von der »negativen Theologie« gehört, wonach wir von Gott nicht wissen können, was er ist, sondern nur, was er *nicht* ist? Diese Theologie vertraten alle großen Kirchenväter und Theologen mit Thomas von Aquin, dem »Doctor angelicus«, dem „engelhaften", von der Amtskirche den Theologen ständig zur Nachahmung empfohlenen Gottesgelehrten an der Spitze. Franziskus I. scheint davon noch nichts gehört zu haben, stattdessen lästert er in seiner theologischen Unwissenheit über einen Pantheismus, der von der Heilig-Geist-Lehre der Kirche gar nicht so weit entfernt ist, und der, wenn er „diffus" ist, wie der Papst spottet, jedenfalls nicht diffuser erscheint als die zahlreiche Widersprüche enthaltende kirchliche Lehre von Gott und Heiligem Geist.

Die »kosmische Religiosität und Spiritualität« ist dem Papst auch ein Dorn im Auge. Klar doch, dass er gegen sie ist. Wenn heute ein Gebildeter, ein Intellektueller, ein Wissenschaftler überhaupt noch eine Antenne für Religiosität hat, dann dürfte dies überwiegend die kosmische, die kosmisch-pantheistische sein. Ein solcher betrachtet dann das Universum, durchwandert die Natur, geht aber bestimmt nicht in einen katholischen Gottesdienst. Das tut unserem glühenden Kirchenapologeten Franziskus natürlich weh, also höhnt er, die kosmische Religiosität sei die „Vorstellung von einem unpersönlichen spirituellen Bad im Kosmos".

Hat er denn eine Ahnung, was kosmische Religiosität überhaupt ist, worin sie besteht? Sie besteht „im verzückten Staunen über die Harmonie der Naturgesetzlichkeit, in der sich eine so überlegene Vernunft offenbart, dass alles Sinnvolle menschlichen Denkens und Anordnens dagegen ein gänzlich nichtiger Abglanz ist".[317]

Es dürfte dem Papst auch unbekannt sein, dass der eben zitierte Ausspruch von dem Pantheisten und Spinozisten Albert Einstein, dem vielleicht größten Genie der Theoretischen Physik des 20. Jahrhunderts, stammt. Der Papst hat zwar in seinen zehn Glücksregeln als siebente den Rat parat, die Natur zu respektieren, aber offensichtlich hat er keine Kenntnis, geschweige denn Respekt von bzw. vor denen, die uns ein unsagbar tieferes und reicheres Bild dieser Natur vermittelt haben. Einstein könnte den Papst nachträglich noch zusätzlich belehren, wenn er über die kosmische Religiosität weiter ausführt: „Die religiös schöpferischen Naturen aller Zeiten waren von diesem Gefühl des Staunens ebenso erfüllt gewesen, wie die großen Naturforscher. Männer wie Demokrit, Franziskus von Assisi und Spinoza stehen einander nahe", weil sie von dieser kosmisch-mystischen Spiritualität durchdrungen waren.[318]

Hier noch vier weitere Aussagen des Pantheisten Einstein, die den Papst vollends davon abbringen sollten, einen solchen oberflächlichen Stuss über den Pantheismus zu verbreiten, wie z. B. den, dass er „nicht eine wirkliche Religiosität" und „Götzendienst" sei. „Meine Religion", so Einstein, „besteht in demütiger Anbetung eines *unendlichen geistigen Wesens höherer Natur*, das sich selbst in den kleinen Einzelheiten kundgibt, die wir mit unseren schwachen und unzulänglichen Sinnen wahrzunehmen vermögen. Diese tiefe gefühlsmäßige Überzeugung von der *Existenz einer höheren Denkkraft, die sich im unerforschlichen Weltall manifestiert*, bildet den Inhalt meiner Gottesvorstellung."[319]

„Jene mit tiefem Gefühl verbundene Überzeugung von einer *überlegenen Vernunft*, die sich in der erfahrbaren Welt offenbart, bildet meinen Gottesbegriff. Man kann ihn also in der üblichen Ausdrucksweise als pantheistisch bezeichnen … Nichts kann schöner sein als das Wunderbare. Wer da ohne Empfindung bleibt, wer sich nicht versenken kann und das tiefe Erzittern der verzauberten Seele kennt, der könnte ebensogut tot sein; er hat schon geschlossene Augen zu Lebzeiten".[320]

„Meine Religiosität besteht in einer demütigen Bewunderung des *unendlich überlegenen Geistes*, der sich in dem Wenigen offenbart, was wir mit unserer schwachen und hinfälligen Vernunft von der Wirklichkeit zu erkennen vermögen."[321]

„Das Erlebnis des Geheimnisvollen … hat die Religion gezeugt. Das Wissen um die Existenz des für uns *Undurchdringlichen, der Manifestation tiefster Vernunft und leuchtendster Schönheit*, die unserer Vernunft nur in ihren primitivsten Formen zugänglich sind, dies Wissen und Fühlen macht wahre Religiosität aus; in diesem Sinn und nur in diesem gehöre ich zu den tief religiösen Menschen ... Mir genügt das Mysterium der Ewigkeit des Lebens und das Bewusstsein und die Ahnung von dem wunderbaren Bau des Seienden, sowie das ergebene Streben nach dem Begreifen eines noch so winzigen Teiles der in der Natur sich manifestierenden Vernunft".[322]

Es liegt auch der Verdacht nahe, dass der Papst den Pantheismus so verteufelt (ja verteufelt! Denn er wiederholt doch oft: „Wer nicht zu Gott betet, betet zum Teufel"[323]), weil der Pantheismus die Klerikerkaste überflüssig macht. Die Priester gerieren sich überall als die Vermittler zwischen Himmel und Erde, zwischen Gott und Mensch. Aber wenn Menschen, von echter Religiosität ergriffen, den direkten Zugang zur Natur, zum Universum, zur Welt der Tiere und Pflanzen und zu dem ihnen innewohnenden Seinsprinzip oder Seinsgrund suchen, dann brauchen sie keinen Mittler, keinen „Geistlichen" der vermeintlich geistiger und gebildeter ist als sie selbst und nur als solcher ihnen den Weg zum Höheren weisen kann. Im Pantheismus ist jeder göttlich, trägt jeder den göttlichen Funken in sich, freilich mannigfach verborgen unter den Schichten seiner Milieubedingtheit und seines Egoismus. Aber davon muss er sich in der Kraft dieses Göttlichen, das in ihm wohnt, selbst befreien. Es bedarf eines Zwei-Klassen-Systems von Pfaffen und Laien nicht mehr!

Natürlich hat diese *Heiligung von allem*, die dem Pantheismus eigen ist, für den Papst und seine Klerikerkaste etwas Anstößiges an sich. Er spricht lieber einen Papst wie Johannes XXIII., den Wojtyla-Papst oder auch in Kürze den Montini-Papst, Paul VI., heilig, mögen deren Fehler und moralischen Mängel den Eingeweihten noch so bekannt sein, irgendeine Nonne oder fromme Seele wird sich schon finden, die

„glaubwürdig" bezeugt, dass ihr schweres Leiden nur durch diesen oder jenen „Heiligen" geheilt worden sei.

Selbst der Reliquienkult, die Verehrung von ein paar Knochen, die einem Heiligen aus entfernter Vorzeit zugerechnet werden, liegt der Kirche und auch dem heutigen Papst mit seiner intensiven Sympathie für die Volksfrömmigkeit mehr am Herzen als der direkte Zugang der Gläubigen zur Natur. Das ist mit ein Grund, warum die Ökologie eine derart lange Zeit so stiefmütterlich in der Kirche behandelt wurde (s. auch das Kapitel über des Papstes Anthropozentrik in Teil II dieses Buches).

Aber nun endlich, am 18. Juni 2015 bringt Papst Franziskus, der in seiner Gier nach Popularität alle und alles vereinnahmen möchte, somit auch den Natur-, Tier- und Pflanzenschutz letztlich doch nicht ausklammern kann, eine Enzyklika zur ökologischen Problematik heraus. Sie beginnt mit den Worten „Laudato si" (Gelobt seist Du), einer Referenz an Franz von Assisis berühmten Sonnengesang unter demselben Titel.

In gewisser Weise Verrat übt der Papst auch an Franz von Assisi, dem Mönch, der Sonne und Mond, Tiere und Pflanzen so geliebt hat und dessen Namen Kardinal Bergoglio jetzt als Papst angenommen hat. Denn der Mann aus Assisi hat tatsächlich auch Bäume umarmt, Gott auch in Bäumen gesehen – alles Dinge und Handlungen, die Papst Franziskus als Götzen- und Teufelsdienst heruntermacht. Aber dieser Papst hat dem Franz von Assisi auch in anderen Hinsichten die Gefolgschaft verweigert, sich seinen Namen zu Unrecht angeeignet. Denn Franz von Assisi predigte die totale Armut, der Reichtum der Kirche korrumpiere sie. Der Papst aber wird keinen Cent aus dem Besitzstand der Kirche herausrücken, mag er

auch privat, wie er es bisweilen tut, alles Geld, das er in seinen Taschen trägt, herausschütteln, nicht ohne dass die Öffentlichkeit davon „rein zufällig" erfährt.
Bekanntlich hat Franz von Assisi von Zeit zu Zeit sogar *nackt* gepredigt, um zu veranschaulichen, dass der wahre Jünger Jesu auf alles verzichtet. Papst Franziskus geht nicht nur nicht so weit, er lobt sogar die teuren Be- und Verkleidungen seiner Kleriker. „Die Messgewänder der Priester" sind ihm zufolge, „nicht einfach Verzierung und Freude" am Schönen, sondern vielmehr Ausdruck „der Herrlichkeit unseres Gottes".[324] Also dann: strikte Beibehaltung der Faschings- und Karnevalskostüme der Päpste, Kardinäle, Bischöfe, Monsignores, Pfarrer und Kapläne! Die Masse liebt das – und die Intelligenteren gehen in der Regel sowieso nicht mehr oder nur aus Opportunitätsgründen in die Kirche.
Der Papst beanstandet am Pantheismus auch noch, dass dieser höchstens bei einer „immanenten Transzendenz" landen könne. Hier braucht der „Unfehlbare" schon wieder Nachhilfeunterricht, diesmal in *Erkenntnistheorie*. Oder hat jemals einer in der ganzen Geistesgeschichte der Menschheit Transzendenz ohne Immanenz erreicht, ohne die Immanenz seines Leibes, seines Gehirns, seiner Psyche, seiner Vernunft und Willenskraft, von wo aus er dann aufsteigen, Grenzen überschreiten, »transzendieren« kann, ohne je, so lange er lebt, aus dem Gehäuse seiner Immanenz ganz ausbrechen zu können?
Pantheisten, wie es in Wirklichkeit Ludwig Feuerbach und Ernst Bloch waren (auch wenn manche ihrer Anhänger sie als solche nicht sehen wollen), haben begründet, warum es nur den Weg der »immanenten Transzendenz« geben kann, z. B. den Weg der Entdeckung der Transzendenz in den ethi-

schen Werten. In allen hohen ethischen Werten, der Liebe, der Wahrhaftigkeit, der Güte, der Gerechtigkeit, des echten Mitgefühls und Mitleidens usw. steckt ein Moment der Grenzüberschreitung, der grenzenlosen Bezogenheit auf alles Seiende, etwas Absolutes, eben eine dynamische Transzendenz im Unterschied zu einer substantiellen, wie es die Annahme eines persönlichen Gottes wäre. Auch die dynamische Transzendenz des Bewusstseins hat Feuerbach vertreten: Nicht zum unendlichen Bewusstsein eines Gottes bekannte er sich, sondern zur Unendlichkeit des menschlichen Bewusstseins. Dieses ist zwar in jedem faktischen Moment begrenzt, aber eben potentiell grenzenlos, weil es als dynamische Transzendenz sein Wissen und Wesen durch immer weitere und neue Erkenntnisse, Erfahrungen, Erlebnisse und Handlungen bereichert. Es gibt tatsächlich nur diese Art von Transzendenz. Eine Transzendenz ohne Immanenz, lieber Papst, kann nur rhetorisch, homiletisch, dogmatisch oder abergläubisch-spinös behauptet werden, in der Realität kommt sie nicht vor![325]

Aber hier in seiner Rede über den Pantheismus zeigt sich auch wieder das Janusgesicht dieses Papstes, dem wir im vorliegenden Buch auf Schritt und Tritt begegnet sind. Einerseits proklamiert er großspurig als Regel 9 in seinen »Glücksgeboten«: „Respektieren Sie andere Religionen!" Andererseits zieht er spöttisch-verächtlich über die kosmische Spiritualität als Herzstück eines religiösen Pantheismus her, zeigt er keinerlei Achtung vor den großen Menschen und Denkern, die ihn vertreten haben. Diese Missachtung von Menschen bricht trotz aller zur Schau getragenen äußeren Liebenswürdigkeit dieses Papstes immer wieder mal bei ihm durch, so wenn er in dem schon erwähnten Gespräch mit dem Jesuiten Spadaro zugibt, dass ihm bei manchen Priestern, Ordensfrauen oder Ordensmännern, die nicht ganz seinem Ideal vom Dienst an der Kirche zu entsprechen scheinen, sofort „in den Sinn kommt: ‚eingefleischter Junggeselle!' oder ‚alte Jungfer!'"[326] Dass diese Diener und Dienerinnen der Kirche unter der Ideologie des Zölibatsgesetzes und der klösterlichen Keuschheit zu dem wurden, was der Papst so verächtlich charakterisiert, bedenkt dieser nicht, er wird diesen ideologischen Zwang auch nicht abschaffen.

Die Verurteilung des Pantheismus durch Papst Franziskus, deren Zeugen wir gerade geworden sind, eignet sich m. E. vortrefflich als Schlussakkord des vorliegenden Buches. Denn sie erweist sich im Rahmen der vom Papst so zahlreich getätigten Sprüche als ein letzter negativer Höhepunkt derselben, als ein Schuss, der fatal nach hinten losgeht und seinen Urheber selbst trifft, ihn bei den wahrhaft Religiösen und Humanen dieser Welt entscheidend diskreditiert.

ANMERKUNGEN

1 Papst Franziskus, *Mein Leben Mein Weg, El Jesuita*. Die Gespräche mit Jorge Mario Bergoglio von Sergio Rubin und Francesca Ambrogetti, Freiburg i. Br. 2013,29 (im Folgenden wird dieses Buch zitiert: Franziskus, *Mein Leben* (Der Titel der argentinischen Erstausgabe lautete: *El Jesuita*. Conversaciones con el cardinal Jorge Bergoglio, S.J. Sergio Rubin – Francesca Ambrogetti, 2010).

2 Ebd. 35.

3 Zit. Nach Stefan v. Kempis (Redakteur bei *Radio Vatikan*), *Papst Franziskus*, Freiburg i.Br., 2. Aufl. 2013, 80, ebenfalls, aber etwas abweichend zitiert in Franziskus, *Mein Leben* 36.

4 Kempis, a. a. O. 78.

5 Franziskus, *Mein Leben* 30.

6 Kempis, a. a. O. 80.

7 Ebd.

8 Franziskus, *Mein Leben* 106

9 Ebd. 106 f.

10 Der Autor dieses Buches war bei diesem Auftritt von Kardinal König anwesend, da er danach noch einen Vortrag für die Unternehmer halten sollte.

11 Kempis, a. a. O. 84.

12 Mehr dazu bei H. Mynarek, *Casanovas in Schwarz*, Essen, 2. Aufl. 2001, 164–176 (Verlag die Blaue Eule).

13   Franziskus, *Mein Leben* 95 f.

14   Selbstverständlich müssen dazu noch ein paar andere Bedingungen erfüllt sein: entsprechendes Alter, männliches Geschlecht, Abitur, nachweislich gute Lebensführung, Zölibatsversprechen etc. Vgl. das Kap. „Realitäten und Zwänge eines Priesterseminars" in H. Mynarek, *Herren und Knechte der Kirche*, Freiburg, 3. Auflage 2010, 23–74 (Ahriman Verlag).

15   Franziskus, *Mein Leben* 49 f.

16   Kempis, a. a. O. 84 f.

17   Franziskus, *Mein Leben* 43.

18   Ebd.

19   Ebd. 44.

20   Ebd. 53 f.

21   Ebd. 54 f.

22   Ebd. 51.

23   Kempis, a. a. O. 85.

24   Aufsatz *Radikaler Papst am Rad der Veränderung*, in: *Christ in der Gegenwart*, Nr. 10/2014, 112.

25   Novalis (Friedrich von Hardenberg, 1772–1801), zit. nach R. Fülöp-Miller, *Macht und Geheimnis der Jesuiten*, Berlin 1929, 5.

26   R. Fülöp-Miller, a. a. O. 584.

27   Ebd. 581.

28   Ebd. 579 f.

29   Ebd. 580.

30   Dieser Fall ist noch umfassender und fundierter geschildert in meinem Buch „Casanovas in Schwarz" 72–88. Auch der damalige Ordinarius für Religionsphilosophie an der Universität München, Prof. Fritz Leist, hat auf Grund von intensiven Gesprächen mit der Betreffenden die Authentizität der hier geschilderten Affäre bestätigt.

31   Siehe *Stern*, Nr. 6/1975, 126–128; *Süddeutsche Zeitung* vom 20.02.1975; *Frankfurter Rundschau* vom 23.01.1975; die *Bildzeitung* vom 24.01.1975. Mehr dazu und zu ähnlichen Fällen in meinem Buch „*Eros und Klerus*", 5. Auflage, Essen 1999 (Verlag Die Blaue Eule), 72–97.

32 Dazu: H. Mynarek, *Papst-Entzauberung*, Norderstedt 2007.
33 Umfassend und mit allen Zitatnachweisen zum Fall Rahner/Rinser: *Kirche In* 06/2011, 30f. und „Der Theologe Karl Rahner zwischen der Liebe zur Mutter Kirche und der zu einer Frau", in: H. Mynarek, *Warum auch Hans Küng die Kirche nicht retten kann*, Marburg 2012 (Tectum Verlag), 213–215. Zum angespannten Verhältnis zwischen Küng und Rahner: ebd. 219–226.
34 Ignatius von Loyola, *Geistliche Übungen* (im spanischen Originaltext zum ersten Mal 1615 in Rom gedruckt). Im Anhang der *„Geistlichen Übungen"* stehen die ebenfalls von Ignatius geschriebenen „Regeln zu Erlangung der wahren kirchlichen Gesinnung". Davon ist die dreizehnte die soeben im Haupttext meines Buches zitierte.
35 A. Tondi, *Die Jesuiten*, Berlin 1961 (Aufbau-Verlag), 129, 154.
36 H. Küng, *Ist die Kirche noch zu retten?*, München 2011 (Piper), 261.
37 Dazu mehr bei H. Mynarek, *Warum auch Hans Küng die Kirche nicht retten kann?*, a. a. O. 71–113.
38 Der Brief ist wiedergegeben in meinem Buch *Herren und Knechte der Kirche*, a. a. O., 367f.
39 Ebd.; vgl. H. Küng, Warum ich in der Kirche bleibe?, in W. Dirks/E. Stammler (Hg.), *Warum bleibe ich in der Kirche?*, 3. Aufl. München 1971, 119f.
40 Küng, a. a. O.
41 Frei wiedergegeben nach dem Buch Franziskus, *Mein Leben*, 214f.
42 Ebd. 76.
43 Ebd. 76–79.
44 J. M. Bergoglio/Papst Franziskus, *Offener Geist und gläubiges Herz*, Freiburg 2013 (Herder), 210–212 (im Folgenden zitiert: Franziskus, *Offener Geist*).
45 Ignatius von Loyola, *Die Exerzitien* (übersetzt von H. U. von Balthasar), 14. Auflage, Einsiedeln 2010 (Johannes Verlag), 8,10 (= 4. und 12. Bemerkung Loyolas).
46 Ebd. 25–28 (= 45., 50., 51., 52. Bemerkung Loyolas).
47 Ebd. 28–30 (= 55., 56., 57., 58., 63. Bemerkung Loyolas).
48 Ebd. 21 (= 36., 37. Bemerkung Loyolas).
49 Franziskus, *Offener Geist*, 82–85.

50 „Die Exerzitien" 64f (= 65.–70. Bemerkung Loyolas).
51 Ebd. 33f. (= 74.–81. B. L.).
52 Ebd. 34f. (= 81.–86. B. L.).
53 Ebd. 108 (= 348. B. L.).
54 Ebd. 32f. (=72., 75. B. L.).
55 So der Herder Verlag in der deutschen Ausgabe dieses Buches über dessen Bedeutung auf dem Schutzumschlag.
56 Siehe aber eine zu dieser Parallelität bereits von mir zitierte aufschlussreiche Aussage von Bergoglio/Franziskus in dem Absatz, der im Hauptteil mit der Anmerkungsziffer 49 versehen ist.
57 A. Englisch, *Franziskus Zeichen der Hoffnung*, 11. Aufl. München 2014, 14f.
58 „Die Exerzitien" 110–113 (= 353.–370. B. L.).
59 Siehe dazu: H. Mynarek, *Luther ohne Mythos*, 3. Aufl. Freiburg 2013 (Ahriman Verlag).
60 Franziskus, *Offener Geist* 94f. und Anmerkung 23 daselbst.
61 Tondi, a. a. O. 170–175.
62 Ebd. 196.
63 Ebd. 197.
64 Ebd. 205f.
65 Ebd. 207.
66 Ebd. 202.
67 Ebd. 379.
68 Zit. nach Kempis, a. a. O. 89.
69 Zit. nach Englisch, a. a. O. 218.
70 Ebd.
71 Kempis, a. a. O. 99.
72 Behauptung eines Jesuiten bei Englisch, a. a. O. 218.
73 Ebd. 216f.
74 Ebd. 219.
75 Ebd. 232f.
76 Ebd. 232.
77 Ebd. 227.

78 Vgl. H. Mynarek, *Der polnische Papst*. Bilanz eines Pontifikats, Freiburg 2005 (Ahriman Verlag).

79 Vgl. H. Mynarek, *Papst-Entzauberung*. Das wahre Gesicht des Joseph Ratzinger, Norderstedt 2007 (BoD Verlag).

80 Zit. bei Englisch, a. a. O. 218f.

81 Vgl. H. Mynarek, *Erster Diener Seiner Heiligkeit*. Ein kritisches Portrait des Kölner Erzbischofs Joachim Meisner, Köln 1993 (Verlag Kiepenheuer&Witsch).

82 Dazu mehr bei Mynarek, *Papst-Entzauberung*,6. Kap.: „Der Papst, seine Bayern-Wallfahrt und unser Geld" 211–261.

83 C. Torres, *Revolution als Aufgabe des Christen*, 1969, 26f., zit. nach H. Missalla, *Theologie der Revolution und Autorität*, in: H. J. Türk (Hrsg.), *Autorität*, Mainz 1973 (Matthias-Grünewald-Verlag).

84 E. Bloch, *Naturrecht und menschliche Würde*, 2. Auflage, Frankfurt a. M. 1991 (Suhrkamp TB), 48; zu Blochs Gedanken über Christentum und Revolution siehe H. Mynarek, *Das Gericht der Philosophen*. Ernst Bloch – Erich Fromm – Karl Jaspers über Gott – Religion – Christentum – Kirche, Essen 1997 (Verlag Die Blaue Eule), 14–72.

85 Zit. nach Franziskus, *Mein Leben*, a. a. O. 220.

86 Zit. nach Englisch, a. a. O. 277.

87 Ebd.

88 Ebd. 13f.

89 Papst Franziskus, *Die Freude des Evangeliums* (Apostolisches Schreiben *Evangelii gaudium*), Freiburg 2013 (Herder Verlag), 20.

90 Franziskus, *Offener Geist* 138.

91 Ebd.

92 Ebd. 139.

93 Ebd.

94 Ebd.

95 Wie es bei der Ausbildung von Theologen in Priesterseminaren und an theologischen Fakultäten zugeht, darauf wirft einiges Licht mein Buch *Herren und Knechte der Kirche*, 2. Auflage Freiburg 2014 (Ahriman Verlag). Da dieses Buch in allererster Auflage im Verlag Kiepenheuer&Witsch, Köln, erschien, dann fast 30 Jahre lang wegen gegen es angezettelter Gerichtsprozesse nicht

erscheinen konnte, kam es erst wieder 2002 im Historia Verlag in zweiter Auflage heraus. Die zweite Auflage im Ahriman Verlag ist also im Grunde die vierte.

96 Franziskus, *Offener Geist* 139.
97 Zit. nach Kempis, a. a. O. 104.
98 Ebd. 98.
99 Ebd. 97.
100 Ebd.
101 Ebd. 85.
102 Ebd. 88f.
103 Franziskus, *Offener Geist* 258–261.
104 Ausführlich zu den Grausamkeiten von Luthers Gottesbild: H. Mynarek, *Luther ohne Mythos*, Kap.: Luther und Gott, S. 96–106; vgl. auch 82ff.
105 Franziskus, *Offener Geist* 273.
106 Ebd. 201.
107 Ebd. 201f., 207, 209f.
108 Ebd. 203–205.
109 Vgl. z. B. M. Mynarek, *Das Tier – Dein unterschätzter Freund*, Essen 2006 (Verlag Die Blaue Eule).
110 Franziskus, *Offener Geist* 263.
111 Ebd. 100f.
112 Ebd. 82–84.
113 Johannes Paul II., *Die Schwelle der Hoffnung überschreiten*, Hamburg 1994 (Verlag Hoffmann&Campe), 110f. (vgl. 102, 112f.).
114 Franziskus, *Offener Geist* 94.
115 Ebd. 82.
116 J. M. Bergoglio SJ/Papst Franziskus, *Erziehen mit Anspruch und Leidenschaft. Die Herausforderungen christlicher Pädagogik*, Freiburg 2014 (Herder Verlag), 121, 124, 129, 131, 134f., 139f., 142 (zit. im Folgenden: Franziskus, Erziehen mit Anspruch). Die Originalausgabe erschien unter dem Titel „Educar: Exigencia Y Pasión" in Madrid 2013.
117 P. Sloterdijk, *Die schrecklichen Kinder der Neuzeit*, Berlin 2014 (Suhrkamp), 278f.

118 Zum Ganzen des Charakters Jesu siehe H. Mynarek, *Jesus und die Frauen*, Essen, 3. Aufl. 2008.

119 Ausführlicher dazu: H. Mynarek, *Denkverbot*. Fundamentalismus in Christentum und Islam, Bad Nauheim 2006 (ASKU-Press).

120 H. – W. Kubitza, *Verführte Jugend*, Marburg 2012 (Tectum Verlag), 150.

121 SPIEGEL-Interview mit EKD-Ratsvorsitzendem N. Schneider 43/2014, 36–38.

122 Ebd. 36.

123 S. Freud, *Zwei künstliche Massen. Kirche und Heer*, in: Freud, Massenpsychologie und Ich-Analyse, Frankfurt a. M. 1967, 33f. (Fischer TB 851).

124 Franziskus, *Offener Geist* 49f.

125 Papst Franziskus, *Die Freude des Evangeliums* 302–309 (Nr. 284–288).

126 Ebd.

127 Ebd.

128 Ebd. 308f (Nr. 288).

129 In seinem Buch „*Die schrecklichen Kinder der Neuzeit*" (Berlin 2014) hält Peter Sloterdijk die Problematik um Maria und ihren unehelichen Sohn, den, so Sloterdijk, „Bastard Gottes", sogar für das Hauptthema aller Apologien, aller Versuche der Verteidigung und Rechtfertigung der Wahrheit des Christentums und seines Existenzrechts: „… Man darf behaupten, das frühe Christentum insgesamt, vom jesuanischen Zentrum bis an die philosophisch-dogmatische Peripherie, stelle eine einzige Arbeit am Ärgernis der genealogischen Anomalie dar, welche der Schlüsselgestalt anhaftete – beginnend mit der Umwandlung von realer Vaterlosigkeit in ein von imaginärer Vaternähe stimuliertes Sendungsbewusstsein und kulminierend in den logischen und ontologischen Kühnheiten der Trinitätstheologie von den kappadozischen Vätern über Augustinus und Thomas bis zu Hegel und Barth. Durch sie wurde die Idee der fugenlosen Abstammung aus Gott zu einem rätselhaften Dreipersonen-Haushalt sublimiert" (S. 280).

130 P. de Rosa, *Der Jesus-Mythos*, München 1991, 380.

131 Johannes Paul II., *Katechismus der katholischen Kirche*, München 1993 (R. Oldenbourg Verlag, Nr. 2415, 2417, 2418, 2457; die lat., als Urtext geltende Ausgabe erschien in der: Liberia Editrice Vaticana, Città del Vaticano im selben Jahr).

132 Zu den Eigenwerten und -rechten der nichtmenschlichen Natur ausführlich: H. Mynarek, *Ökologische Religion. Ein neues Verständnis der Natur*, Goldmann TB, München, 2. Aufl. 1990, passim, besonders 175ff; vgl. auch das Kap. *Ökologische oder technokratische Vernunft – die alles entscheidende Alternative*, in: H. Mynarek, *Mystik und Vernunft*, Münster 2001, LIT Verlag, 161ff.

133 *Katechismus der Katholischen Kirche* 618 (Nr. 2456, 2457).

134 Papst Franziskus, *Erziehen mit Anspruch* 20.

135 Aurelius Augustinus, *Bekenntnisse* (Übersetzg. W. Thieme), Zürich 1950, X.8.15.

136 Zit. nach I. Bossenz, *Winterreise an die Grenzen des Wachstums*, in: K. Baumann/N. Ulrich (Hrsg.), *Streiter im weltanschaulichen Minenfeld*, Essen 2009 (Verlag Die Blaue Eule), 223.

137 Franziskus, *Erziehen mit Anspruch* 68–71.

138 Franziskus, *Die Freude des Evangeliums* 245f (Nr. 215).

139 Franziskus, *Erziehen mit Anspruch* 20,52f., 59.

140 Ebd. 43.

141 Ebd. 35.

142 Zit. nach Bossenz, a. a. O. 225.

143 Zit. ebd. Ingolf Bossenz, neomarxistischer Denker, Publizist und Buchautor, macht mit seinen diversen, stets höchst informativen und wissenschaftlich fundierten Aufsätzen in *Neues Deutschland* immer wieder auf die auch durch unser brutales Verhalten zu den Tieren mitverursachte globale Kulturkrise aufmerksam.

144 A. Schweitzer, *Kultur und Ethik*, München 1923, 225f., 239f.; der in diesem Absatz verwendete Begriff der »kosmovitalen Einfühlung« stammt von Max Scheber (Wesen und Formen der Sympathie, 2. Auflage 1923, 113).

145 Zit. nach C. Seelig, *Albert Einstein. Leben und Werk eines Genies unserer Zeit*, Zürich 1960, 310; A. Einstein, *Mein Weltbild*, hrsg. von C. Seelig, Zürich 1953, 117f.

146 Das Paradoxe hierbei: Der hl. Hubertus gilt der Legende nach gerade als der Jäger, der in Folge eines Bekehrungserlebnisses die Jagd für immer aufgegeben hat. Hubertus als „Schutzpatron" der die unschuldigen Tiere abknallenden Jäger ist eine Verhöhnung dieses Heiligen, an der die Kirche die Hauptschuld trägt!

147 A. Einstein, *Über den Frieden*. Weltordnung oder Weltuntergang?, hrsg. von O. Nathan/H. Norden, Bern 1975, 290f.

148 Zit. nach W. Neussel, *Rationale Verhaltensweisen im 21. Jahrhundert*, Wittlich 2009, 2. Aufl., 24.

149 Zit. ebd. 25.

150 Zit. nach: *Das sagen große Geister über das Essen von Tierleichenteilen*, hrsg. vom Verlag Das Brennglas, Kreuzwertheim o. J.; vgl. auch M. Mynarek, *Das Tier – Dein unterschätzter Freund*, Norderstedt 2006, BoD Verlag.

151 Zit. nach W. Sternstein, *Mein Weg zwischen Gewalt und Gewaltfreiheit*, Norderstedt 2005 (BoD), 254.

152 Zit. ebd. 270. Das Kursive in diesem Zitat stammt von mir.

153 So z. B. Franziskus I. in *Offener Geist* 43 und 265. Hier, auf S. 265, spricht der Papst von der „Selbstvernichtung Jesu" am Kreuz, die der Priester „bis in die Dimension der Totalität hinein anzunehmen" habe, weil er sonst „nicht im vollen Sinn auf dem Weg der Nachfolge des Meisters ist". Im Apostolischen Schreiben *Evangelii gaudium* heißt es: „Der Jünger weiß sein ganzes Leben hinzugeben und es als Zeugnis für Jesus Christus aufs Spiel zu setzen bis hin zum Martyrium" (Nr. 24).

154 Zit. nach Sternstein, a. a. O. 273.

155 Sternstein, ebd.

156 Englisch, a. a. O. 397.

157 Ebd. 398.

158 *Evangelii gaudium*, Nr. 42.

159 Vgl. bezüglich der Aussagen Ratzingers über die Kirche: Mynarek, *Papst-Entzauberung*.

160 Franziskus, *Offener Geist* 54–58. Vieles von dem hier Gesagten hat der Papst dann in sein Apostolisches Schreiben *Evangelii gaudium* übernommen: s. darin die Nummern 15 und 76.

161 Franziskus, *Offener Geist* 59f. (vgl. in *Evangelii gaudium* die Nummern 62, 60, 23, 28, 16).
162 So der Untertitel von *Dominus Jesus*.
163 A. Haas, *Eucharistie ohne Priester?*, in *Kirche In* 09/2014, 7f.
164 H. Mynarek, Einfach Eucharistie feiern, in *Kirche In* 09/2014, 7.
165 Franziskus, *Evangelii gaudium*, Nr. 3, Nr. 23 (im dtsch. Text des Rundschreibens: S. 44, 64f.). (Die Hervorhebungen in diesen Papst-Zitaten stammen vom Autor des vorliegenden Buches).
166 Papst Franziskus, *Erziehen mit Anspruch*... 50
167 Ebd. 48.
168 Ebd. 58.
169 Ebd. 55.
170 Ebd 49.
171 Ebd. Dieser Ausspruch des Papstes erinnert schon fast an Luthers Verdammung der Vernunft als „Hure" (vgl. H. Mynarek, *Luther ohne Mythos*, a. a. O.).
172 Papst Franziskus, *Offener Geist*... 54, 57.
173 *Evangelii gaudium*, Nr. 126.
174 Papst Franziskus, *Offener Geist* 57.
175 Ebd. 55. (der Kirchenvater Ambrosius von Mailand hat die Kirche zum ersten Mal als „keusche Hure" bezeichnet; vgl. seine *Expositio in Lucam* 3, 23 und seine *Patrologia Latina* 15, 1598).
176 Ebd.
177 H. J. Stehle, *Wie ein Ruf in der Wüste*, in: G. Denzler (Hrsg.), *Papsttum heute und morgen*, Regensburg 1975, 196.
178 H. J. Stehle, *Die Ostpolitik des Vatikans*, München 1975, 12.
179 Ebd.
180 Franziskus, *Offener Geist* 139 (die kursiv gesetzten Stellen stammen vom Autor des vorliegenden Buches).
181 *Evangelii gaudium*, Nr. 130.
182 Franziskus, *Erziehen mit Anspruch* 36.
183 Ebd.
184 Ebd. 38f.
185 *Evangelii gaudium*, Nr. 232.

186 Ebd., Nr. 233, Nr. 124, Nr. 125, Nr. 129, Nr. 254 (das kursiv Gedruckte in den Zitaten ist vom Autor des vorliegenden Buches).
187 Ebd. Nr. 126.
188 Ebd. Nr. 119.
189 Ebd. Nr. 113.
190 Ebd. Nr. 122, Nr. 129.
191 Ebd. Nr. 120.
192 Franziskus, *Erziehen mit Anspruch* 111.
193 Ebd. 103.
194 Zit. nach *Große Geister dachten anders*, hrsg. vom Verlag Das Wort, Marktheidenfeld 2010, 26. Ausführlich zur Thematik der Sekten vgl. H. Mynarek, *Die Neue Inquisition*, Marktheidenfeld 1999, Verlag Das Weiße Pferd.
195 Im Gesamtrahmen des zweiten Teils dieses Buches, also der Charakterisierung des Glaubens und der Theologie des Papstes Franziskus, müssten jetzt eigentlich noch weitere Themenbereiche dieser Theologie im Hinblick auf die Überzeugungen des Papstes abgehandelt werden, z. B. die *Soteriologie* (Lehre von der Erlösung)und/oder die *Eschatologie* (Lehre von den letzten Dingen, Himmel, Hölle, Endgericht, Tod etc. pp.). Da aber der Papst in all diesen Themenbereichen der Theologie absolut d'accord mit der amtskirchlichen Dogmatik ist, würde das die Leser dieses Buches nur langweilen. Übrigens, eine theologische Sparte darf nicht ausgelassen werden: die *Armentheologie* des Papstes. Aber die wird im III. Teil zur Sprache kommen, weil sie zwar auch Theologie, also Theorie ist, aber in ihr enorm viele praktische Implikationen und Interpretationsmöglichkeiten verborgen sind.
196 Zit. nach P. Vallely, *Papst Franziskus*, Darmstadt 2014 (WBG-Theiss Verlag), 188.
197 M. M. Holztrattner, *Kirche der Armen*, in: Laubach/Wahl (Hrsg.), *Arme Kirche?*, Freiburg 2014, 91–95.
198 R. Herzinger in: *Die Welt*, 24.10.13.
199 G. Facius, *Der Papst bleibt katholisch*, in: idea Spektrum 3.2014,20.
200 T. Laubach, Mehr als Simulation, in: Laubach/Wahl, a. a. O. 49 Ebd.

201 *Evangelii gaudium* Nr. 198.
202 Ebd.
203 Franziskus I., Ansprache an die Teilnehmer der Pastoraltagung der Diözese Rom, 17. 06. 2013.
204 *Evangelii gaudium* Nr. 198.
205 Vier Papsttexte zur Illustration des Gesagten: „Angesichts dieser Not bietet die Kirche ihren Dienst, ihre diakonia an, um den Bedürfnissen entgegenzukommen und diese Wunden, die das Antlitz der Menschheit entstellen, zu heilen. In den Armen, in den Letzten sehen wir das Antlitz Christi; indem wir die Armen lieben und ihnen helfen, lieben und dienen wir Christus. Ziel unserer Bemühungen ist es auch zu bewirken, dass die Verletzungen der Menschenwürde, die Diskriminierungen und Übergriffe, die vielfach die Ursachen der Not sind, weltweit ein Ende finden". (Papst Franziskus, *Botschaft zur Fastenzeit* 2014 am 26.12.2013). „Ich möchte euch auch sagen, dass die Kirche als Anwältin der Gerechtigkeit und Verteidigerin der Armen gegen untragbare soziale und wirtschaftliche Ungleichheiten, die zum Himmel schreien ... ihre Mitarbeit jeder Initiative anbieten möchte, die eine wahre Entwicklung jedes Menschen und des ganzen Menschen bedeuten kann" (Papst Franziskus, *Ansprache beim Besuch des Armenviertels Varginha in Rio de Janeiro aus Anlass des XXVIII. Weltjugendtages* am 25.07.2013).

„Der Papst liebt alle, Reiche und Arme; aber der Papst hat die Pflicht, im Namen Christi den Reichen daran zu erinnern, dass er dem Armen helfen muss, ihn respektieren und ihn fördern muss. Der Papst ruft zur uneigennützigen Solidarität und zu einer Rückkehr der Ethik zugunsten des Menschen in der Finanz- und Wirtschaftswelt auf" (Papst Franziskus, *Ansprache an die neuen beim Heiligen Stuhl akkreditierten Botschafter aus Kirgisien, Antigua, Luxemburg und Botswana* am 16.05.2013).

„In jeder Zeit und an jedem Ort rettet Gott weiterhin die Menschen und die Welt durch die Armut Christi, der arm wird in den Sakramenten, im Wort und in seiner Kirche, die ein Volk der Armen ist" (Papst Franziskus, *Botschaft zur Fastenzeit 2014* am 26.12.2013).

206 Laubach, a. a. O. 46.
207 Herzinger, a. a. O. 52.

208 Laubach, a. a. O. 52.
209 Ebd. 51.
210 M. Hartlieb, *Arme Kirche und Menschenwürde*, in: Laubach/Wahl, a. a. O. 112.
211 Th. Schmidt, *Kirche im Auf-Bruch*, in: ebd. 144–146. Die aktuell umfassendste und kenntnisreichste Darstellung der Kirchensteuer und ihrer Implikationen sowie eine äußerst sachliche und objektive Kritik dieser Steuer finden sich bei C. Frerk in seinem Buch „*Violettbuch Kirchenfinanzen*. Wie der Staat die Kirchen finanziert", Aschaffenburg 2010 (Alibri Verlag), 23–58.
212 Schmidt, a. a. O. 147.
213 Frerk, a. a. O. 94.
214 Die beiden Lexika-Zitate bei: H. Lehmann, *Säkularisierung*, Göttingen 2004 (Wallstein Verlag), 39f; vgl. Frerk, a. a. O. 95.
215 Frerk, a. a. O.
216 H. Küng, *Ist die Kirche noch zu retten?*, München 2011; H. Mynarek, *Warum auch Hans Küng die Kirche nicht retten kann? Eine Analyse seiner Irrtümer*, Marburg 2012.
217 Zu der Aufstellung im vorhergehenden Absatz und den Ausführungen über staatliche Subventionen an kirchliche Sozialeinrichtungen s. C. Frerk, *Finanzen und Vermögen der Kirche in Deutschland*, Aschaffenburg 2002 (Alibri Verlag); W. Meißner, *Der größte Raubzug aller Zeiten*, Würzburg, 2. Auflage 2011, 31.
218 Zit. nach *Rhein-Zeitung*, 02.01.2015.
219 Zit. nach Englisch, a. a. O. 337.
220 Ebd. 335f.
221 Ebd. 336f.
222 Ebd.
223 Ebd. 338.
224 Ebd. 35–37.
225 Dazu mehr bei Mynarek, *Der polnische Papst* 142ff.
226 Das österreichische Wirtschaftsmagazin *Format* vom 25.03.2013.
227 D. Potzel, *Die Täuschung aus dem Vatikan*, Marktheidenfeld 2014, 10.
228 Englisch, a. a. O. 37.

229 Ebd. 40.
230 Vgl. Vallely, a. a. O. 189.
231 Zit. nach S. A. Wahl und G. Kruip, in Laubach/Wahl (Hrsg.), a. a. O. 63, 81.
232 V. Resing, Armut ohne Ideologie, in: Laubach/Wahl (Hrsg.), a. a. O. 137.
233 Ebd. 137f.
234 Ebd. 136f.
235 Ebd. 127f.
236 *Der Spiegel* 12/2013, 93.
237 Englisch, a. a. O. 24.
238 Ebd. 33f.; 311f.
239 Ebd. 311.
240 Ebd. 308, 311.
241 Ebd. 308.
242 Genauer: *Die Krankheit der schizophrenen Existenz*, zit. nach der deutschen Arbeitsübersetzung der Rede durch Radio Vatikan, übernommen vom Magazin *Kirche In* 01/2015, 20ff.
243 D. Bonhoeffer in *Widerstand und Ergebung*, zit. nach Schmidt, a. a. O. 146f.
244 Papst Franziskus, *Botschaft zum XXIX. Weltjugendtag 2014*.
245 Papst Franziskus, *Ansprache an die Teilnehmer der Pastoraltagung der Diözese Rom* am 17.06.2013.
246 Papst Franziskus, *Ansprache beim Pastoralbesuch in Assisi am 04.10.2013*.
247 Papst Franziskus, *Angelus-Gebet am 12.01.2014*.
248 Papst Franziskus, *Ansprache beim Pastoralbesuch in Assisi am 04.10.2013*.
249 Papst Franziskus, *Ansprache* (s. Anm. 244).
250 Papst Franziskus, *Ansprache beim Besuch des Armenviertels Varginha in Rio de Janeiro am 25.07.2013*.
251 Zit. nach Schmidt, a. a. O. 147.
252 *Der Spiegel* 5/2014, 34.

253 *Christ in der Gegenwart*, Nr. 10/2014, 111.
254 Nicht bloß ein gewöhnlicher Journalist, sondern der Herausgeber der italienischen Tageszeitung *La Repubblica*: Eugenio Scalfari. Im Gespräch mit ihm fiel dieser Satz des Papstes Franziskus: „Gott ist nicht katholisch"; zit. nach Englisch, a. a. O. 408.
255 Zur Gesamtkritik am Dogma der päpstlichen Unfehlbarkeit siehe: Mynarek, *Warum auch Hans Küng die Kirche nicht retten kann?* 93ff.
256 A. a. O. 55.
257 Zit. nach *Bild*, 02.08.2014, 1.
258 *Der Spiegel*, a. a. O. 38.
259 Die in diesem Absatz zitierten Stellen befinden sich alle in *Evangelii gaudium*, Nr. 104.
260 Ebd.
261 Ebd. Nr. 214, Nr. 213. Die Hervorhebungen innerhalb der Zitate dieses Absatzes sind vom Autor.
262 *Katechismus der Katholischen Kirche*, Nr. 1285.
263 Ebd. Nr. 1316.
264 Ebd. Nr. 1314.
265 Vgl. *Kirche In* 9/2014, 9.
266 Vgl. *Rhein-Zeitung*, 27.01.2015, 4.
267 *Catholic Herald* vom 04.12.2014.
268 Zit. nach M. Hebeis, *Schwarzbuch Kirche*, Köln 2010 (Bastei Lübbe), 104.
269 Ebd. 114.
270 Ebd.
271 Ebd.
272 Ebd. 108.
273 A. A. Bucher, *Die dunkle Seite der Kirche*, Etsdorf 2010 (Galila Verlag), 38. Allerdings hat nicht Papst Franziskus, sondern sein Vorgänger Benedikt XVI. das Zitat mit dem Stock als Liebeserweis ins Spiel gebracht.
274 Hebeis, a. a. O. 117.
275 Ebd. 124f.

276 Zit. nach Hebeis, a. a. O. 128.
277 Ebd. 131.
278 Zitiert und referiert nach dem Artikel *Sonst bleibt nur der Zynismus* von R. Stumberger in: *Neues Deutschland*, 4./5.04.2015, 25.
279 Zit. nach Bucher, a. a. O. 41.
280 Ebd.
281 Ebd. 40f.
282 Ebd. 40.
283 Zu diesen Unterklassen mehr bei H. Mynarek, *Herren und Knechte der Kirche*, 4. Auflage Freiburg 2015 (Ahriman Verlag).
284 In: H. Mynarek, *Unsterblichkeit*, Essen 2005; derselbe, *Der neue Atheismus*, Essen 2010; derselbe, *Wertrangordnung und Humanität*, Essen 2014 (alle drei Bücher im Verlag Die Blaue Eule); derselbe, *Mystik und Vernunft*, Münster 2001 (LIT-Verlag).
285 Zit. nach http://www.stuttgarter-nachrichten.de/inhalt.papst-zu-erziehungsmassnahmen-wuerdevoll-schlagen.eecc9479-a005-49d7-b125-38c19952c83b.presentation.print.v2.html
286 Rhein-Zeitung, 09.02.2015, 2.
287 Ebd., 07.02.2015, 5.
288 Die Zitate und statistischen Angaben in diesem Unterkapitel über den Papst und die Prügelstrafe habe ich den in Anmerkung 285, 286, 287 genannten Informationsquellen entnommen.
289 Vallely, a. a. O. 203f.
290 Ebd. 210.
291 *Spiegel online*, 15.01.2015, 18 Uhr.
292 S. Freud, *Die kulturelle Sexualmoral und die moderne Nervosität*, in: derselbe, *Studienausgabe*, Bd. IX, 1975, 13ff.
293 *Der Papst und der verdammte Sex. Vatikan-Umfrage zur Kluft zwischen Kirche und Gläubigen*, in: *Der Spiegel* 5/2014, 34, 37, 39.
294 Nach Englisch, a. a. O. 358.
295 *Martin Luthers Werke. Kritische Gesamtausgabe*, Weimar 1912ff.,V 382 (5852); weitere Zitate und Kommentare dazu bei H. Mynarek, *Luther ohne Mythos*, 3. Auflage Freiburg 2013 (Ahriman Verlag), Kap.: *Luther und die Sexualität* 49–60.

296 *Martin Luthers Werke, Kritische Gesamtausgabe*, Weimar 1883ff., II 168.

297 CIC, can. 1084, §1.

298 *Katechismus der katholischen Kirche*, Nr. 2370.

299 Zit. nach Englisch, a. a. O. 352. Etwas anders gibt der Papst seine Rede auf diesem Rückflug im Interview mit dem Jesuitenpater Antonio Spadaro wieder: „Wenn eine homosexuelle Person guten Willen hat und Gott sucht, dann bin ich keiner, der sie verurteilt. Ich habe das gesagt, was der Katechismus erklärt" (Interview in Santa Marta, 19.08.2013, 9:50 Uhr. Deutsche Übersetzung in: *Stimmen der Zeit*, http://www.stimmen-der-zeit.de/zeitschrift/online_exklusiv/details_html?k_beitrag=3906412).

300 S. vorige Anmerkung.

301 *Katechismus*, a. a. O. Nr. 2357.

302 Ebd., Nr. 2358, Nr. 2359. Zum Ganzen des Verhältnisses von Homosexualität und Klerus und zu diesbezüglichen Erlebnisberichten homosexueller Seminaristen und Priester s. H. Mynarek, Eros und Klerus, Knaur-TB, München, S. 145–168.

303 Englisch, a. a. O. 31.

304 Ebd. 32.

305 Vgl. dazu Englisch, a. a. O. 31–44.

306 Vgl. H. Mynarek, *Erster Diener seiner Heiligkeit. Ein kritisches Portrait des Kölner Erzbischofs Joachim Meisner*, Köln 1993 (Verlag Kiepenheuer&Witsch).

307 I. Bossenz, *Grappa für die Gottesmänner*, in: *Neues Deutschland*, 14/15.02.2015, 21.

308 Rubin/Ambrogetti, Papst Franziskus, a. a. O.

309 Vallely, a. a. O. 205.

310 Zit. nach Englisch, a. a. O. 269.

311 Rubin/Ambrogetti, a. a. O. 57f.

312 Ebd. 109.

313 Ebd. 51f.

314 Vom Papst ausgesprochen im Interview-Band von Rubin/Ambrogetti, a. a. O. 112.

315 Zit. nach Vallely, a. a. O. 193.

316 Zit. nach Rubin/Ambrogetti a. a. O. 112.
317 Einstein, *Mein Weltbild* 15f.
318 Ebd. 15–21.
319 Ebd. 70f.
320 Ebd. 71f.
321 A. Einstein, *Briefe. Aus dem Nachlass*, hrsg. von H. Dukas/R. Hoffmann, Zürich 1981, 63.
322 Einstein, *Mein Weltbild* 10f.
323 Zit. nach: http://www.welt.de/print/die_welt/article114455803/Wer-nicht-zu-Gott-betet-betet-zum-Teufel.html .
324 Zit. bei Vallely, a. a. O. 193.
325 Ausführlicher dazu: Mynarek, *Der Neue Atheismus*, 312ff.
326 Zit. nach: http://www.welt.de/politik/ausland/article120238110/Der-Beichtstuhl-ist-kein-Folterinstrument.html .

Buchveröffentlichungen des Autors

Philosophie des religiösen Erlebnisses
München 1963 (Schöningh-Verlag)

Der Mensch – Sinnziel der Weltentwicklung?
München 1967 (Schöningh-Verlag)

Mensch und Sprache
Freiburg 1967 (Herder-Verlag)

Der Mensch – Das Wesen der Zukunft
München 1968 (Schöningh-Verlag)

Gott oder der Mensch im Mittelpunkt?
Donauwörth 1968 (Verlag Ludwig Auer)

Existenzkrise Gottes?
Augsburg 1969 (Verlag Winfried-Werk)

DIO, SE ESISTE, E'DIVERSO
Turin 1970 (Marietti-Verlag)

Herren und Knechte der Kirche
Köln 1973 (Verlag Kiepenheuer & Witsch), 2. Aufl. Ulm 2003 (Historia Verlag),3. Auflage Freiburg 2010 (Ahriman-Verlag)
ISBN 978-3-89282-504-9

Der kritische Mensch und die Sinnfrage
Berlin 1976

Religion – Möglichkeit oder Grenze der Freiheit?
Köln 1977 (Verlag Wissenschaft & Politik)
ISBN 3-8046-8538-2

Orientierung im Dasein
München 1979 (Unitarier Verlag)
ISBN 3-922483-03-8

EROS Y CLERO
Barcelona 1979 (Luis De Caralt Ed. S.A.)
ISBN 84-217-6777-1

Zwischen Gott und Genossen
Berlin 1981 (Ullstein Verlag)
ISBN 3-550-07944-3

Religiös ohne Gott?
Düsseldorf 1983, als Tb. München 1989 (Goldmann Verlag)
ISBN 3-442-11485-3

Ökologische Religion. Ein neues Verständnis der Natur
München 1986, 2. Aufl. 1990 (Goldmann Verlag)
ISBN 3-442-120005-5

Kirche ohne Tabu
Rottweil a.N. 1986 (Verlag Das Wort)
ISBN 3-89201-001-3

Mystik und Vernunft
Freiburg und Olten 1991 (Walter Verlag);
Neuaufl. Münster 2001 (LIT Verlag)
ISBN 978-3-89206-877-8

Denkverbot. Fundamentalismus in Christentum und Islam
München 1992 (Knesebeck-Verlag);
2. Aufl. 2006 (ASKU-Presse-Verlag)
ISBN 3-930994-16-X

Erster Diener Seiner Heiligkeit
Ein kritisches Portrait des Kölner Erzbischofs Joachim Meisner
Köln 1993 (Verlag Kiepenheuer & Witsch)
ISBN 3-462-02283-0

Die Neue Inquisition. Sektenjagd in Deutschland
Marktheidenfeld 1999 (Verlag Das Weisse Pferd)
ISBN 3-00-004299-7

Kritiker contra Kriecher
Ulm 2005 (Historia Verlag)
ISBN 3-9806576-4-7

Der polnische Papst. Bilanz eines Pontifikats
Freiburg 2005 (Ahriman-Verlag),
198 Seiten, 19,80 € [D]
ISBN 978-3-89484-602-2

Papst-Entzauberung
Norderstedt 2007, 285 Seiten, 26,00 € [D]
ISBN 978-3-8334-8033-1

Das Gericht der Philosophen
Ernst Bloch- Erich Fromm – Karl Jaspers
über Gott – Religion – Christentum – Kirche
(Philosophie in der Blauen Eule / Band 29)
Essen 1997, 252 Seiten, 29,00 € [D]
ISBN 978-3-89206-808-3

DIE KUNST ZU SEIN
Philosophie, Ethik und Ästhetik sinnerfüllten Lebens
(Philosophie in der Blauen Eule / Band 32)
(1. Aufl. Düsseldorf 1989);
Essen 1998, Neuaufl., 364 Seiten, 33,00 € [D]
ISBN 978-3-89206-877-8

Die Vernunft des Universums
Lebensgesetze von Kosmos und Psyche
(Philosophie in der Blauen Eule / Band 56)
1. Aufl. München 1988 (Goldmann TB),
Neuauflage Essen 2003,
386 Seiten, 28,00 € [D]
ISBN 978-3-89924-066-5

Jesus und die Frauen
Das Liebesleben des Nazareners
1. Aufl. Frankfurt a.M. 1995 (Eichborn Verlag)
3. Aufl. Essen 2008 (Verlag Die Blaue Eule),
216 Seiten, 18,00 € [D]
ISBN 978-3-89206-950-5

Eros und Klerus
1. Aufl. Düsseldorf 1978 (Econ Verlag; dann 3 Auflagen als Knaur-TB)
5. Aufl. im Verlag Die Blaue Eule, Essen 1999,
216 Seiten, 25,00 € [D]
ISBN 978-3-89206-950-8

Casanovas in Schwarz
Zehn Schlüsselgeschichten
über Priesteraffären mit Frauen
2. Aufl., Essen 2005 (Verlag Die Blaue Eule),
180 Seiten, 18,50 € [D]
ISBN 978-3-89206-339-1

Unsterblichkeit
Berichte – Erfahrungen – Argumente
zur letzten Sinnfrage des Lebens
Verlag Die Blaue Eule, Essen 2005,
296 Seiten, 29,00 € [D]
ISBN 978-3-89924-133-4

Eine Jugend im Osten des Dritten Reiches
Verlag Die Blaue Eule, Essen 2008,
184 Seiten, 25,00 € [D]
ISBN 978-3-89924-217-1
Carola Baumann / Nina Ulrich (Hrsg.)

Streiter im weltanschaulichen Minenfeld
Zwischen Atheismus und Theismus –
Glaube und Vernunft – Säkularem Humanismus
Und Theonomer Moral – Kirche und Staat
Festschrift für Prof. Dr. Hubertus Mynarek
Verlag Die Blaue Eule, Essen 2009,
346 Seiten, 46,00 € [D]
ISBN 978-3-89924-247-8

Die Neuen Atheisten
Ihre Thesen auf dem Prüfstand
Verlag Die Blaue Eule, Essen 2010,
348 Seiten, 38,00 € [D]
ISBN 978-3-89924-302-4

Luther ohne Mythos
Das Böse im Reformator
Ahriman-Verlag, Freiburg 2012
116 Seiten, 12,80 € [D]
ISBN 978-3-89484-609-1

Warum auch Hans Küng die Kirche nicht retten kann
Eine Analyse seiner Irrtümer
Tectum Verlag, Marburg 2012
239 Seiten, 19,90 € [D]
ISBN 978-38288-3020-2

Wertrangordnung und Humanität
Verlag Die Blaue Eule, Essen 2014
180 Seiten
ISBN 978-3-89924-376-5

Vom Autor ebenfalls im Tectum Verlag lieferbar:

240 Seiten, Paperback
Format 14,8 x 21 cm
19,90 € [D] / 20,60 € [A]
ISBN 978-3-8288-3020-2

Hubertus Mynarek

Warum auch Hans Küng die Kirche nicht retten kann

Eine Analyse seiner Irrtümer

Hans Küng gilt vielen progressiven Katholiken als Identifikationsfigur und aufrechter Kämpfer für eine menschlichere Kirche. In seinem Buch „Ist die Kirche noch zu retten?" gibt sich Küng als Arzt und Heiler seiner Kirche, der ihre schweren Krankheiten diagnostiziert und der in seinen Augen Todkranken die wirksamsten Therapien verschreibt. Doch Küngs Therapievorschläge sind zu halbherzig. Sie sind weit entfernt von einer Radikaloperation, durch die die Kirche vielleicht noch gerettet werden könnte.

Diese profilierte Meinung vertritt Hubertus Mynarek engagiert im vorliegenden Buch. An fünf Grundirrtümern Küngs macht er die Unwirksamkeit seines Rettungsversuchs deutlich. Das kenntnisreiche und glänzend geschriebene Buch aus der Hand des kritischen Theologen Mynarek wird so zur vielleicht besten Kritik an dem vielfach überschätzten „Reformer" der katholischen Kirche.

400 Seiten, Hardcover
Format 14,8 x 21 cm
19,90 € [D] / 20,60 € [A]
ISBN 978-3-8288-3500-9

Heinz-Werner Kubitza

Der Dogmenwahn

Scheinprobleme der Theologie
Holzwege einer angemaßten Wissenschaft

Die Theologie steht an Universitäten unter Denkmalschutz. Und wenig hilfreich scheinen auch die Beiträge zu sein, die die Theologie zu einer modernen Weltsicht beisteuern kann. Denn wo andere Fakultäten seit der Aufklärung die Welt real verändert haben, wird es in der Theologie schon als Innovation gefeiert, wenn ein alter Holzweg von Zeit zu Zeit mit viel verbalem Aufwand wieder frei geräumt oder eine neue Schule begründet wird.

Ist die Theologie als „gläubige Wissenschaft" nicht eigentlich ein Relikt aus längst vergangener Zeit? Und was bedeutet es für das Ansehen einer Universität, wenn sie ein Fachgebiet in ihren Reihen duldet, dessen Vertreter nicht einmal in der Lage sind, ihren Gegenstand nachzuweisen? Womit beschäftigen sich Theologen an staatlichen Universitäten überhaupt?

Heinz-Werner Kubitza, selbst „gelernter Theologe", macht sich auf in die Parallelwelten aktueller Dogmatiken und spürt den verschlungenen Denkwegen „moderner" Universitätstheologen hinterher. Kubitza benennt das Elend der Theologie, die Scheinprobleme und Scheinlösungen einer an Bibel und theologische Tradition gefesselten und selbsternannten Wissenschaft, die sich zwangsläufig immer wieder in innere Widersprüche verstricken muss und der es unmöglich ist, sich aus den theologischen Fesselspielen aus eigener Kraft wieder zu befreien. Und der Leser staunt, welche absurden Denkwege hoch gehandelte Theologen auch heute noch weitgehend kritiklos beschreiten, und wie sie verzweifelt versuchen, den löcherigen Kahn der Theologie schwimmfähig zu halten.